Heike Maria Johenning

CITY|TRIP
MONTRÉAL

Nicht verpassen!   Karte S. 3

2   **Basilique Notre-Dame [G5]**
Das nachtblaue Deckengewölbe der kleinen Schwesterkathedrale von Notre-Dame de Paris zieren Sterne aus 24-karätigem Gold (s. S. 60).

10   **Vieux-Port [H4]**
Der Alte Hafen bildet zusammen mit der Altstadt (Vieux-Montréal) das historische Zentrum der Stadt. Nicht nur als Filmkulisse ist „das Alte Europa" einzigartig in Nordamerika (s. S. 65).

13   **Square Dorchester [E6]**
Das gigantische Sun Life Building ❹ an dem weitläufigen Platz spielte im Zweiten Weltkrieg eine große Rolle. Churchill lagerte hier Großbritanniens Geldreserven, für den Fall, dass die Deutschen den Inselstaat erobert hätten (s. S. 67).

22   **Musée des Beaux-Arts [D6]**
Die fantastische Abteilung für kanadische Kunst im Pavillon Claire et Marc Bourgie entführt den Besucher in eine Kirche aus dem Jahr 1894, die erst seit 2010 zum spektakulären Museumskomplex gehört (s. S. 74).

29   **Carré St-Louis [E3]**
Dieser geschichtsträchtige Platz ist Teil des größten zusammenhängenden Ensembles viktorianischer Häuserzeilen in Nordamerika. Man wähnt sich in Soho und lässt sich mit bretonischen Crêpes verwöhnen (s. S. 81).

39   **Belvédère Kondiaronk [C5]**
Von der Aussichtsterrasse auf dem Mont-Royal genießt man den Blick auf die Skyline. Besonders stimmungsvoll ist es hier bei Sonnenuntergang (s. S. 87).

49   **Île Ste-Hélène [J3]**
Schon von Weitem lockt die grüne Stadtinsel mit Buckminster Fullers Biosphère ❺❶ und Alexander Calders berühmter Skulptur ❺⓿, den Ikonen der Weltausstellung von 1967 (s. S. 93).

56   **Parc Olympique mit Olympiaturm [ce]**
Die Aussichtsplattform des Olympiaturms wird von einer Zahnradbahn angesteuert. Das grandiose Panorama reicht bis zum Sankt-Lorenz-Strom (s. S. 97).

58   **Oratoire St-Joseph [ah]**
Eine Wallfahrtsstätte der Extraklasse ist diese Version des Petersdoms, in dessen Votivkapelle das spirituelle Herz der Stadt schlägt (s. S. 100).

Leichte Orientierung mit dem cleveren Nummernsystem
Die Sehenswürdigkeiten der Stadt sind zum schnellen Auffinden mit **fortlaufenden Nummern** versehen. Diese verweisen auf die ausführliche Beschreibung **im Kapitel „Montréal entdecken"** und zeigen auch die genaue Lage **im Stadtplan.**

Montréal auf einen Blick

Nicht verpassen	1
Benutzungshinweise	5
Impressum	6

Auf ins Vergnügen — 7

Montréal in drei Tagen	8
Montréal für Citybummler	10
Montréal für Kauflustige	13
Montréal für Genießer	19
Montréal am Abend	29
Montréal für Kunst- und Museumsfreunde	33
Montréal zum Träumen und Entspannen	39
Zur richtigen Zeit am richtigen Ort	40

Am Puls der Stadt — 43

Das Antlitz der Metropole	44
Von den Anfängen bis zur Gegenwart	47
Leben in der Stadt	50
Montréal und Arcade Fire	55

Montréal entdecken — 57

Vieux-Montréal (Altstadt und Hafen) — 58

❶ Place d'Armes ★★★	58
❷ Basilique Notre-Dame ★★★	60
❸ Séminaire St-Sulpice ★	61
❹ Vieux Palais de Justice ★	61
❺ Hôtel de Ville ★★	62
❻ Château Ramezay ★★	62
❼ Chapelle Notre-Dame-de-Bon-Secours ★★	63
❽ Marché Bonsecours ★★	64
❾ Place Jacques-Cartier ★★	64
❿ Vieux-Port ★★★	65
⓫ Place Royale mit Zollhaus ★	66
⓬ Museum Pointe-à-Callière ★★★	66

Downtown (Centre-Ville) — 67

⓭ Square Dorchester ★★★	67
⓮ Sun Life Building ★★★	68
⓯ Cathédrale Marie-Reine-du-Monde ★★	69
⓰ Hochhaus 1000 de la Gauchetière ★★	70
⓱ Place Ville-Marie ★	70
⓲ Christ Church Cathedral ★★	70
⓳ Skulptur „The Illuminated Crowd" ★	72
⓴ McCord Museum ★	72
㉑ McGill University ★	72
㉒ Musée des Beaux-Arts ★★★	74
㉓ Centre Canadien d'Architecture (CCA) ★★	76

Quartier Latin und Le Village — 77

㉔ Chapelle Notre-Dame-de-Lourdes ★★	77
㉕ Église St-Jacques (UQAM) ★	78
㉖ Grande Bibliothèque ★★	78
㉗ Streetart „Le Refus global" ★★	80
㉘ Bibliothèque St-Sulpice ★	80
㉙ Carré St-Louis ★★★	81
㉚ Écomusée du Fier Monde ★	82
㉛ Le Village (Gay Village) ★★	82

Inhalt

Plateau Mont-Royal und Parc du Mont-Royal — 83

- **32** Rue St-Denis ★★ — 83
- **33** Église St-Jean-Baptiste ★★ — 83
- **34** Boulevard St-Laurent ★★ — 84
- **35** Avenue Duluth ★ — 85
- **36** Monument à George-Étienne-Cartier ★ — 85
- **37** Parc du Mont-Royal ★★★ — 86
- **38** Belvédère Camillien-Houde ★★ — 86
- **39** Belvédère Kondiaronk ★★★ — 87
- **40** Croix du Mont-Royal ★ — 87
- **41** Lac aux Castors ★★ — 88
- **42** Cimetière Notre-Dame-des-Neiges ★ — 88
- **43** Cimetière Mont-Royal ★ — 89

Mile End — 89

- **44** Église St-Enfant-Jésus du Mile End ★ — 89
- **45** Wilensky's ★ — 90
- **46** Église St-Michel-et-St-Antoine ★★ — 90
- **47** Galérie Simon Blais ★ — 91
- **48** Rue St-Viateur Ouest mit Centre Clark ★ — 91

Parc Jean-Drapeau — 92

- **49** Île Ste-Hélène ★★★ — 93
- **50** Alexander-Calder-Skulptur ★★ — 93
- **51** Biosphère ★★★ — 94
- **52** Stewart Museum ★★ — 95
- **53** Vergnügungspark La Ronde ★★ — 95
- **54** Casino de Montréal ★ — 96
- **55** Strand auf der Île Notre-Dame ★★ — 97

Entdeckungen außerhalb des Zentrums — 97

- **56** Parc Olympique mit Olympiaturm ★★★ — 97
- **57** Jardin Botanique und Insectarium ★★ — 99
- **58** Oratoire St-Joseph ★★★ — 100
- **59** Canal de Lachine ★★ — 101
- **60** Mies-van-der-Rohe-Tankstelle ★★ — 103
- **61** Cosmodôme ★★ — 104

Praktische Reisetipps — 105

- An- und Rückreise — 106
- Autofahren — 106
- Barrierefreies Reisen — 108
- Diplomatische Vertretungen — 108
- Ein- und Ausreisebestimmungen — 108
- Elektrizität — 109
- Geldfragen — 109
- Informationsquellen — 110
- Internet und Internetcafés — 113
- Maße und Gewichte — 113
- Medizinische Versorgung — 114
- Mit Kindern unterwegs — 115
- Notfälle — 116
- Öffnungszeiten — 116
- Post — 116
- Radfahren — 117
- Schwule und Lesben — 117
- Sicherheit — 119
- Sport und Erholung — 119
- Sprache — 121
- Stadttouren — 122
- Telefonieren — 123
- Uhrzeit — 123
- Unterkunft — 123
- Verhaltenstipps — 128
- Verkehrsmittel — 128
- Wetter und Reisezeit — 130

Anhang — 131

- Kleine Sprachhilfe — 132
- Register — 137
- Die Autorin, Schreiben Sie uns — 140
- Liste der Karteneinträge — 141
- Zeichenerklärung — 144
- Montréal mit PC, Smartphone & Co. — 144

Bewertung der Sehenswürdigkeiten

- ★★★ auf keinen Fall verpassen
- ★★ besonders sehenswert
- ★ wichtige Sehenswürdigkeit für speziell interessierte Besucher

Benutzungshinweise

Orientierungssystem

Eine **Liste der im Buch beschriebenen Örtlichkeiten** wie Sehenswürdigkeiten, Restaurants, Hotels, Cafés, Infostellen befindet sich auf S. 141.

Ortsmarken ohne Angabe des Planquadrats liegen außerhalb unserer Karten. Sie können aber wie alle Örtlichkeiten in unseren speziellen Luftbildkarten auf der Produktseite dieses Buches unter www.reise-know-how.de oder direkt unter http://ct-montreal14.reise-know-how.de lokalisiert werden.

Exkurse zwischendurch

Das gibt es nur in Montréal	10
Kunst in der Métro	38
Habitat 67	66
Die „unterirdische Stadt": la Ville Souterraine	71
Inuit-Kunst – aus den Iglus in die Welt	73
Das Manifest „Le Refus global"	79
Entdeckungstour in Little Italy	92
Montréal preiswert	110
Meine Literaturtipps	112

Zur schnelleren Orientierung tragen alle Hauptsehenswürdigkeiten und Lokalitäten sowohl im Text als auch im Kartenmaterial die gleiche Nummer:

🛍8 Mit Symbol und fortlaufender Nummer werden die sonstigen Lokalitäten wie Cafés, Geschäfte, Hotels, Infostellen usw. gekennzeichnet.

⓳ Mit einer fortlaufenden magentafarbenen Nummer sind die Hauptsehenswürdigkeiten gekennzeichnet. Steht die Nummer im Fließtext, verweist sie auf die Beschreibung dieser Sehenswürdigkeit im Kapitel „Montréal entdecken".

› Die farbige Linie markiert den Verlauf des Stadtspaziergangs (s. S. 11).

[E5] In eckigen Klammern steht das Planquadrat im Kartenmaterial, in diesem Beispiel Planquadrat E5.

Telefonvorwahl

514 ist die Städtevorwahl von Montréal. Sie muss auch bei Ortsgesprächen mitgewählt werden. In diesem Buch sind alle Nummern **ohne Städtevorwahl** angegeben.

Besonderheiten bei Adressangaben

Der **Boulevard St-Laurent** ㉞ ist die wichtigste Nord-Süd-Achse, die alle abzweigenden Straßen in *Est* („Ost") und *Ouest* („West") einteilt. Links vom Boul. St-Laurent ist Westen, rechts Osten. Vom Boul. St-Laurent fängt die Zählung bei Null an; besonders hohe Hausnummern liegen daher weitab vom Zentrum.

Verwendete Abkürzungen

› **Av./Ave.** für *Avenue*
› **Boul.** für *Boulevard*
› **Ch.** für *Chemin* (Weg)
› **Pl.** für *Place* (Platz)
› **R.** für *Rue* (Straße)
› **Ste/St** für *Sainte/Saint* (Heilige/r)
› **UQAM** für *Université du Québec à Montréal* (Aussprache „Ühkam")

Impressum

Heike Maria Johenning

CityTrip Montréal

erschienen im
REISE KNOW-HOW Verlag Peter Rump GmbH,
Osnabrücker Str. 79, 33649 Bielefeld

© REISE KNOW-HOW Verlag
Peter Rump GmbH
1. Auflage 2014
Alle Rechte vorbehalten.

ISBN 978-3-8317-2371-3
PRINTED IN GERMANY

Dieses Buch ist erhältlich in jeder Buchhandlung Deutschlands, der Schweiz, Österreichs, Belgiens und der Niederlande. Bitte informieren Sie Ihren Buchhändler über folgende Bezugsadressen:
Deutschland: Prolit GmbH, Postfach 9, D-35461 Fernwald (Annerod) sowie alle Barsortimente
Schweiz: AVA Verlagsauslieferung AG, Postfach 27, CH-8910 Affoltern
Österreich: Mohr Morawa Buchvertrieb GmbH, Sulzengasse 2, A-1230 Wien
Niederlande, Belgien: Willems Adventure, www.willemsadventure.nl

Wer im Buchhandel kein Glück hat, bekommt unsere Bücher auch über unseren Büchershop im Internet:
www.reise-know-how.de

Herausgeber: Klaus Werner
Lektorat und Layout:
 amundo media GmbH
Karten: Ingenieurbüro B. Spachmüller, amundo media GmbH
Druck und Bindung: Media-Print, Paderborn
Fotos: siehe Bildnachweis S. 140
Anzeigenvertrieb: KV Kommunalverlag GmbH & Co. KG, Alte Landstraße 23, 85521 Ottobrunn, Tel. 089 928096-0, info@kommunal-verlag.de

Alle Informationen in diesem Buch sind von der Autorin mit größter Sorgfalt gesammelt und vom Lektorat des Verlages gewissenhaft bearbeitet und überprüft worden. Da inhaltliche und sachliche Fehler nicht ausgeschlossen werden können, erklärt der Verlag, dass alle Angaben im Sinne der Produkthaftung ohne Garantie erfolgen und dass Verlag wie Autorin keinerlei Verantwortung und Haftung für inhaltliche und sachliche Fehler übernehmen. Die Nennung von Firmen und ihren Produkten und ihre Reihenfolge sind als Beispiel ohne Wertung gegenüber anderen anzusehen. Qualitäts- und Quantitätsangaben sind rein subjektive Einschätzungen der Autorin und dienen keinesfalls der Bewerbung von Firmen oder Produkten.

Wir freuen uns über Kritik, Kommentare und Verbesserungsvorschläge:
info@reise-know-how.de

Latest News
Unter **www.reise-know-how.de** werden aktuelle Ergänzungen und Änderungen der Autoren und Leser zum vorliegenden Buch bereitgestellt. Sie sind auf der Produktseite dieses CityTrip-Titels abrufbar.

www.reise-know-how.de
› Ergänzungen nach Redaktionsschluss
› kostenlose Zusatzinfos und Downloads
› das komplette Verlagsprogramm
› aktuelle Erscheinungstermine
› Newsletter abonnieren
Verlagsshop mit Sonderangeboten

Auf ins Vergnügen

Montréal in drei Tagen

1. Tag

Aus Deutschland kommend, erreicht man die frankokanadische Metropole fast immer am Abend. Aufgrund der Zeitverschiebung beginnt der nächste Tag dann meist früh: ideal für ein **ausgiebiges Frühstück** im Café **Van Houtte** (s. S. 28) oder in einer Starbucks-Filiale. Danach bietet sich ein morgendlicher Bummel durch das **Altstadtviertel Vieux-Montréal** an, das u. a. mit dem **Marché Bonsecours** ❽, dem **Château Ramezay** ❻ und dem **Vieux-Port (Alten Hafen)** ❿ aufwartet.

Man startet an der Métro-Station Place-d'Armes [G4/5] und ist gleich an der **Basilique Notre-Dame** ❷, zu der man wochentags und am Samstag bereits ab 8 Uhr Zutritt hat. Das **Museum Pointe-à-Callière** ⓬ öffnet im Sommer unter der Woche schon um 10 Uhr seine Pforten. Auch der **Chapelle Notre-Dame-de-Bon-Secours** ❼ (mit Turmbesichtigung) und dem Centre d'Histoire de Montréal (s. S. 33) kann man ab 10 Uhr einen Besuch abstatten.

Um 11 Uhr beginnt die erste **Stadtrundfahrt mit dem kunterbunten Amphi-Bus** (s. S. 122) an der Rue de la Commune. Ein Snack im Veranda-Café **Jardin Nelson** (s. S. 27) oder im **Olive et Gourmando** (s. S. 28) könnte sich anschließen.

◁ *Vorseite: Rutschvergnügen auf der Eisbahn Le Bassin Bonsecours (s. S. 120) am Marché Bonsecours* ❽

▷ *Vom Belvédère Kondiaronk* ㊴ *erlebt man Montréal aus der Vogelperspektive*

Je nach Wetterlage und Energielevel spaziert man am Nachmittag zur **Strandbar am Tour de l'Horloge** (s. S. 63) oder macht sich auf den Weg in Montréals größtes Kunstmuseum, das **Musée des Beaux-Arts** ㉒.

Danach bietet sich eine Stärkung im libanesischen Imbiss **Boustan** (s. S. 25) oder im Burger-Restaurant **m:brgr** (s. S. 24) an; in der **Taverne Square Dominion** (s. S. 25) wartet ein authentisches Québecer Menü auf den Gast. Im Pup **Sir Winston Churchill** (s. S. 30) in der Rue Crescent startet man in den Abend.

2. Tag

Der folgende Tag lässt sich mit einem **Besuch der Biosphère** ㊿ beginnen. Vor allem die **Fahrstuhlfahrt** in der einzigartigen geodätischen Riesenkuppel wird man nicht vergessen. Und wenn man schon auf der Stadtinsel **Île Ste-Hélène** ㊾ ist, gibt es noch die alte Festung mit dem **Stewart Museum** ㊼ und die **Alexander-Calder-Skulptur** 🄾 zu bestaunen.

Zum Mittagessen fährt man am besten zurück nach **Downtown**, zum **Square Dorchester** ⓭. Im **Café Vasco da Gama** (s. S. 26) in der Nähe werden herrliche Sandwiches kredenzt. An der **Christ Church Cathedral** ⓲ kann man in die „Montréaler Unterwelt", die **Ville Souterraine** (s. S. 71) mit ihren vielen Einkaufstempeln, abtauchen.

Am späten Nachmittag begibt man sich – am besten von der Métro-Station Mont-Royal [D1] aus mit dem Bus 11 – auf den Weg zum **Parc du Mont-Royal** ㊲ und auf den Gipfel des Montréaler Hausbergs. Nach weiteren 20 Minuten Fußweg erreicht man die Aussichtsterrasse **Belvédère Kondiaronk** ㊴, von der sich eine grandiose

Auf ins Vergnügen
Montréal in drei Tagen

Aussicht auf die Stadt eröffnet. Auf Höhe der Bushaltestelle kann man im Café des Amis im **Maison Smith** (s. S. 86) einkehren. Zurück an der Métro-Station Mont-Royal hat man die Wahl zwischen dem legendären **St-Viateur Bagel & Café** (s. S. 28) oder einer zünftigen *Poutine* im **La Banquise** (s. S. 22).

Für den **Start ins lebhafte Nachtleben** ist man an in dieser Gegend bestens aufgehoben. Zwei der angesagtesten Klubs sind gleich um die Ecke: **Quai des Brumes** (s. S. 29) und **Bily Kun** (s. S. 29). Liebhaber klassischer Musik oder Freunde des Jazz fahren in das Quartier des Spectacles an der Métro-Station Place-des-Arts [F4] und kaufen Tickets für ein Konzert im **L'Astral** (s. S. 29) oder im **Place des Arts** (s. S. 32).

3. Tag

Am dritten Tag steht ein Besuch der prächtigen Basilika **Oratoire St-Joseph** ❺❽ oder des **Parc Olympique mit Olympiaturm** ❺❻ auf dem Programm. Alternativ geht man in Plateau Mont-Royal, Mile End und Little Italy shoppen. Besonders empfehlenswert sind die Galerie **Monastiraki** (s. S. 37), die Modeläden **Artéfact Montréal** (s. S. 15) und **Kaliyana** (s. S. 16) sowie die Buchhandlung **Ulysse** (s. S. 15). Der **Marché Jean-Talon** (s. S. 17) in Little Italy ist der **Kultmarkt** schlechthin. Als Zwischenstopp bietet sich das **Café Olimpico** (s. S. 26) an. Am Nachmittag flaniert man durch das **Intellektuellenviertel** rund um die **Rue St-Denis** ❸❷ bis zum pittoresken Platz **Carré St-Louis** ❷❾. Zwischendurch gibt's Crêpes bei **La Bulle au Carré** (s. S. 27) oder vegetarische Snacks bei **Le Commensal** (s. S. 22). Auch ein Abstecher ins **Le Village (Gay Village)** ❸❶ bietet sich an. Von der **Terrasse des Sky** (s. S. 31) hat man den besten Blick auf die „boules roses" in der Rue Ste-Catherine [G2]. Oder man wählt für den Sundowner eine andere wunderschöne Terrasse Montréals (s. Lokale mit guter Aussicht S. 28). Architekturfans fahren vorher oder nachher ins **Centre Canadien d'Architecture** ❷❸.

Auf ins Vergnügen

Montréal für Citybummler

Das gibt es nur in Montréal

> Die **größte unterirdische Stadt der Welt**, die **Ville Souterraine** (s. S. 71), ist streng genommen ein riesiges Shoppingparadies, aber zugleich ein Phänomen.

> „**Boules roses**" werden sie genannt. Das sind pinkfarbene Styroporkugeln, die von Mai bis September wie ein Netz in fünf Metern Höhe zwischen den Métro-Stationen Beaudry und Papineau über die Rue Ste-Catherine [H1–D7] gespannt sind. Sie tauchen Le Village ❸❶, das auch als Gay Village bekannt ist, in ein einzigartiges Licht.

> Die **größte zweispurige Holzachterbahn der Welt** macht ihrem Namen „Le Monstre" („das Monster") alle Ehre. Der Vergnügungs-

park La Ronde ❺❸ lohnt jedoch auch aus anderen Gründen einen Besuch.

> Das **Fast-Food-Gericht „Poutine"** ist gewissermaßen die kulinarische Quintessenz Montréals (s. S. 19).

> Eine zehn Meter hohe, **gigantische Milchflasche**, die als Art-déco-Ikone auf einer früheren Milchfabrik thront und heute als Wassertank genutzt wird (1025 Rue Lucien-L'Allier [E7], Métro: Lucien-L'Allier).

> Der „**schiefe Turm von Montréal**" neigt sich noch weiter gen Erdboden als sein bekannter Kollege in Pisa. Und dabei sollte der **Olympiaturm** im Parc Olympique ❺❻ ein Meisterwerk der Moderne werden.

Montréal für Citybummler

Viele der Hauptsehenswürdigkeiten befinden sich in **Vieux-Montréal** (Alt-Montréal), das zusammen mit dem **Vieux-Port** (Alten Hafen) ❿ das **historische Zentrum** der Stadt bildet. Die beiden **Métro-Stationen Place-d'Armes** [G4/5] und **Champ-de-Mars** [G4] sind die geeigneten Ausgangspunkte, um die Altstadt zu entdecken. Man bummelt Richtung Hafen durch kleine Gassen und hübsch sanierte Straßen, vorbei an der Basilique Notre-Dame ❷ und anderen Architekturikonen.

Neuerdings fährt auch der **Bus 715** durch das Viertel. Am besten steigt man am Centre Infotouriste (s. S. 110) am Square Dorchester ❶❸ ein und juckelt **an der Hafenpromenade entlang** bis zur Métro-

Station **Berri-UQAM** [F3]. Bleibt man sitzen, fährt der Bus einen etwas anderen Weg zurück zum Startpunkt. Zwischendurch kann man aus- und einsteigen, etwa am Museum Pointe-à-Callière ❶❷ oder am Marché Bonsecours ❽. Eine sinnvolle Möglichkeit, sich einen Überblick über die Metropole am Sankt-Lorenz-Strom zu verschaffen. Nur eine Fahrt mit dem **Amphi-Bus** (s. S. 122) ist vielleicht noch schöner, da man die Stadt so auch vom Wasser aus erlebt!

In **Downtown** kann man sich **schnell verlaufen**: Viele Straßen sehen gleich aus, die Hochhäuser verstellen den Blick. Am besten orientiert man sich an den Namen von Straßenkreuzungen. Die **Buslinie 55** (Einstieg hinter dem Place-d'Armes)

Auf ins Vergnügen
Montréal für Citybummler

ist für die Shopping- und Nightlife-Stadtteile St-Denis, Plateau Mont-Royal und Mile End interessant, da der Bus den **gesamten Boulevard St-Laurent** ❸❹ und damit die **wichtigste Nord-Süd-Trasse** der Stadt entlangfährt. Dieser als „Mauer von Montréal" bezeichnete, ungemein quirlige und sehenswerte Boulevard bestimmt nach wie vor das „Est" (Osten) und „Ouest" (Westen) in den Adressangaben Montréals. Er war jahrhundertelang die Grenze zwischen den anglofonen und den französischsprachigen Stadtteilen. Zurück ins Zentrum gelangt man mit demselben Bus, allerdings über die Parallelstraße Rue St-Urbain [A1–G5].

An der **Buslinie 11**, die von der Métro-Station Mont-Royal [D1] startet, kommt fast niemand vorbei, es sei denn, man hat genug Energie, um von der Métro-Station Peel [E6] aus zu Fuß über die Treppen auf den Mont-Royal im gleichnamigen Park ❸❼ zu kraxeln.

Die Stadtinsel **Île Ste-Hélène** ❹❾ ist bequem **mit der Métro** erreichbar, der **Parc Olympique** ❺❻ ebenfalls. Den **Canal de Lachine** ❺❾ erobert man am besten **mit dem Fahrrad** ab Vieux-Montréal. Merken sollte man sich noch die **Buslinie 24**: Sie führt von Ost (Métro: Villa Maria) nach West (Métro: Sherbrooke) einmal durch die gesamte Stadt, und zwar über die Rue Sherbrooke [F1–C7], an der einige der schönsten Bauten aus britischer Zeit stehen. Der Bus hält auch am Musée des Beaux-Arts ❷❷.

▷ *Hier schlägt das europäische Herz der Stadt: in den Gassen von Vieux-Montréal (s. S. 58)*

Stadtspaziergang

Idealer Ausgangspunkt für diesen vier- bis fünfstündigen Spaziergang ist der **geschichtsträchtigste Platz in Vieux-Montréal**, der **Place d'Armes** ❶. Von hier aus geht es links vor der **Basilique Notre-Dame** ❷ in die Rue Notre-Dame [G4/5] und weiter durch die Gassen der Altstadt, vorbei am **Place Jacques-Cartier** ❾, am **Vieux Palais de Justice** ❹, am **Hôtel de Ville** ❺ und am **Château Ramezay** ❻. Dann biegt man rechts in die Rue Bonsecours [H4] und erreicht die **Chapelle Notre-Dame-de-Bon-Secours** ❼ – rechts daneben befindet sich der historische **Marché Bonsecours** ❽. Auf der gepflasterten Straße zwischen

Auf ins Vergnügen
Montréal für Citybummler

> **Routenverlauf im Stadtplan**
> Der hier beschriebene Spaziergang ist mit einer farbigen Linie im Stadtplan eingezeichnet.

beiden Gebäuden gelangt man auf die Rue de la Commune Est [H4] und überquert diese. Am **Alten Hafen (Vieux-Port)** ❿ angekommen, folgt man geradeaus der Rue Quai de l'Horloge [H4], an deren Ende man den Artdéco-Uhrenturm **Tour de l'Horloge** (s. S. 63) am äußersten Zipfel des Hafendocks erreicht.

Nach diesem Abstecher geht es zurück zur Rue de la Commune. Links abbiegend, spaziert man weiter entlang des Vieux-Port Richtung Süden. Rechter Hand entdeckt man den schön restaurierten **Place Royale** ⓫ mit dem **historischen Zollhaus** und an der Ecke das moderne **Museum Pointe-à-Callière** ⓬. Läuft man auf der Straße Place d'Youville [G5] weiter geradeaus, geht es rechts in die Rue St-François-Xavier [G5] und dann, noch einmal rechts, zurück zum Place d'Armes. Von dort ist es ein Katzensprung nach **Chinatown (Quartier Chinois)**, das auf der Höhe der Rue St-Urbain [F/G4] beginnt, die in nordwestlicher Richtung vom Platz abzweigt. Nun geht es immer geradeaus, bis man links die Rue Ste-Catherine Ouest [F4] erreicht und durch **Downtown** bis zur **Christ Church Cathedral** ⓳ weiterschlendert. Bei schlechtem Wetter kann man hier am Einkaufszentrum Promenades Cathédrale (s. S. 18), in die **Ville Souterraine** (s. S. 71) abtauchen – oder aber an jeder Métro-Station.

Durch die erst ab 1970 entstandenen **Hochhausschluchten mit Weltstadtflair** geht es ansonsten an der frischen Luft weiter geradeaus bis zum weitläufigen **Square Dorchester** ⓭, der sich links von der Rue Ste-Catherine befindet (Abzweig Peel [E6]). Hier angekommen, sucht man sich ein schattiges Bänkchen im Grünen vor den Granitsäulen des eindrucksvollen **Sun Life Building** ⓮. Der südliche Teil des Square Dorchester heißt heute Place du Canada. An dessen Flanke erhebt sich die majestätische **Cathédrale Marie-Reine-Du-Monde** ⓯, in deren Innern es andächtig still ist.

Über die Rue Metcalfe [E5] geht man nun zurück Richtung Rue Ste-Catherine Ouest, überquert diese und gelangt in den wohlsituierten Stadtteil **Golden Square Mile** mit der **McGill University** ㉑. Man biegt links in die Rue Sherbrooke Ouest [E5] und schlendert vorbei an **architektonischen Perlen** wie dem Maison Alcan (s. Brûlerie St. Denis S. 26), dem Ritz Carlton oder dem XXL-Apartmentblock Le Château mit der einzigartigen Sandsteinfassade. Weiter geradeaus erreicht man das **Musée des Beaux-Arts** ㉒, mit dessen Besuch der Spaziergang endet.

◁ *Das Sun Life Building* ⓮ *war einst Winston Churchill's Tresor*

Montréal für Kauflustige

Es ist vermutlich das europäische Erbe: **Ästhetik und Design** spielen in Montréal eine große Rolle, vor allem im Bereich **Mode**. Der Hang zum exzessiven Shoppen kommt vielleicht ebenso wie die Vorliebe für Produkte mit dem angebissenen Apfel vom Nachbarn USA.

Top-5-Souvenirs aus Montréal

› **Ahornsirup:** Es gibt unzählige Sorten, aber die kleinen Flakons von Les Délices de l'Érable (s. S. 14) gehören nicht umsonst zu den beliebtesten. Im Koffer bleibt die bräunliche Flüssigkeit unbehelligt, im Handgepäck leider nicht. Mehr über den Ahornsirup: s. S. 20.
› **Inuksuk:** Die Inuit-Figuren, wörtlich „Steine, die aussehen wie Menschen", bedeuteten einst den Walfängern: Hier leben Inuit. Zudem dienten sie als Verkehrsampel, Wegweiser oder Vogelscheuche. Heute gibt es sie z. B. als Designversion aus recyceltem Glas. Zu haben sind sie z. B. bei Ricchi (s. S. 14) im Marché Bonsecours ❽.
› **T-Shirt mit Stadtikone:** Bei Montréalité (s. S. 16) fällt die Entscheidung schwer. Soll man die Daheimgebliebenen mit einem Motiv von Habitat 67 (s. Exkurs S. 66), einer riesigen Milchflasche („Guaranteed Pure Milk") oder der Biosphère-Kugel ❺❶ beeindrucken?
› **Leonard-Cohen-CD:** Wie wäre es mit „Old Ideas" von 2012? Neue, eigenwillige Songs des großen Singer-Songwriters, der 1934 in Montréal geboren wurde, eine Weltkarriere hinlegte und noch immer einen Koffer in Montréal hat.

Shoppingareale
Die wichtigsten Shoppingbereiche der Stadt sind im Kartenmaterial mit einer rötlichen Fläche markiert.

› **Kunstpostkarten:** Im Musée des Beaux-Arts ㉒ oder auch im Centre Canadien d'Architecture ㉓ ist die Auswahl ganz enorm. Viele Kunst- und Bauwerke sind als Miniaturdrucke eine Wucht und halten die Erinnerung an eine Stadt im Kunstfieber wach.

Einkaufstipps

Mitbringsel

Im historischen **Marché Bonsecours** ❽ sind eine ganze Reihe von Souvenirgeschäften zu finden. Weitere Tipps:
› **Boutique im McCord Museum** ⓴. Dieser Museumsshop ist erstklassig sortiert und ein wohl gehütetes Geheimnis. Es gibt feinste Handarbeit aus Québec, Bücher zu den Themen Geschichte, Schmuck und Kleidung sowie viele Mit-

▷ *Das weiß jeder Kanadier: je heller der Ahornsirup, desto hochwertiger*

14 Auf ins Vergnügen

Montréal für Kauflustige

bringsel für Kinder. Außerdem erhältlich: kultige Kissen, T-Shirts und Postkarten, die mit Montréaler Ikonen und Sehenswürdigkeiten bedruckt sind.

🔒1 [G5] **Boutique Légende,** 70 Rue Notre-Dame Ouest, Métro: Place-d'Armes, Tel. 8429198, geöffnet: tgl. 10–20 Uhr. Indianisch inspirierte Tücher, Briefmarken, Miniaturen von Sehenswürdigkeiten und die obligatorischen Montréaler Nummernschilder mit dem Slogan „Je me souviens" („Ich erinnere mich") findet man in diesem sehr gut sortierten Andenkenladen. Vieles ist Handarbeit. Vor lauter Ahornsymbolen übersieht man fast die CDs mit authentischer indigener Musik.

🔒2 [H4] **Domaine Pinnacle,** Stand am Marché Bonsecours ❽, 350 Rue St-Paul Est, Métro: Champ-de-Mars, www.domainepinnacle.com, geöffnet: tgl. 10–18, Jun.–Sept. bis 21 Uhr. Mehr als 50 Goldmedaillen hat der im tiefsten kanadischen Winter geerntete Eis-Cidre schon gewonnen. Die wunderbar weiche Note des 2011 zum besten Produkt der Region Québec gekürten Cidres aus sechs Apfelsorten vergisst man nicht. Neu ist der mit Ahornsirup verfeinerte Likör. Ein prima Mitbringsel, das man allerdings in den Koffer packen muss – im Handgepäck wird er konfisziert.

🔒3 [G4] **Les Délices de l'Érable,** 84 Rue St-Paul Est, Métro: Champ-de-Mars, www.delicesdelerable.com, Tel. 7653456, geöffnet: tgl. 10–20 Uhr. Man weiß gar nicht, welches Fläschchen, Tiegelchen oder Gläschen man nehmen soll. Die hochwertigen und liebevoll verpackten Produkte findet man seit 1999 in diesem Geschäft der renommierten landwirtschaftlichen Kooperative Citadelle in Vieux-Montréal (und im Shop am Flughafen). Ahornsirup, -essig, -tee, -marmelade, -cookies und sogar hausgemachtes Ahorneis locken Naschkatzen aus ganz Montréal und Umgebung hierher.

KLEINE PAUSE

Shop 'n' Stop

Im EG dieses Bücherparadieses gibt es alles, was sich auf Französisch derzeit zu lesen lohnt, während man im OG englischsprachige Titel findet, ordentlich nach Themengebieten sortiert. Doch damit nicht genug: Über die Wendeltreppe mit den Namen aller bedeutenden kanadischen Persönlichkeiten gelangt man zum Café. Der Duft des frisch gebrühten Getränks lockt auch Morgenmuffel, vor allem aber Bücherwürmer hierher. Ein Ort, um die Zeit zu vergessen.

🔒4 [E5] **Indigo,** 1500 Av. McGill College/Ecke Rue Ste-Catherine, Métro: McGill, www.chapters.indigo.ca, geöffnet: So.–Di. 10–21, Mi.–Fr. 10–22, Sa. 9–22 Uhr, kostenloses WLAN

Neuerdings gibt es auch Ahornkosmetik und ein kleines Museum im UG.

❯ **Ricchi im Marché Bonsecours ❽,** www.ricchi.ca, Tel. 3931532. Diese Boutique wird von einer deutsch sprechenden Belgierin mit viel Herz und Geschmack geführt. Neben Lederwaren, Schirmen, Pelzmützen und Accessoires hat sie auch hübsche Inuit-Figuren aus recyceltem Glas in der Vitrine, die der mit diversen Auszeichnungen geehrte Künstler Jacques Rivard seit zwanzig Jahren entwirft. Die *Inuksuit* (Einzahl *Inuksuk*) sind auch als Nachbildung aus Stein zu erstehen. Rivards Schmuckstücke funkeln wasserblau. Die kleinsten Figuren kosten um die 16 C$ – ein authentisches Mitbringsel.

▷ *Die bilinguale Buchhandlung Indigo lässt die Herzen von Bücherfreunden höher schlagen*

Auf ins Vergnügen 15
Montréal für Kauflustige

Bücher
🛍 5 [G3] **Archambault,** 500 Rue Ste-Catherine Est, Métro: Berri-UQAM, www.archambault.ca, Tel. 8498589, geöffnet: Mo.–Fr. 9.30–21, Sa. 9–17, So. 10–17 Uhr. 1896 von Edmond Archambault gegründet, zog die Buchhandlung mit den herrlichen Lesesesseln 1930 in das sechsgeschossige Art-déco-Gebäude im Quartier Latin. Das Angebot an Büchern ist kleiner geworden, die Auswahl an CDs und DVDs dafür größer. Größter Anbieter französischsprachiger E-Books in ganz Nordamerika.

› **Buchhandlung im Centre Canadien d'Architecture** ㉓, Tel. 9397028, geöffnet: Mi.–So. 11–18, Do. 11–21 Uhr. Für Architektur- und Kunstbücher ist das Museumsbuchladen des CCA die erste Adresse in Montréal. Auch für Themengebiete wie Stadtplanung, Denkmalschutz, Design, Geschichte Montréals und Expo 67 wird man hier fündig. Die Bücher sind auf Französisch und Englisch, zuweilen auch auf Deutsch erhältlich. Die Titel von Lars Müller Publishers kommen extra aus der Schweiz.

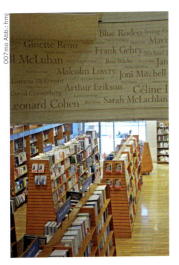

🛍 6 [F2] **Librairie du Square,** 3453 Rue St-Denis, Métro: Sherbrooke, Tel. 8457617, geöffnet: Mo.–Mi. 9–18, Do./Fr. 9–21, Sa. 10–17, So. 12–17 Uhr. Seit mehr als 20 Jahren betreibt Fançoise Careil diese kleine an Paris erinnernde Oase mitten im Quartier Latin. Die Auswahl an französischen und frankokanadischen Büchern ist weitaus größer als an englischsprachigen. Viele Stammkunden setzen sich mit den neu gekauften Schätzen sogleich auf eine Bank am Carré St-Louis ㉙ gegenüber.

🛍 7 [D2] **Ulysse (1),** 4176 Rue St-Denis, Métro: Mont-Royal, www.guidesulysse.com, Tel. 8439447, geöffnet: Mo.–Mi. 10–18, Do./Fr. 10–21, Sa. 10–17.30, So. 11–17.30 Uhr. Der Namensgeber Odysseus (frz. Ulysse) zeichnete sich durch außerordentlichen Verstand aus. Mit einer findigen Geschäftsidee eroberten auch zwei Québecer Verleger vor knapp 15 Jahren den Reiseführermarkt in den frankofonen Teilen Kanadas. Über Montréal gibt es mittlerweile ein riesiges Sortiment an kleinen und großen Führern. Der feine Laden lädt zum Schmökern ein. Die Beratung übernehmen zuweilen die nebenbei als Verkäufer arbeitenden Reisebuchautoren des Verlags.

🛍 8 [E5] **Ulysse (2),** 560 Av. du Président-Kennedy, Métro: McGill, www.guidesulysse.com, Tel. 8437222, geöffnet: Mo.–Mi. 10–18, Do./Fr. 10–18.30, Sa. 10–17, So. 12–17 Uhr. In dieser Filiale in Downtown gibt es ein Sofa und eine stattliche Auswahl an Reiseführern. Vor allem aber alles, was über Montréal im eigenen Verlag erschienen ist, Stadtpläne, freundliches Personal ... und Stromadapter für Kanada!

Mode und Design
🛍 9 [D2] **Artéfact Montréal,** 4117 Rue St-Denis, Métro: Mont-Royal, geöffnet: Mo.–Sa. 11–19 Uhr. In dieser Boutique gibt

16 Auf ins Vergnügen
Montréal für Kauflustige

es ausschließlich Kleidungsstücke von Québecer Designern. Exquisit sind auch die Preise: Unter 150 C$ ist hier nichts zu finden ... es sei denn, man kommt zum Schlussverkauf. Dafür ist das Personal ausnehmend freundlich.

🔒**10** [D3] **Friperie St-Laurent,** 3976 Boul. St-Laurent, Métro: Sherbrooke, geöffnet: Mo.–Sa. 12–19 Uhr. Die Secondhandläden heißen in Montréal *Friperie* und bieten zum Teil spektakuläre Funde wie Theaterkostüme, 40er-Jahre-Röcke, Schlaghosen und Cowboyboots. Die Farben sind Geschmackssache, aber die Auswahl an Vintage-Mode und -Brillen in diesem Laden ist größer als sich auf den ersten Blick vermuten lässt.

🔒**11** [D2] **Kaliyana,** 4107 Rue St-Denis, Métro: Mont-Royal, www.kaliyana.com, geöffnet: Mo.–Sa. 11–19 Uhr. Damenmode kanadischer Designer kann sehr avantgardistisch daherkommen. Die Naturmaterialien stammen vom heimischen Markt, der asiatische Schick ist von der amerikanischen Modemacherin Eileen Fisher beeinflusst. Ausgefallene, gerade Schnitte. „Liberate yourself from the ordinary", so lautet das Motto der aus Ottawa stammenden Designerclique. Es gibt auch ein Outlet in Vieux-Montréal (363 Rue St-Paul Est, Métro: Champ-de-Mars).

🔒**12** [B2] **Loukas,** 228 Fairmount Ouest, Métro: Laurier, www.loukasjeans.com, geöffnet: Mo.–Sa. 11–19 Uhr. Jeans aus Mile End sind derzeit der letzte Schrei. Loukas hat nicht nur griechische Vorfahren, er kommt auch aus einer Schneiderdynastie. Der besonders weiche Stoff wird an Montréaler Webstühlen verarbeitet. Das Design inklusive des etravaganten „L" auf der Gesäßtasche toleriert allerdings keine überschüssigen Pfunde.

🔒**13** [E6] **m0851,** 1190 Boul. de Maisonneuve Ouest, Métro: Peel, www.m0851.com, Tel. 8450461, geöffnet: Mo.–Mi. 10–18, Do./Fr. 10–21, Sa./So. 10–18 Uhr. Man kann die hochwertigen Hand-, Reise- und Computertaschen und neuerdings auch Jacken aus feinstem Leder auch in Osaka, New York oder Antwerpen kaufen. Da sie aber in Montréal designed und genäht werden, und das schon seit 1987, sind sie das perfekte Andenken an diese modeverrückte Stadt.

🔒**14** [D3] **Montréalité,** 3960 Boul. St-Laurent, Métro: Sherbrooke, www. montrealite.com, geöffnet: Mo.–Sa. 11–18, So. 12–19 Uhr. Diese Designer haben Herz und Esprit. Sie versehen die feinen American-Apparel-T-Shirts mit ästhetisch ansprechenden Bildern typischer Montréaler Sehenswürdigkeiten und Stadtikonen. Die Biosphère **51**, Habitat 67 (s. S. 66), die Métro und das Olympiastadion im Parc Olympique **56** gehören zum Sortiment. Auch die Skyline der Stadt in Weiß auf Schwarz ist cool, aber der „luftige" Bagel aus Sesamkörnern ist nicht mehr zu überbieten. Zwei T-Shirts kosten ca. 40 $. Es gibt auch bedruckte Taschen.

🔒**15** [E6] **Roots,** 1025 Rue Ste-Catherine Ouest, Métro: Peel, www.roots.com, Tel. 8457995, geöffnet: Mo.–Sa. 11–19 Uhr. Schon seit 1973 existiert die kanadische Firma Roots mit dem grünen Biber im Logo. Sportbekleidung, Windjacken, Taschen, Rucksäcke, Schuhe, Uhren und andere Accessoires für Damen und Herren sind solide verarbeitet und immer aus feinsten Stoffen oder Leder. Auch die Olympiamannschaft zählt zu den Fans der mittlerweile im ganzen Land zu findenden Stores.

▷ *Der Marché Jean-Talon ist eine Montréaler Institution, die schon seit 80 Jahren Feinschmecker aus ganz Québec anlockt*

Auf ins Vergnügen
Montréal für Kauflustige

🛍16 [G5] **U & I,** 215 Rue St-Paul Ouest, Métro: Place-d'Armes, Tel. 5087704, www.boutiqueuandi.com, geöffnet: tgl. 12–19 Uhr. Einer der angesagtesten Klamottenläden der Stadt. Viele internationale Labels wie Acne oder Comme des Garçons und Montréaler Marken sind hier zu finden. Vor allem aber gibt es eine große Auswahl an Outdoorbekleidung von der Firma Canada Goose aus Toronto, die auch in den härtesten Wintern schön warm hält.

Märkte

🛍17 [ci] **Marché Atwater,** 138 Av. Atwater, Métro: Lionel-Groulx, www.marchespublics-mtl.com/Atwater, geöffnet: Mo.–Mi. 7–18, Do./Fr. 7–20, Sa. 7–18, So. 7–17 Uhr. Das 1932 fertiggestellte Art-déco-Gebäude mit dem famosen Turm ist an sich schon einen Besuch wert. Auch im eiskalten Winter kann man hier in aller Ruhe flanieren, kaufen und probieren. Von Mai bis Oktober gibt es außerdem eine Crêperie, eine Asiaküche und einen Grillimbiss unter freiem Himmel. Auf diesem mittlerweile recht noblen Markt kaufen auch die Küchenchefs der Montréaler Restaurants ein. Das verwundert nicht: Die Qualität der Waren ist ausgezeichnet.

🛍18 [af] **Marché des Saveurs du Québec,** 280 Pl. du Marché du Nord, Métro: Jean-Talon, www.lemarchedessaveurs.com, geöffnet: Mo.–Mi. 9–18, Do./Fr. 9–20, Sa./So. 9–18 Uhr. Dieser Markt für Québecer Bio-Produkte zieht Gourmets aus ganz Montréal an. Er befindet sich mitten im Herzen von Little Italy und ganz in der Nähe des Marché Jean-Talon.

🛍19 [af] **Marché Jean-Talon,** 7070 Av. Henri Julien, Métro: Jean-Talon, www.marchespublics-mtl.com/Jean-Talon, Tel. 2771588, geöffnet: Mo.–Mi. 7–18, Do./Fr. 7–20, Sa. 7–18, So. 7–17 Uhr. Auf dem Areal des früheren Shamrock-Stadions hat sich bereits 1933 der wohl beliebteste Wochenmarkt der Stadt angesiedelt. An zahllosen, liebevoll dekorierten Ständen kann man allerlei Leckerbissen und Weine aus der Region Québec probieren.

Auf ins Vergnügen
Montréal für Kauflustige

Einkaufszentren

20 [E5] **Centre Eaton,** 705 Rue Ste-Catherine Ouest, Métro: McGill, www.centreeatondemontreal.com, geöffnet: Mo.–Fr. 10–21, Sa. 10–19, So. 11–17 Uhr. Eines der größten Einkaufszentren in Nordamerika erfreut die 26 Mio. Besucher, die hier jährlich auf- bzw. abtauchen, mit Tageslicht bis in die unteren Etagen. Überall gibt es kleine Café-Bistros, in denen man auftanken kann, denn diese Mall ist nur ein kleiner Teil des 30 km umspannenden Netzes der Ville Souterraine (s. S. 71).

21 [E5] **Hudson's Bay,** 585 Rue Ste-Catherine Ouest, Métro: McGill, www.thebay.com, geöffnet: Mo.–Fr. 10–19, Sa./So. 10–21 Uhr. Der von außen eher schmucklose Einkaufstempel ist ein Relikt des alten Kanada, in dem der Pelzhandel florierte. Der ist längst Geschichte; heute ist die Hudson's Bay Company ein Konsortium, zu dem auch dieses an die Ville Souterraine (s. S. 71) angebundene Kaufhaus gehört. Besonderes bekannt sind die gestreiften Wolldecken. Im 1. und 7. Stock findet man internationale Designer und allerlei Schischi.

22 [E5] **Promenades Cathédrale,** 625 Rue Ste-Catherine Ouest, Métro: McGill, www.promenadescathedrale.com, geöffnet: Mo.–Mi. 10–18, Do./Fr. 10–21, Sa. 10–17, So. 11–17 Uhr. Diese kleine, aber feine Shoppingmall unter der Christ Chruch Cathedral eignet sich perfekt als Einstieg in die „Unterwelt" der Ville Souterraine (s. S. 71).

Lebensmittel, Wein und Spirituosen

23 [E4] **Provigo (1),** 3421 Av. du Parc, Métro: Place-des-Arts (Ausgang Rue de Bleury), www.provigo.ca, Tel. 2810488, geöffnet: tgl. 8–24 Uhr. Diese erstklassige Supermarktkette bietet ein riesiges Sortiment qualitativ hochwertigster Lebensmittel, darunter Backwaren, Obst und Gemüse, Spirituosen und Babynahrung. Außerdem erhält man täglich frisch zubereitete Fertiggerichte und wird in der großen Bio-Abteilung fündig. Die Pharmacie Jean Coutu (s. S. 114) ist gleich nebenan. Schal nicht vergessen – hier läuft die Klimaanlage.

24 [D7] **Provigo (2),** 1953 Rue Ste-Catherine Ouest, Métro: Guy-Concordia, www.provigo.ca, Tel. 9323756, geöffnet: tgl. 8–21 Uhr. Diese etwas kleinere Filiale hat nur bis 21 Uhr geöffnet. Achtung: Der gesamte Markt wird auf Kühlschranktemperatur heruntergekühlt!

25 [E5] **SAQ (1),** 440 Boul. de Maisonneuve Ouest, Métro: Place-des-Arts, www.saq.com, Tel. 8732274, geöffnet: Mo.–Mi. 10–18, Do./Fr. 9.30–21, Sa. 9.30–17, So. 12–17 Uhr. Ein Eldorado für Weinfans ist dieser riesige Ableger der staatlichen Québecer Spirituosengesellschaft (Société des Alcools du Québec). Der Flaschenpreis variiert, mit 8 C$ sollte man mindestens rechnen. Dafür gibt es exzellente Weine und andere hochprozentige Köstlichkeiten aus aller Herren Länder, natürlich auch aus Frankreich.

26 [G5] **SAQ (2),** 501 Pl. d'Armes, Métro: Place-d'Armes, www.saq.com, Tel. 2824533, geöffnet: Mo.–Mi. 10–18, Do./Fr. 10–21, Sa. 10–17.30, So. 12–17 Uhr. Gegenüber der Basilique Notre-Dame **2**, im EG des fantastischen Art-déco-gestalteten Aldred Building aus dem Jahr 1929, liegt diese Filiale, in der es allein 20 verschiedene Sorten von dem als Souvenir sehr begehrten Eis-Cidre gibt.

▷ *Im Gegensatz zum New Yorker „Bruder" ist der Montréaler Bagel kleiner, fester und süßer. Beliebter Belag: Frischkäse und Lachs.*

Auf ins Vergnügen
Montréal für Genießer

Montréal für Genießer

Die Küche Montréals

Liebhabern der leichten Kochkunst, Vegetariern und Diätfreunden sei vorab gesagt: Die schmackhafte Küche der Region Québec ist **reich an Kalorien, Mayonnaise, Fleisch und Knoblauch** und ganz und gar nicht fettarm. Essen ist eine der Lieblingsbeschäftigungen der aufgrund mancher extremen Wetterlagen zu Heißhungerattacken neigenden Montréaler, die, wie der französische Schriftsteller Michel Tournier beobachtete, „zu jeder Tages- und Nachtzeit futtern".

Ein besonderes Schmankerl der Québecer Gaumenfreuden ist der **Ahornsirup** *(sirop d'érable, s. S. 20)* – um den süßen Sirup hat sich inzwischen eine Art Beaujolais-Kult entwickelt. Jeder Jahrgang wird freudig begrüßt, aber auch sogleich kategorisiert und weiterverarbeitet. Es gibt sogar Bier mit Ahornsirup!

Fischgerichte, darunter Lachs *(saumon)* und Muscheln *(coquilles)* sind sehr beliebt und empfehlenswert. Typisch für Québec sind zudem **Gänseleber** *(pâté de foie gras)*, Wild *(gibier)* und **Rohmilchkäse** *(fromage au lait cru)*. Bei letzterem ist die Auswahl mit nahezu 500 Sorten so groß, dass es sinnvoll ist, drei Empfehlungen auszusprechen: der orangefarbene *mimolette jeune*, *oka* aus dem gleichnamigen Québecer Dorf und der weiche *cru des érables*. Auch hausgemachten Landkäse *(fromage de pays)* sollte man unbedingt probieren. Er wird aus reiner Vollmilch hergestellt.

Über allem steht ein Gericht, das in gewisser Weise die **Quintessenz Montréals** darstellt, weil es das englische und französische Erbe zusammenbringt: der **Fast-Food-Snack „Poutine"**, der seit einigen Jahren auch in allerlei Abwandlungen in Gourmetrestaurants angeboten wird. Es handelt sich dabei um eine riesige Portion Pommes frites mit Cheddarkäse und brauner Bratensoße.

Die Auswahl an köstlichen **Mahlzeiten „to go"** ist groß. Die weltbesten **belegten Bagels** soll es in zwei nur dreihundert Meter voneinander entfernt liegenden Bagel-Shops geben, die seit Jahrzehnten um den ersten Platz in der Publikumsgunst kämpfen: Fairmount Bagel (s. S. 25) und St-Viateur Bagel (s. S. 26).

Auf ins Vergnügen
Montréal für Genießer

KURZ & KNAPP

Ahornsirup

Sirop d'érable oder *maple syrup* ist **das ultimative Mitbringsel aus Kanada.** Das Ahornblatt ist nicht nur auf der Landesflagge abgebildet, es stiftet Identität – und der dunkle Ahornsaft erfreut die Geschmacksknospen. Ahornsirup wird in allen Formen und Zusammensetzungen angeboten. Der eingedickte Saft aus der Baumrinde hat einen durchschnittlichen Zuckeranteil von 60 % und wurde seinerzeit von den Indianern durch Anbohren des Baumstammes entdeckt. Das geht nur im Frühjahr, wenn der Baum, der mindestens vierzig Jahre alt sein muss, die noch klare Flüssigkeit aus der Wurzel in die Knospen transportiert. Vor dem Einkochen wird der Saft in Eimern aufgefangen; heute werden auch häufig Schläuche verwendet. Der Baum nimmt dabei keinen Schaden, auch wenn das schwer vorstellbar ist.

Ahornsirup ist nicht nur eine Delikatesse, er ist auch gesund. Er enthält viele Vitamine und Mineralstoffe. Es gibt **drei Güteklassen** und generell gilt: je heller der Sirup, desto hochwertiger. Kanada produziert fast 90 % des weltweiten Bedarfs; ein Großteil kommt aus der Region Québec.

Als klassisches **Einwanderungsland** bietet Kanada die wundervollsten Speisen aus aller Welt. Allein 80 Ehtnien haben ihre Lieblingsgerichte mit hierher gebracht. **Internationale Snacks** wie *shish-taouk* (libanesische Fleischspieße), *samosa* (indische gefüllte Teigtaschen) und *viande fumée* (jüdisches Rauchfleisch) gibt es ebenso wie Burger, *chien chaud* (Hotdog) und die klassische Pizza. Um das **Rauchfleisch** ist ein regelrechter Kult entbrannt: Man war nicht in Montréal, wenn man das nicht probiert hat. Auch an Kartoffeln *(pommes de terres)* führt kein Weg vorbei. Es gibt sie in unzähligen Variationen; nur selten werden Nudeln *(pâte)* oder Reis *(riz)* als Beilagen serviert.

Vor allem die **französische Küche** genießt einen ungemein guten Ruf in Montréal. Man sollte zumindest einmal ein Drei-Gänge-Menü probieren, vielleicht am besten mittags (s. Festpreismenü, S. 21).

Getränke und BYOB

Zu den kulinarischen Genüssen gehört auch das richtige Getränk. Allerdings ist Alkohol relativ teuer, da er einer hohen Steuer unterliegt. Viele Restaurants haben keine Schanklizenz, sodass man sich die vier **Buchstaben BYOB** merken sollte. Das ist die Abkürzung für „**Bring your own bottle**" („Bringen Sie ihre eigene Flasche mit"). Für den Alkohol zahlt man ein **Korkgeld** *(corkage fee)*, das ca. 10 C$ beträgt.

Wein und Spirituosen aller Preiskategorien erhält man in *liquor stores*, bei den *dépanneurs* (Spätkauf) oder in den staatlichen SAQ-Geschäften (s. S. 18). Edle Tropfen aus British Columbia und Niagara stehen besonders hoch im Kurs. Gern getrunken wird Wein der Marke l'Orpailleur („der Goldwäscher", www.orpailleur.ca). Bier erhält man auch im normalen Supermarkt. Wenig bekannt

▷ *Der Eis-Cidre von Domaine Pinnacle (s. S. 14) wird aus sechs verschiedenen Apfelsorten gewonnen*

Auf ins Vergnügen
Montréal für Genießer

ist die Tatsache, dass es neben der großen Brauerei Molson eine stattliche Anzahl **regionaler Mikrobrauereien** wie etwa McAuslan, Boréale oder Unibroue gibt, die sehr schmackhafte Biersorten herstellen. Ein Starkbier mit dem Namen „La Fin du Monde" („Das Ende der Welt") von Unibroue – das gibt es wirklich nur hier. Eine besondere Spezialität ist Eis-Cidre.

Kulinarischer Tagesablauf

Morgens

Ein **Brunch** gilt in Montréal als perfekter Einstieg in den meist recht spät beginnenden Tag. Kaffee, Brot, Marmelade, **Pancakes** und Saft gehören dabei zum Mindeststandard des *déjeuner,* das hier nicht *petit-déjeuner* wie in Frankreich heißt. Das englische **Frühstück** mit Bohnen und Würstchen sowie das kontinentale Frühstück sind außerdem sehr beliebt. Aber auch das überschaubare französische Frühstück, bestehend aus Kaffee, Croissant und Marmelade, ist überall im Angebot.

Mittags

Um Punkt 12 Uhr ist Zeit für das *dîner,* das oft aus einem kleinen Snack mit Salat besteht, der auf einer Tafel mit *casse-croûte* („Imbiss" oder „Zwischenmahlzeit") beworben wird. Das **mittägliche Festpreismenü** *tâble d'hôte* ist umfangreicher, aber deutlich billiger als die gleiche Speisenauswahl am Abend.

Abends

Der Abend wird gern mit der **Happy Hour** eingeläutet (17–19 Uhr). Der typische Montréaler freut sich aber schon den ganzen Tag auf das **opulente Abendmahl**, genannt *souper,* das meist gegen 20 Uhr, manchmal auch erst um 21 Uhr oder sogar später eingenommen wird. Das passt zu der Nachteulenmentalität der Bewohner und kann sich für den deutschen Gast als Vorteil erweisen, da man zu früherer Stunde noch freie Plätze findet und nicht reservieren muss.

Die **Speisekarte** liegt in fast jedem Lokal auf Englisch und Französisch vor. Das französische Wort *entrée* bezeichnet die Vorspeise. Das Hauptgericht heißt *plat principal*. Hinter dem Wort *pâté* verbirgt sich eine Art Pastete und nicht etwa ein Nudelgericht *(pâte).*

Smoker's Guide

*In Montréal wurde jahrzehntelang viel gequalmt, bis im Mai 2006 das Rauchen **in allen geschlossenen Räumen** wie Bars, Kinos, Klubs und Restaurants **und in öffentlichen Verkehrsmitteln verboten** wurde. Aschenbecher sind oft vor den Gebäuden und auf Plätzen zu finden, die schnatternden Raucher ebenso.*

Auf ins Vergnügen
Montréal für Genießer

Gastro- und Nightlife-Areale
Bläulich hervorgehobene Bereiche in den Karten kennzeichnen Gebiete mit einem dichten Angebot an Restaurants, Bars, Klubs, Discos etc.

Preiskategorien

$	weniger als 15 C$
$$	15–25 C$
$$$	25–50 C$

(Preis für ein Hauptgericht ohne Getränk)

Die **Rechnung** erscheint mitunter unerwartet hoch, da noch 13 % an lokalen Steuern auf die Speisen und Getränke aufgeschlagen werden. Das **Trinkgeld** in Höhe von rund 15 % addiert man selbst und lässt den Betrag auf dem Tisch liegen.

Hervorhebenswerte Lokale

Es gibt in Montréal rund 5000 Restaurants, die von den Einheimischen liebevoll „Restos" genannt werden.

Restaurants

27 [G5] **Boris Bistro** $$, 465 Rue McGill, Métro: Square-Victoria, www.borisbistro.com, Tel. 8489575, geöffnet: Mo. 17–23, Di.–Fr. 11.30–24, Sa. 18–23 Uhr. Es ist vor allem die Terrasse hinter einer offenen, dreistöckigen Frontfassade, deren Fensterrahmen zu einer Art Kulisse für das Publikum zu werden scheinen und die die Besucher seit Jahren anlockt. Man sitzt an weiß gedeckten Tischen und genießt gehobene Bistroküche. Mittags und abends ist hier immer was los, das Ambiente drinnen wie draußen entspannt und das Preis-Leistungs-Verhältnis in Ordnung.

28 [E1] **Couscous Kamela** $, 1227 Rue Marie-Anne Est, Métro: Mont-Royal, Tel. 526881, geöffnet: Di.–So. 17–22.30 Uhr. Abseits der Touristenpfade liegt dieses kleine, sehr gemütliche marokkanische Restaurant, in dem es einfache, leckere Gerichte gibt. Couscous und Tajines sind ebenso auf der Karte wie Pizza.

29 [E3] **Euro Deli** $, 3619 Boul. St-Laurent, Métro: Saint-Laurent, dann weiter mit Bus 55, geöffnet: tgl. 9–23 Uhr. Diese sehr amerikanische Mischung aus Mensa und Cafeteria wird immer dann für Filmaufnahmen angesteuert, wenn das New York der 1950er-Jahre als Kulisse gefragt ist. In der Tat scheint die Zeit hier, vor allem was das Interieur anbelangt, stehen geblieben zu sein. Die leckeren, in der Vitrine hübsch dekorierten Frischei-Pastasorten bestellt man am Tresen, es stehen drei Soßen zur Auswahl. Brad Pitt war hier Stammgast, als ein Teil des Films „Aviator" in Montréal gedreht wurde.

30 [E1] **La Banquise** $, 994 Rue Rachel Est, Métro: Mont-Royal (von dort 20 Min. zu Fuß), www.labanquise.com, Tel. 5252415, geöffnet: tgl. 24 Std. Weit über den Stadtteil Le Plateau hinaus bekannt ist dieses 24-Stunden-Restaurant für seine 20 Sorten *Poutine*. Hier trifft man Nachtschwärmer, Studenten, junge Eltern mit Kinderwagen, Sekretärinnen in der Mittagspause, Großfamilien, Hipster wie Promis. Kunterbunt ist auch der Außenanstrich. Demnächst soll in das schummrige Dunkel auch eine Dunstabzugshaube eingebaut werden.

31 [F3] **Le Commensal** $, 1720 Rue St-Denis, Métro: Berri-UQAM, www.commensal.com, Tel. 8452627, geöffnet: Mo.–Do. 11–22, Fr.–Sa. 11–23, So. 10–22 Uhr. Das Konzept des Selbstbedienungsrestaurants mit hochwertiger und vielfältiger vegetarischer Küche ist so erfolgreich, dass es unlängst um ein

Auf ins Vergnügen
Montréal für Genießer

„flexitarisches Buffet" erweitert wurde. Jetzt gibt es auch Thai-Hühnchen, Krevettenlasagne und Krabbenburger. Alle liebevoll zubereiteten Speisen sind frisch und lecker, bezahlt wird nach Gewicht. Getränke sind extra, Wasser ist inklusive. Einen weiteren Ableger gibt es in der Nähe der McGill University (1204 Av. McGill College/Ecke Rue Ste-Catherine, Métro: McGill).

32 [B6] **Le Pavillon** $-$$, 2000 Chemin Remembrance, Métro: Mont-Royal, dann mit Bus 11 vier Stationen, geöffnet: Mi.–So. 12–15, Do.–Sa. 18–21 Uhr, Cafeteria geöffnet: Mo.–Fr. 10–18, Sa./So. 9–18 Uhr, im Winter Mo. geschlossen. Ein Wohlfühlort am Lac aux Castor mit grandiosem Panoramablick und ebenso guter Küche. Die Cafeteria bietet Snacks to go an.

33 [G2] **Le Saloon** $$, 1333 Rue Ste-Catherine Est, Métro: Beaudry, www.lesaloon.ca, Tel. 5221333, geöffnet: Mo.–Fr. 11.30–22.30, Sa. 10–24, So. 10–22.30 Uhr. WLAN-Hotspot. Ein „Rodeo für die Sinne" verspricht dieser coole und stilvolle Western Saloon mit exquisiter Küche. Seit 1992 erfreut der Supperclub seine Gäste mit verrückten Kreationen wie Rinderhack am Stiel. Auf der kleinen Terrasse unter den „boules roses" („rosa Kugeln") sitzt man im Sommer an Holztischen zwischen Grünpflanzen. Das Interieur mit den vier Meter hohen Decken wird von einer 100 Jahre alten Art-déco-Uhrenglocke aus Kupfer dominiert. Und dabei zählen hier weder Tag noch Stunde ...

Auf der Terrasse von Le Saloon mitten im Gay Village **33** *sind die Plätze stets begehrt*

34 [G6] **Le Serpent** $$, 257 Rue Princes, Métro: Square-Victoria. Das spektakuläre Loft-Restaurant im alten Hafenareal wurde im Dezember 2013 eröffnet und ist Teil der Kunstgalerie Fonderie Darling (s. S. 36). In der riesigen, alten Fabrikhalle war schon der Vorgänger Cluny jahrelang eine Attraktion. Nach dem Umbau dürfte „die Schlange" den Besucher nicht mehr loslassen.

35 [H6] **Les Éclusiers par Apollo** $$, 400 Rue de la Commune Ouest, Métro: Square-Victoria, www.apolloglobe.com, Tel. 2850558, geöffnet: im Sommer Mo.–Sa. 11–23, So. 11–15, im Winter Mi. 17–22, Do./Fr. 11.30–22, Sa. 16.30–22 Uhr (Terrasse nur Mai–Okt.). Küchenchef Giovanni Apollo beglückt Tagesgäste, Stammkunden, Nachtschwärmer und Hafenliebhaber mit Kaffee und Kuchen, aber auch mit leckerer internationaler Fusion-Küche. Sein Terrassenrestaurant ist in jedem Fall ein

Auf ins Vergnügen
Montréal für Genießer

Wohlfühlort, draußen wie drinnen. Im Hintergrund sieht man die immens großen Hafensilos, deren Architektur Le Corbusier so sehr beeindruckte, dass er sie auf seine imaginäre Liste der 100 gelungensten Bauwerke der Welt setzte. Entspannung pur, am späteren Abend mit Cocktails in Lounge-Sesseln. WLAN-Hotspot.

36 [E6] **m:brgr** $, 2025 Rue Drummond, Métro: Peel, www.mbrgr.com, geöffnet: Mo.–Mi. 11.30–22.30, Do. 11.30–23, Fr. 11.30–24 Uhr, Sa. 11–24, So. 11–22 Uhr. Hamburger deluxe sind hier die große Attraktion, wahlweise mit organischem Tofu, Apfel-Rauchschinken oder Kobe-Rind belegt. Dazu werden köstliche Süßkartoffel-Pommes-frites und Milchshakes serviert. Cocktails gibt es in diesem hippen Lokal aber auch, dafür aber keinen Burger unter 10 C$.

37 [D2] **Patati Patata** $, 4177 Boul. St-Laurent, Métro: Saint-Laurent, dann weiter mit Bus 55, Tel. 8440216, geöffnet: Mo.–Fr. 8–23, Sa./So. 11–23 Uhr. Québecer Spezialitäten wie etwa *Poutine classique,* aber auch eine Spezialversion namens „Patatine" (*Poutine* mit gegrilltem Gemüse) gibt es in diesem kleinen, unprätentiösen Restaurant schon für wenige Dollar. Das illustre Stammpublikum beobachtet man am besten von einem der begehrtesten Plätze am Fenster. Die Musik ist recht dominant und unter Platzangst sollte man nicht leiden. Cool Montréal!

38 [D3] **Schwartz's** $, 3895 Boul. St-Laurent, Métro: Saint-Laurent, dann weiter mit Bus 55, www.schwartzsdeli.com, geöffnet: So.–Do. 8–12.30, Fr. 8–1.30, Sa. 8–2.30 Uhr. *Viande fumée* – diese jüdische Delikatesse kennt man vor allem aus New York. Für Rauchfleischliebhaber ist das 1928 gegründete Ladenlokal die Kultadresse in Montréal. Das wahlweise Hähnchen-, Truthahn- oder Entenfleisch wird 14 Tage lang geräuchert und bedampft, bevor es schließlich, mit Roggenbrot serviert, auf den Teller kommt. Seit 2012 gehört das Lokal zum Restaurantimperium von Céline Dion, die die bleibende Authentizität der Marke garantiert haben soll.

39 [G6] **Soupesoup** $, 649 Rue Wellington, Métro: Square-Victoria, www.soupesoup.com, Tel. 7591159, geöffnet: Mo.–Sa. 11–17 Uhr. Nicht nur Suppen, sondern auch Sandwiches sind hier in

Soupesoup – ein Stück Berlin-Prenzlberg in Vieux-Montréal

Auf ins Vergnügen 25
Montréal für Genießer

verschiedenen Varianten zu haben. Ein Gericht ist frischer und leckerer als das andere. Vor allem mittags hat der Laden in Griffintown (Vieux-Montréal) Zulauf. Diese Filiale ist eine von sechs und im ersten Stock einer alten Fabrikhalle untergebracht. Man wähnt sich im Berliner Prenzlberg, auch was das Publikum anbelangt.

40 [E6] **Taverne Square Dominion** $$-$$$, 1243 Rue Metcalfe, Métro: Peel, www.tavernedominion.com, Tel. 5645056, geöffnet: Mo.–Fr. 11.30–24, Sa. 16.30–24 Uhr. Dieser magische Ort nimmt den Besucher mit auf eine Zeitreise in das Montréal der 1920er-Jahre. Wie aus dem Setting gepurzelt wirkt die Originaltaverne am Square Dorchester **13**. Bis 1980 durften in ganz Québec nur Männer in Bistros wie diesen speisen. Gut, dass sich die Zeiten geändert haben. Authentisch ist hier jedes Detail, vor allem aber die Speisen. Die britischen Einflüsse der Küche erkennt man an Ingredienzen wie Minze, Bacon oder Bohnen und an dem unverwechselbaren Toffee Pudding. Ein kostspieliges, unvergessliches Vergnügen.

41 [G5] **Terrasse Place d'Armes** $–$$, 710 Côte de la Pl. d'Armes, Métro: Place-d'Armes, www.terrasseplacedarmes.com, Tel. 9041201, geöffnet: nur im Sommer tgl. 11–3 Uhr. Im 8. Stock des renommierten Boutiquehotels Place d'Armes erwartet die Besucher eine der traumhaftesten Dachterrassen der Stadt. Mit Blick auf die Basilique Notre-Dame **2**, die Altstadt und die *beautiful crowd*, die sogleich an den riesigen Sonnenbrillen zu erkennen ist, verweilt man an Stehtischen oder in Dedon-Sesseln und wähnt sich im fernen Europa. Das Mittagsmenü kostet nur wenig mehr als die Cocktails! Da fällt die Wahl schwer …

42 [F5] **Toqué** $$$, 900 Pl. Jean-Paul-Riopelle, Métro: Square-Victoria, www.restaurant-toque.com, Tel. 4992084, geöffnet: Di.–Fr. 11.30–14 u. 17.30–22.30 Uhr, Sa. nur 17.30–22.30 Uhr. Der Sternekoch Normand Laprise erfreut mit seinen vorzüglichen Kreationen seit Jahren die Gourmets der Stadt. Hier stimmt einfach alles, natürlich auch die Weinkarte. Trüffel, Langusten und Kaviar sind immer im Angebot. Das Lokal ist in einem der spektakulärsten Bankgebäude der modernen Montréaler Architektur untergebracht, dem Centre CDP Capital (s. S. 59). Man kann die gigantische Lobby von mehreren Seiten aus betreten. Hier hängen einige grandiose Kunstwerke, u. a. von Jean-Paul Riopelle (s. S. 76).

Imbisse und Bagel-Shops

43 [D6] **Boustan** $, 2020 Rue Crescent, Métro: Peel, geöffnet: tgl. 11–4 Uhr. Libanesischer Imbiss mit schmackhaftem Falafel und Co.

44 [B2] **Fairmount Bagel** $, 74 Rue Fairmount Ouest, Métro: Laurier (weit zu laufen), besser Bus 55, www.fairmountbagel.com, Tel. 2720667, geöffnet: tgl. 24 Std. Seit Jahrzehnten beherrschen zwei Bagel-Dynastien die Stadt. Fairmount Bagel rühmt sich damit, seit 1919 das kleine, knackige Rund in 18 verschiedenen Variationen zu kredenzen. Wie der Konkurrent von St-Viateur ein paar Straßen weiter bietet der Fairmount-Clan nur Bagels zum Mitnehmen an. Den Brotaufstrich darf man sich aus dem Kühlschrank mitnehmen. Zumindest werbetechnisch hat Fairmount die Nase vorn: Ihre Bagel waren „die ersten Bagel im Weltraum"!

45 [G2] **Piazzetta** $, 1101 Rue Ste-Catherine Est, Métro: Beaudry, www.lapiazzetta.ca, Tel. 5262244, geöffnet: Mo.–Mi. 11.30–23, Do.–Sa. 11.30–24, So. 12–23 Uhr. Viel sinnliches Rot und schönes Holz wirken einladend, jung und freundlich. Die Auswahl an Pizzabelägen ist schier endlos. Besonders

Montréal für Genießer

beliebt sind Lachs, Hähnchenbrust und Shrimps. Außerdem sind viele frische Salate im Angebot. Draußen sitzen kann man auch.

46 [A2] **St-Viateur Bagel Shop** $^$, 263 Rue St-Viateur Ouest, Métro: Outremont u. Parc, www.stviateurbagel.com, Tel. 2768044, geöffnet: tgl. 24 Std. Seit einem halben Jahrhundert gehört die Bagel-Schmiede zu Montréal wie die Biosphère und der Olympiaturm. Meist veredeln Mohn oder Sesam die handgemachten Rundbrötchen aus dem Holzofen, die kurioserweise sowohl salzig als auch süß schmecken. Es gibt auch eine Vollkornalternative *(multigrain)*. Was es jedoch nicht gibt, sind belegte Bagels. Hier kauft man das Rohmaterial und wählt sich aus dem riesigen Kühlschrank einen Belag. Im St-Viateur Bagel & Café (s. S. 28) kann man leckere Bagelkompositionen auf dem Teller probieren.

❭ **Wilensky's** **45** $^$. Hier fühlt man sich in die 1950er-Jahre zurückversetzt. Es gibt deftige Hotdogs, Sandwiches und Pickles.

Cafés und Crêperien

47 [B2] **Arts Café** $^{@@}$, 201 Fairmount Ouest, Métro: Laurier, www.artscafe montreal.com, Tel. 2740919, geöffnet: Mo.–Fr. 9–21, Sa./So. 10–17 Uhr. Szeniger Schlupfwinkel in Mile End mit nackten Glühlampen, bunten Perlen, luftigen Snacks und reichlich Caffè Latte. Nebenbei lässt es sich in den ausliegenden opulenten Bildbänden blättern.

48 [D5] **Brûlerie St. Denis,** im Maison Alcan, 1188 Rue Sherbrooke Ouest, Métro: Peel, www.brulerie.com, geöffnet: Mo.–Fr. 6–22, Sa./So. 8–22 Uhr.

WLAN-Hotspots
Lokalitäten mit WLAN-Hotspots sind hier mit „@@" gekennzeichnet.

Zu leckerem Kaffee aus selbst gerösteten Arabica-Bohnen gibt es kleine, einfache Snacks.

49 [B1] **Café Olimpico** $^{@@}$, 124 Rue St-Viateur Ouest, Métro: Laurier u. Rosemont, Tel. 4950746, geöffnet: tgl. 7–24 Uhr. Einige Stammkunden verbringen den halben Tag entweder im Bistro oder auf der Terrasse dieses Kultcafés, in dem Hipster, Studenten und frisch Verliebte ebenso anzutreffen sind wie junge Eltern, schwarz gekleidete Architekten und freischaffende Künstler. Public Viewing gibt's hier auch. Wenn Italien spielt, sollte man aber rechtzeitig einen Platz reservieren ...

50 [D2] **Café Névé** $^{@@}$, 151 Rue Rachel Est, Métro: Mont-Royal, www.cafeneve. com, Tel. 9039294, geöffnet: tgl. 9–22 Uhr. Kleines, studentisches Eckcafé, das von Sandwiches und Wraps bis zu Tagessuppe und Bagels jede Menge Köstlichkeiten anbietet. Ein besonderes Highlight sind die vielen internationalen Kaffeesorten.

51 [D3] **Café Santropol,** 3990 Rue St-Urbain, Métro: Saint-Laurent, dann weiter mit Bus 55, www.santropol.com, geöffnet: tgl. 11.30–22 Uhr. Schön im Grünen gelegenes, angesagtes und gemütliches Café, das eine ausgesuchte Auswahl an Suppen, Sandwiches, Kuchen und Tees anbietet. Auch viele vegetarische und vegane Gerichte.

52 [E6] **Café Vasco Da Gama,** 1472 Rue Peel, Métro: Peel, www.vascodagama. ca, Tel. 2862688, geöffnet: Mo.–Mi. 7–20, Do./Fr. 7–21, Sa. 9–19, So. 9–18 Uhr. Ein Stück Portugal mitten in Montréal. Und eine Institution. Das Interieur mit hohen Decken, ockerfarbenen Wänden, schmiedeeisernen Stühlen und romantischen Schiffsmotiven entführt den Besucher sogleich ans luftige Mittelmeer. Die exquisiten Sandwiches und Burger werden z. B. mit Gänseleber und Feigen garniert; Espresso und Muffins

Auf ins Vergnügen

Montréal für Genießer

gibt's auch. Bestellt wird am Tresen. Hier kann man nach dem Besuch des Musée des Beaux-Arts ㉒ wieder auftanken.

53 [af] **Caffè Italia,** 6850 Boul. St-Laurent, Métro: Jean-Talon, geöffnet: tgl. 6–23 Uhr. Hierher kommt man nicht wegen des doch eher schlichten Interieurs, sondern wegen der Stimmung. Ein großer Fernseher unterhält die italophilen Fans, die den Cappuccino hier für den besten der Stadt halten. Auch die Sandwiches sind erstklassig.

54 [af] **Dépanneur le Pick-Up,** 7032 Rue Waverly, Métro: De Castelnau, www. depanneurlepickup.com, Tel. 2718011, geöffnet: Mo.–Fr. 7–19, Sa. 9–19, So. 10–18 Uhr. Aus einem schlichten Tante-Emma-Laden mitten im Wohngebiet und weitab von jeder Métro-Station ist eine der coolsten Hipster-Locations der Stadt geworden. Hier lassen sich vegetarische Burger, Halloumi-Sandwiches und Muffins verspeisen und man kann prima draußen sitzen.

55 [H4] **Jardin Nelson,** 407 Pl. Jacques-Cartier, Métro: Champ-de-Mars, www. jardinnelson.com, Tel. 8615731, geöffnet: Mitte April–Anf. Sept. Mo.–Fr. 11.30–25 Uhr, Sa./So. ab 10 Uhr. Dieses Dachgartenrestaurant im Zentrum ist kein Geheimtipp mehr – die herrliche Dachgartenlocation hat sich schon herumgesprochen. Die Speisekarte bietet kleine Hauptgerichte und leckere Crêpes. Leider hat der Garten nur im Sommer geöffnet.

56 [E5] **Java U** ㊊, 1241 Av. McGill College, Métro: McGill, www.java-u. com, geöffnet: Mo.–Do. 6.30–19, Fr. 6.30–21, Sa. 10–20, So. 10–17 Uhr. Ein Geheimtipp sind die mittlerweile über das gesamte Stadtgebiet verteilten Filialen der lokalen Kaffeehauskette Java U, die 1996 von Absolventen der Concordia University gegründet wurde. Noch immer trifft man hier viele Studenten, aber auch Banker und Hipster, die den freundlichen

Service, die leckeren Salate, Quiches, 20 Sorten Paininis und Wraps, Kuchen und vor allem den starken Latte macchiato schätzen. Europäischer Stil mit nordamerikanischer Energie ist eben ein echtes Erfolgsrezept.

57 [E3] **La Bulle au Carré,** 3482 Rue St-Denis, Métro: Sherbrooke, www.bulleau carre.com, geöffnet: Mo./Di. 16.30–22, Mi.–Fr. 11–22, Sa./So. 10–22 Uhr, Brunch 10–15 Uhr. In dieser Crêperie gibt es eine reiche Auswahl an süßen und salzigen Pfannkuchen nach original bretonischem Rezept.

58 [B1] **Le Cagibi,** 5490 Boul. St-Laurent, Métro: Rosemont, www.lecagibi.ca, geöffnet: Mo. 6–24, Di.–Fr. 9–1, Sa./

EXTRATIPPS

Lecker vegetarisch
Vegetarische Gerichte gibt's fast überall, aber hier im Besonderen:
> **Le Cagibi** (s. oben)
> **Le Commensal** (s. S. 22)
> **Café Santropol** (s. S. 26)

Dinner for one
Wer alleine unterwegs ist, findet in Montréal unzählige Orte, an denen man sich wohl fühlt oder meist nicht lange alleine bleibt. Hier können sich auch Morgenmuffel in aller Ruhe hinter ihrer Zeitung verschanzen:
> **Euro Deli** (s. S. 22)
> **Le Commensal** (s. S. 22)
> **Pikolo** (s. S. 28)

Für den späten Hunger
Rund um die Uhr bekommt man hier etwas Warmes für Leib und Seele:
> **Boustan** (s. S. 25)
> **La Banquise** (s. S. 22)
> **Schwartz's** (s. S. 24)
> **St-Viateur Bagel & Café** (s. S. 28)
> **St-Viateur Bagel Shop** (s. S. 26)

Auf ins Vergnügen

Montréal für Genießer

EXTRATIPP

Lokale mit guter Aussicht

Legendär ist die **XXL-Dachterrasse** des **Sky** (s. S. 31), von der man das Meer von „boules roses" („rosa Kugeln") überblickt, die der Rue Ste-Catherine in Le Village (Gay Village) **31** ihr typisches Antlitz verleihen. Auch hier ist ein herrlicher Rundumblick garantiert:

> Boris Bistro (s. S. 22)
> Les Éclusiers par Apollo (s. S. 23)
> Terrasse Place d'Armes (s. S. 25)

Zum Sonnenuntergang finden sich Romantiker auf der Dachterrasse des bekannten Luxushotels **Nelligan** ein. Hier lassen sich Smoothies, Sangria oder Gin and Tonic bestellen, je nach Gusto. Dazu gibt es internationale Küche zu der Örtlichkeit angemessenen Preisen. Der **180-Grad-Blick** auf den Sankt-Lorenz-Strom, den Alten Hafen (Vieux-Port **10**) und die Dächer von Vieux-Montréal ist unvergesslich, die Stimmung ebenso.

> Terrasse Nelligan im Hotel Nelligan (s. S. 125), 5. Stock, Tel. 7884021, www.terrassenelligan. com, geöffnet: nur im Sommer tgl. 11.30–23.30 Uhr

So. 10.30–24 Uhr. Wenn irgendwo der Spirit von Mile End kondensiert, dann in diesem als Café getarnten vegetarischen Restaurant mit eklektischem Abendprogramm. Tagsüber trifft man vor allem die Softwareentwickler von Ubisoft gegenüber mit Hornbrille, Laptop und XXL-Caffè-Latte. Abends kann man hier Stunden bei Livemusik, DJ-Sessions, Lesungen oder Filmvorführungen verbringen. Gemütlich und lässig sind auch die Oma-Möbel und die Grünpflanzen.

59 [G5] **Olive et Gourmando,** 351 Rue St-Paul Ouest, Métro: Square-Victoria, dann die Rue McGill runter und links in die Rue St-Paul, www.oliveetgourmando. com, Tel. 3501083, geöffnet: im Winter Di.–Fr. 9–17, Sa. 8–18 Uhr, im Sommer Di.–Sa. 8–18 Uhr. Die Gründer dieses italienischen Bistro-Cafés hätten mit solch einer Popularität wohl nicht gerechnet. Zwischen 11.30 und 13.30 Uhr herrscht an den kleinen Holztischen Hochbetrieb. Dann sollte man sich einfach einen der unglaublich köstlichen Snacks mitnehmen. Sandwiches, Salate und Suppen, dazu selbstgemachtes Brot und Kaffee. Die Brownies sind legendär. Eine echte Feinschmeckeradresse in Vieux-Montréal.

60 [E4] **Pikolo** ᵉᵉ, 3418 Av. du Parc, Métro: Place-des-Arts (Ausgang Rue de Bleury), www.pikoloespresso.com, Tel. 5086800, geöffnet: Mo.–Fr. 7–19, Sa./So. 9–19 Uhr. In einem alten Artdéco-Geschäft aus den 1930er-Jahren ist diese wunderbar duftende Espresso-Oase zu finden, in der es nicht nur herrlichste Kaffeesorten, sondern auch ausgefallenes Gebäck gibt. Hier kann man Stunden verbringen: entweder allein mit seinem Laptop im unteren Teil oder in Gesellschaft auf der Empore. Eher studentisches Publikum.

61 [D1] **St-Viateur Bagel & Café,** 1127 Av. du Mont-Royal Est, Métro: Mont-Royal, www.stviateurbagel.com, Tel. 5286361, geöffnet: tgl. 6–24 Uhr. Schon in aller Herrgottsfrühe kann man in der weltbekannten Bäckerei die herrlichsten Bagelkreationen bestellen. Sehr populär sind Bagels mit Lachs oder Roastbeef und Frischkäse (*cream cheese*). Dazu gibt es wahlweise eine Suppe oder einen Salat. Im Hintergrund werden fleißig neue Bagels in den Ofen geschoben.

62 [G4] **Van Houtte** ᵉᵉ, 20 Rue Notre-Dame Est, Métro: Place d'Armes, www.

Auf ins Vergnügen 29
Montréal am Abend

vanhoutte.com, Tel. 6804964, geöffnet: Mo.–Fr. 8–24 Uhr. Eine typische Neue-Welt-Erfolgsgeschichte verbirgt sich hinter dieser kanadischen Café-Bistro-Kette mit 21 Ablegern in Montréal. Der französische Einwanderer Albert-Louis Van Houtte begann vor 90 Jahren mit einer kleinen Kaffeerösterei und ist heute der größte Kaffeebohnen- und Kaffeepadanbieter in ganz Nordamerika. Neben Beerenmuffins, Zitroneneistee, Caramel Latte und Schinken-Sandwiches sind auch kleine Salate, Quiches, Croissants und Kuchen im Angebot. Exzellente Qualität, ruhige Atmosphäre und freundliches Personal.

Montréal am Abend

Am frühen Abend trifft man sich in Montréal zur **Happy Hour** auf einer der Terrassen mit Blick auf die Stadt (s. Lokale mit guter Aussicht S. 28). Dann folgt das **Dîner**. Das eigentliche Nachtleben beginnt **ab 23 Uhr** und ist ohne Musik nicht denkbar. In den Klubs der Stadt steppt der Bär.

Nachtleben

Livemusik

63 [H4] **2 Pierrots**, 104 Rue St-Paul Est, Métro: Champ-de-Mars, www.2pierrots.com, Tel. 8611270, geöffnet: Fr./Sa. und vor Feiertagen ab 20.30 Uhr. Liebhaber frankokanadischer bzw. französischer Chansons kommen hier auf ihre Kosten. Hin und wieder wird auch auf den Tischen getanzt – und das, obwohl sich das Publikum aus allen Altersgruppen generiert. Seit Jahrzehnten erfreut sich der authentische Klub großer Beliebtheit.

64 [D1] **Bily Kun**, 354 Av. du Mont-Royal Est, Métro: Mont-Royal, www.bilykun.com, geöffnet: tgl. 18–3 Uhr. Die bekanntesten DJs der Stadt dürfen hier auflegen, aber hin und wieder treten in der früheren tschechischen Taverne auch Livebands auf. Am besten kommt man nach 24 Uhr. Originelle Deko mit ausgestopften Straußenköpfen.

65 [F3] **Café Chaos**, 2031 Rue St-Denis, Métro: Sherbrooke, Tel. 8441301, geöffnet: Mo.–Fr. 8.30–2, Sa./So. 9–2 Uhr. Über drei Etagen erstreckt sich diese Location, in der die verschiedensten Beats zu Gehör gebracht werden. Ob Punk, Garage, Rock, Surf oder Techno – hier wird experimentiert. Das studentische Publikum kommt ab 21 Uhr in Scharen, um in dieser Gute-Laune-Kooperative den Abend oder die Nacht zu verbingen.

66 [C2] **Casa del Popolo**, 4873 Boul. St-Laurent, Métro: Mont-Royal, dann weiter mit Bus 55, www.casadelpopolo.com, Tel. 2843804, geöffnet: tgl. 12–3 Uhr. Livemusik vom Allerfeinsten gibt es in dieser Montréaler Instituion. Im „Haus des Volkes" trifft man skurrile Gestalten auf dem Sprung nach Silicon Valley und überhaupt viele junge Leute. Hier werden auch Art-House-Filme gezeigt und Poetry Slams veranstaltet. Außerdem gibt es vegetarische Leckereien und typisch kanadische Sandwiches.

67 [F4] **L'Astral**, 304 Rue Ste-Catherine Ouest, Métro: Place-des-Arts, www.sallelastral.com, Tel. 2888822, geöffnet: Konzerte tgl. ab 20 Uhr. Nicht nur zur Festivalzeit ist in diesem Livemusik-Tempel mit 300 Sitz- und 600 Stehplätzen der Teufel los. Nach einer aufwendigen Sanierung erstrahlt das ehrwürdige Blumenthal-Gebäude aus der Zeit der Jahrhundertwende in neuem Glanz und beherbergt neben dem Astral auch das Le Balmoral, ein Bistro mit Jazzklub im EG.

68 [D1] **Quai des Brumes**, 4481 Rue St-Denis, Métro: Mont-Royal, www.quaidesbrumes.ca, geöffnet: tgl. 15–3 Uhr. Hier

Auf ins Vergnügen
Montréal am Abend

wird in schummriger Atmosphäre gediegen gegroovt. Im EG gibt es Livekonzerte, je nach Programm Rock, Jazz und Blues. Das Publikum ist jenseits der 30, wenn nicht 40 und immer gut gelaunt. In der Disco im 1. Stock legen DJs auf.

⊖**69** [E6] **Upstairs Jazz Bar & Grill,** 1254 Rue Mackay, Métro: Guy-Concordia, www.upstairsjazz.com, Tel. 9316808, geöffnet: tgl. ab 11.30 Uhr. Ein kleines, sympathisches Jazzlokal in Downtown mit täglich wechselndem Programm und leckeren Snacks. Etwas plüschig, aber sehr gemütlich. Reservierung erforderlich.

Pubs und Mikrobrauereien

⊖**70** [E6] **Brutopia,** 1219 Rue Crescent, Métro: Guy-Concordia u. Peel, www.brutopia.net, geöffnet: Mo.–Fr. 15.30–3, Sa./So. 12–3 Uhr. Dieser Brauerei-Pub ist vor allem bei Studenten beliebt und meist rappelvoll. Über zwei Etagen sitzt man zwischen Ziegelsteinwänden an kleinen Tischen bei wahlweise Honig-, Himbeer- oder Starkbier und fragt sich, warum Bier aus Montréal nicht schon längst die Welt erobert hat.

⊖**71** [E6] **Les 3 Brasseurs,** 1356 Rue Ste-Catherine Ouest, Métro: Peel, www.les3brasseurs.ca, Tel. 7889788, geöffnet: tgl. 11.30–24 Uhr oder länger. „Bei uns wird Bier nicht geliefert, sondern direkt vor Ort gebraut." Dieser auf der Visitenkarte vermerkten Maxime bleiben die drei Generationen der französischen Brauereifamilie aus Lille treu. Jede der vier über das Stadtgebiet verteilten Mikrobrauereien bietet Platz, Gesellschaft, zivile Preise und Flammkuchen als Beilage zu zünftigen Biersorten wie *la Blonde* oder *la Belle Province*. WLAN-Hotspot.

⊖**72** [E6] **Sir Winston Churchill,** 1459 Rue Crescent, Métro: Guy-Concordia, www.winniesbar.com, geöffnet: tgl. 11.30–3 Uhr. Vor allem im Sommer lässt man hier den Tag mit einem kühlen Blonden auf der zweigeschossigen Terrasse hinter Geranien ausklingen. Im Winter locken Billardtische, mehrere Bars, leckere Häppchen und lauschige Musik die Nachtschwärmer an. Hier saß schon das Montréaler Urgestein unter den Literaten, Mordecai Richler. Heute trifft man viele Studenten und Touristen; vorwiegend Briten lieben diesen Außenposten.

Bars, Klubs und Lounges

⊖**73** [D3] **Laika,** 4040 Boul. St-Laurent, Métro: Laurier, Tel. 8428088, geöffnet: tgl. 8.30–2 Uhr. Zwischen Mile End und Plateau gelegen ist diese Lounge-Bar eine perfekte Anlaufstelle für Liebhaber elektronischer Musik, die zu späterer Stunde noch weiterziehen wollen. Auch tagsüber ist das nach dem ersten russischen Hund im Weltraum benannte Lokal geöffnet. Es gibt rund um die Uhr kleine Snacks, vor allem Tapas, und der Sonntagsbrunch ist sehr üppig.

◁ *Hier läutet man den Abend ein: im Pub Sir Winston Churchill*

Auf ins Vergnügen
Montréal am Abend

❼74 [F3] **Le Saint-Sulpice,** 1680 Rue St-Denis, Métro: Berri-UQAM, www.lesaint sulpice.ca, geöffnet: Mo.–Fr. 15.30–3, Sa./So. ab 16.30 Uhr. Auf drei Etagen ist hier den ganzen Tag was los. Abends verwandelt sich die Bar in einen Klub, in dem auch Livemusik gespielt wird. Je später der Abend, desto jünger die Nachtschwärmer.

❼75 [G5] **Philémon Bar,** 111 Rue St-Paul Ouest, Métro: Place-d'Armes, www.phi lemonbar.com, geöffnet: tgl. ab 20 Uhr. Mitten in Vieux-Montréal befindet sich diese coole Bar für Szenegänger und Mitzwanziger. Von Ziegelwänden eingerahmt, thront in der Mitte die Bar, an der man sich mit einem Cocktail eindecken und dann in Ruhe abhängen kann. Dass man durch die riesigen Schaufenster zur Straße beobachtet wird, ist durchaus beabsichtigt.

❼76 [E6] **Salsathèque,** 1220 Rue Peel, Métro: Peel, www.salsatheque.ca, Tel. 8750016, geöffnet: tgl. ab 20 Uhr. Sie heißen nicht umsonst „soirées volcaniques" („vulkanische Abende"). Die eruptiven Salsa-Tanzparties mit Livebands sind seit 32 Jahren der wichtigste Expat-Treff aller Lateinamerikaner in Montréal. Im November 2013 gaben Arcade Fire (s. S. 55) hier ein Spezialkonzert.

❼77 [G2] **Sky,** 1474 Rue Ste-Catherine Est, Métro: Beaudry, www.complexesky. com, geöffnet: Mo.–Fr. 14–3, Sa./So. 12–3 Uhr. Phänomenale Aussicht von der XXL-Dachterrasse und erstklassige Cocktails. Nicht nur Gays sind an diesem Wohlfühlort herzlich willkommen. Auf der Tanzfläche kann man die Nacht zum Tag machen.

❼78 [G4] **Velvet Club,** 420 Rue St-Gabriel, Métro: Place-d'Armes, www.velvet speakeasy.ca, Tel. 9958754, geöffnet: Do.–So. 22–3 Uhr. House, Techno und Tech House werden in diesem coolen Klub unter dem Restaurant Le Saint-Gabriel von den besten DJs der Stadt aufgelegt. Dazu gibt es starke Drinks und eher frankofones bzw. frankophiles Publikum. Körperkontakt ist erwünscht, aber aufgrund der Enge auch kaum zu vermeiden. Viele Livekonzerte und gute Stimmung.

Theater

Die Theaterszene in Montréal ist vielfältig und bunt. Die langjährige und fortwährende Bilingualität der Stadt hat den Vorteil, dass es **sowohl französische als auch englische Stücke** zu sehen gibt. Der bekannteste Ideengeber ist der 1942 geborene Dramatiker, Theater- und Filmregisseur Michel Tremblay.

❼79 [G5] **Centaur Theatre,** 453 Rue St-Francois Xavier, Métro: Place-d'Armes, www.centaurtheatre.com, Tel. 2883161. Nach der Gründung dieses ersten englischsprachigen Theaters von Québec im Jahr 1968 wurden in der umfunktionierten alten Börse zunächst Brecht, Pinter und Co. auf die Bühne gebracht. Das von dem Kanadier David Fennario inszenierte Stück „Balconville" über die Sprachgrenze in Montréal wird heute noch hin und wieder gezeigt. Michel Tremblay setzt auf die Verbreitung des „Joual"-Dialekts (s. S. 121).

❼80 [F4] **Théâtre du Nouveau Monde (TNM),** 84 Rue Ste-Catherine Ouest, Métro: Saint-Laurent, www.tnm.qc.ca, Tel. 8668668. Seit 1951 ist das „Theater der Neuen Welt" mit über 800 Plätzen eine Institution und eine Kultstätte des frankofonen Montréal. Die Wiederaufnahme des spektakulären Stücks „Les Aiguilles et l'Opium" („Nadeln und Opium") von Robert Lepage und seiner Québecer Compagnie Ex Machina für Mai 2014 sollte man sich vormerken. Tickets gibt es auch über La Vitrine (s. S. 110).

32 Auf ins Vergnügen

Montréal am Abend

EXTRATIPP

Cirque du Soleil – der Sonnenzirkus aus Montréal

Der Cirque du Soleil ist der **bekannteste Exportschlager aus Montréal.** Allerdings grenzt es beinahe an ein Wunder, eine der Shows in ihrer Heimat zu erleben. Nur alle zwei Jahre gibt es eine Kostprobe: im Sommer in dem famosen gelb-blauen Wanderzelt am Hafen (s. unten), im Winter im Centre Bell (s. S. 121). Dafür finden alle Uraufführungen in Montréal statt, bevor die Shows auf Welttournee gehen. Fans sollten sich lange im Voraus auf der Website informieren. Im Dezember 2013 startete das neue Spektakel „Varekai" im Centre Bell.

● **81** [G5] **Cirque du Soleil,** 145 Rue de la Commune Est, Quai Jacques-Cartier, Métro: Place-d'Armes, www.cirquedu soleil.com, www.cirquedusoleil-film.de, Tel. 8004501480

Oper und klassische Musik

Schon lange bevor Stardirigent Kent Nagano 2006 die Leitung des **Orchestre Symphonique de Montréal** (OSM) übernahm, zählte es zu den zehn besten Sinfonieorchestern weltweit. Den Stellenwert von Musik in dieser Stadt kann man gar nicht hoch genug ansetzen. Mit dem Bau des riesigen Veranstaltungspalastes Place des Arts wurde 1992 ein Musiktempel erster Güte ins Herz der Stadt gepflanzt. **Liebhaber großer Chöre** können in Montréal auch in einer der unzähligen **Kirchen** auf ihre Kosten kommen, wie z. B. sonntags um 10 und 16 Uhr in der Christ Church Cathedral ⑱. **Opernfans** lassen sich sicher einen Besuch in der Montréaler Oper nicht entgehen.

⊘**82** [F4] **Maison Symphonique de Montréal,** 1600 Rue St-Urbain, Métro: Place-d'Armes, www.osm.ca, Tel. 8429951. Spielstätte des Orchestre symphonique de Montréal (OSM), Konzerte meist um 20 Uhr, Sa./So. um 14.30 bzw. 18.30 Uhr, Tickets ab 45 C$. 2008/2009 feierte das Ensemble, das seit seiner Gründung mehr als 100 CDs auf den Markt gebracht hat, sein 75-jähriges Bestehen. Für das Beethoven-Konzert aus dem Jahr 2008 erhielt es diverse Preise. 2011 wurde ein neuer, mit erstklassiger Akustik und einer opulenten Casavent-Orgel aufwartender Saal eingeweiht. Ob Dirigent Nagano seinen Vertrag über 2016 hinaus verlängert, ist nicht klar, aber seiner Meinung nach ist Montréal „eine betörende Inspirationsquelle mit unglaublichen Talenten".

⊘**83** [F4] **Opéra de Montréal,** 175 Rue Ste-Catherine Ouest/Pl. des Arts, Métro: Place-des-Arts, www.ope rademontreal.com, Tel. 9852258, Spielzeit: Sept.–Juni, Tickets ab 40 C$. Das 1980 erbaute Opernhaus gehört zu den zehn größten in Nordamerika und wartet mit sechs Eigenproduktionen pro Jahr auf, darunter beispielsweise Mozarts „Zauberflöte" oder Puccinis „Bohème". Die Künstler kommen aus der ganzen Welt. Es gibt Videoübertext.

⊘**84** [F4] **Place des Arts,** 175 Rue Ste-Catherine Ouest, Métro: Place-des-Arts, www.pda.qc.ca, Tel. 8422112, Tickets ab 35 C$. In diesem Komplex sind verschiedene Konzert- und Veranstaltungssäle untergebracht, u. a. der Salle Wilfrid-Pelletier mit 3000 Sitzen. Die kleineren Säle werden auch im Rahmen von Festivals bespielt.

▷ *Im CCA* ㉓ *sind spektakuläre Architekturausstellungen zu sehen, z.B. Chuck Hobermans bewegliche Faltkunstwerke*

Auf ins Vergnügen
Montréal für Kunst- und Museumsfreunde

Montréal für Kunst- und Museumsfreunde

Museen

🔴 [J3] **Biosphère.** Als Umweltmuseum firmiert diese Ikone der Expo 67, deren Besuch sich schon allein wegen des spektakulären Fahrstuhls lohnt, der den Gast in luftige Höhen der von Buckminster Fuller entworfenen Kuppelkonstuktion bringt. Als amerikanischer Pavillon war die aparte Konstruktion eine Sensation, obwohl sie damals noch nicht mit geothermaler Energie betrieben wurde.

🔴 [D7] **Centre Canadien d'Architecture (CCA).** Die Architektin und frühere Mitarbeiterin von Mies van der Rohe, Phyllis Lambert, gründete dieses Architektur-Mekka 1979.

🔴 85 [G5] **Centre d'Histoire de Montréal (Stadtmuseum),** Pl. d'Youville, Métro: Place-d'Armes, www.ville.montreal.qc.ca/chm, Tel. 8723207, geöffnet: Di.–So. 10–17 Uhr, Eintritt: 6 C$. In der alten, 1903 in flämischem Stil errichteten Feuerwache am Pl. d'Youville ist die Geschichte der Stadt multimedial aufbereitet. Hörenswert sind vor allem die vielen Originalstimmen heutiger und früherer Bewohner, die erzählen, was Montréal ausmacht. Sehenswert sind die Modelle, wie beispielsweise das einer typisch viktorianischen Häuserzeile, oder Memorabilia aus der Zeit der frühen Siedler um 1535 bis heute. Einmal jährlich werden die Werke der Gewinner eines Fotowettbewerbs gezeigt, den das Museum zum Thema Montréal auslobt.

🔴 [G4] **Château Ramezay.** Das elegante Museum für Kolonialgeschichte befindet sich in der Gouverneursresidenz von Claude Ramezay. Interessant ist vor allem die Mischung aus britischen und französischen Ausstellungsobjekten in dem Originalbau aus dem Jahr 1705.

🔴 **Cosmodôme.** Seit 1962 der erste kanadische Satellit ins All flog, ist die Faszination für die Raumfahrt ungebro-

> Museen, die mit einer magentafarbenen Nummer (🔴) als Hauptsehenswürdigkeit ausgewiesen sind, werden im Kapitel „Montréal entdecken" ausführlich beschrieben. Dort finden sich auch alle praktischen Informationen wie Adresse, Öffnungszeiten usw.

Auf ins Vergnügen

Montréal für Kunst- und Museumsfreunde

chen. An Bord eines Spaceshuttle kann man hier mit neuester virtueller Technik wahlweise auf dem Mond oder dem Mars landen.

30 [F2] **Écomusée du Fier Monde.** In dem 1927 im Art-déco-Stil erbauten öffentlichen Badehaus gibt es hin und wieder auch moderne Kunst zu sehen. Und von außen ist das heutige Stadtteilmuseum sowieso hinreißend.

86 [H4] **Lieu Historique National de Sir-George-Étienne-Cartier,** 458 Rue Notre-Dame Est, Métro: Champ-de-Mars, Tel. 2832282, www.pc.gc.ca/car tier, geöffnet: Mitte Mai–Ende Juni Fr.–So. 10–17, Ende Juni–Anf. Sept. Mi.–So. 10–17, Anf. Sept.–Mitte Okt. Fr.–So. 10–17 Uhr, Eintritt: 3,90 C$. Faszinierende Einblicke in die Welt des 19. Jh. geben die interaktiven Ausstellungen und gut erhaltenen Artefakte in den beiden unter Denkmalschutz stehenden Steinhäusern, in denen der Premierminister George-Étienne Cartier 1848–1871 mit seiner Familie lebte. Cartier war einer der Wegbereiter des 1867 gegründeten Bundesstaates Kanada und Mitglied der Montréaler Oberschicht.

87 **Lieu Historique National du Commerce et de la Fourrure (Museum des Pelzhandels),** 1255 Boul. St-Joseph, Lachine, Métro: Andrignon, dann weiter mit Bus 195 bis zur Kreuzung 12 Av. u. St-Louis (Wochenende), Métro: Lionel-Groulx und Bus 496 (unter der Woche), www.pc.gc.ca/fourrure, geöffnet: Juni–Sept. tgl. 10–17 Uhr, Apr.–Juni nur für Gruppen, Eintritt: 3,90 C$. Auf dem Weg nach Europa war dieses 1803 von der Hudson's Bay Company errichtete Lagerhaus am Canal de Lachine **59** das wichtigste regionale Zwischenlager für Pelze. Jahrhundertlang machte der Pelzhandel den Reichtum des Landes aus, da Biberpelze in Europa heiß begehrt waren. Die Unterhaut des Leders wurde für die Fabrikation der Männerhüte benö-

tigt, die Felle für die Damenmäntel. Sehr informativ ist die iPad-Führung mit einer eigens entwickelten Museums-App. Zu sehen gibt es Felle, Kanus, Kisten, Fotos, Decken und einige ausgestopfte Biber.

88 [G5] **Maison de l'Architecture du Québec,** 181 Rue St-Antoine Ouest, Métro: Place-d'Armes, www.maisonde larchitecture.ca, Tel. 8686691, geöffnet: Di.–Fr. 13–18, Sa. 12–17 Uhr, Eintritt: 4 C$. Die kleinen, aber feinen Ausstellungen zum Thema Baukunst in Québec sind hochinteressant, von Experten kuratiert und nicht nur für Architekten empfehlenswert.

20 [E5] **McCord Museum.** Einblick in eine einzigartige Geschichte verspricht dieses historische Museum der anderen Art. Man taucht ein in das 18. und 19. Jh. und kann eines der größten und besten Fotoarchive der Welt entdecken. Der indigenen Kultur der Inuit und First Nations ist eine ganze Etage gewidmet.

89 [F4] **Musée d'Art Contemporain,** 185 Rue Ste-Catherine Ouest, Métro: Place-des-Arts, www.macm.org, Tel. 8476226, geöffnet: Di.–So. 11–18, Mi. u. jeden ersten Fr. im Monat bis 21 Uhr, dazu im Sommer Livemusik und Cocktails, Eintritt: 12 C$, Mi. 17–21 Uhr Eintritt frei. Das Museum für zeitgenössische Kunst zeigt Werke der Avantgarde seit 1940. Der von außen schmucklose Kasten entpuppt sich innen als moderner, lichtdurchfluteter und mit einer opulenten Rotunde ausgestatteter Museumsbau. Mehr als die Hälfte der seit 1992 an diesem Ort ausgestellten, knapp 2000 Kunstwerke stammt von Künstlern aus Québec. Dazu gehören z. B. die fantastischen Gemälde von Paul-Émile Borduas und Betty Goodwin. Unbedingt sehenswert sind auch die Tableaus von Jean-Paul Riopelle (s. S. 76). Die Dauerausstellung zum Thema Abstraktion entpuppt sich als Zeitreise in die Sternstunden moderner kanadischer Kunst.

Auf ins Vergnügen 35
Montréal für Kunst- und Museumsfreunde

Internationale Meister wie Richard Serra, Bruce Nauman und Robert Mapplethorpe sind ebenfalls vertreten.

🚋 **90 Musée de Lachine,** 1 Chemin du Musée, Métro: Andrignon, dann Bus 459, www.museedelachine.com, geöffnet: April – Nov. Di. – So. 12 – 17, Eintritt: frei. 300 Jahre Québecer Geschichte werden in diesem malerisch gelegenen Steinhaus aufgerollt. Das Freilichtmuseum wartet mit moderner Kunst auf. Ideal für einen Zwischenstopp, wenn man ohnehin mit dem Fahrrad am Canal de Lachine 🔴59 unterwegs ist.

🔴22 [D6] **Musée des Beaux-Arts.** Eines der größten und großartigsten Museen Nordamerikas erstreckt sich nunmehr über vier Pavillons. Besonders sehenswert ist die neu hinzugekommene Erskine and American Church, in der die ganze Bandbreite der kanadischen Kunst zu sehen ist.

🚋 **91** [ce] **Musée du Château Dufresne,** 2929 Av. Jeanne-d'Arc, Métro: Pie-IX (Ausgang Pie IX Ouest), www.chateau dufresne.com, Tel. 2599201, geöffnet: Mi. – So. 10 – 17 Uhr, Eintritt: 9 C$. Das opulente Stadtschlösschen wurde 1918 im Beaux-Arts-Stil erbaut und liefert Einsichten in die Lebensart der französischstämmigen Bourgeoisie Montréals. Hinter der symmetrischen Fassade verbergen sich zwei identisch geschnittene Haushälften mit jeweils 22 exquisit eingerichteten Räumen. Die beiden Brüder und Schuhfabrikaten Marius und Oscar Dufresne lebten hier unter einem Dach. Der Pariser Architekt Jules Renard stattete die beiden Wohnungen unterschiedlich aus. Marmor, Kassettendecken, Stilmöbel, Wandmalereien und Nymphenfiguren finden sich jedoch in beiden, über eine Treppe miteinander verbundenen Bereichen.

❯ **Musée Marguerite-Bourgeoys in der Chapelle Notre-Dame-de-Bon-Secours** 🔴7 . Das Leben der Nonne und Lehrerin Marguerite Bourgeoys wird in diesem auf archäologisch einmaligen Fundamenten ruhenden Kapellenmuseum mit Krypta nachvollzogen. Auch wenn man nur zum Turm hinauf möchte, muss man den Museumseintritt bezahlen.

🔴12 [G5] **Museum Pointe-à-Callière.** Wie ein Wahrzeichen thront dieser eigenwillige Bau aus Stein und Stahl auf dem kleinen Fleckchen Erde im Alten Hafen (Vieux-Port) 🔴10 , auf dem Montréal 1642 gegründet wurde. Die Ruinen sind noch begehbar; dank virtueller Technik begegnet man bekannten Persönlichkeiten der Stadt. Archäologie trifft Cyberwelt.

🚋 **92** [D5] **Redpath Museum,** 859 Rue Sherbrooke Ouest, Métro: McGill, www.mcgill.ca/redpath, geöffnet: Mo. – Fr. 9 – 17, So. 11 – 17 Uhr, Eintritt: frei (Spende von 5 C$ erbeten). Die Exponate des Naturkundemuseums sind nichts für schwache Nerven: ausgestopfte Tiere, Dinosaurierskelette und ägyptische Mumien gehören zu der auf dem Campus der McGill University 🔴21 befindlichen Sammlung des kanadischen Naturwissenschaftlers Sir William Dawson, in dessen Auftrag das Museum 1880 erbaut wurde. Das Museum ist auch von außen sehenswert. Architektonisch interessant ist die Mischung aus viktorianischem Klassizismus und Neorenaissance. John Redpath war im 19. Jh. ein großer Industrieller, der Kanadas erste, noch heute produzierende Zuckerraffinerie gründete.

🔴52 [I2] **Stewart Museum.** Der imposante Festungsbau ist der einzige seiner Art in Montréal. In dem kürzlich renovierten Privatmuseum von David M. Stewart lassen sich wertvolle Karten aus fünf Jahrhunderten und Reiseutensilien von Jacques Cartier in Augenschein nehmen. Das ist nur eine kleine Auswahl von insgesamt 27.000 zum Bestand gehörenden Artefakten.

Auf ins Vergnügen

Montréal für Kunst- und Museumsfreunde

Kunstgalerien

93 [F5] **Belgo Building,** 372 Rue Ste-Catherine Ouest, Métro: Place-des-Arts, www.thebelgoreport.com, geöffnet: Di.–Sa. 12–18 Uhr. In einem früheren Schulgebäude zwischen mehreren Shoppingmalls in Downtown sind derzeit die vermeintlich szenigsten Galerien und Showrooms unter einem Dach vereint. Um die Perlen zu finden, streift man allerdings etwas verloren durch die Gänge und findet sich wahlweise in einer herrlichen Fotoausstellung, einem psychedelischen Labyrinth aus Fernsehern oder einem skurrilen Pflanzendschungel wieder. Die Öffnungszeiten scheinen allerdings von der Tageslaune der jeweils Ausstellenden abzuhängen.

48 [B1] **Centre Clark.** Die Ansammlung von Ateliers und Ausstellungsräumen bietet den Besuchern Einblicke in die spannende Kreativszene von Mile End.

94 [G5] **DHC/ART,** 451 u. 465 Rue St-Michel, Métro: Place-d'Armes, www.dhc-art.org, geöffnet: Mi.–Fr. 12–19, Sa./So. 11–18 Uhr, Eintritt: frei. Die beiden formidablen Altstadtvillen im schönen Vieux-Montréal wurden von der kunstbeflissenen Gattin eines Montréaler Geschäftsmannes in exquisite Galerien für moderne Kunst umgewandelt. Sogar die Konzeptkünstlerin Jenny Holzer und der Fotograf Thomas Demand waren hier schon zu Gast.

95 [G6] **Fonderie Darling,** 745 Rue Ottawa, Métro: Square-Victoria (von dort 20 Min. Fußweg), www.fonderiedarling.org, Tel. 3921554, geöffnet: Mi.–So. 12–19 Uhr, Do. bis 22 Uhr, Eintritt: 5 C$, Do. gratis. Seit nunmehr elf Jahren ist die alte Schmelzerei eine der ersten Anlaufstellen für moderne Kunst in Montréal. Im alten Hafenindustrie-Stadtteil Griffintown treffen sich heute Künstler und Kunstliebhaber aus aller Welt, die die Kuratoren unter anderem mit „Artist-in-

---

EXTRATIPP

Eine Reise ins Licht

Lichtinstallationen haben sich zu einem Steckenpferd der Multimedia-Industrie Montréals gemausert. Ganzjährig lässt sich eine **Licht- und Soundshow** in der **Basilique Notre-Dame ❷** bestaunen. Ebenfalls an 365 Tagen im Jahr führt ein **Lichtpfad durch Vieux-Montréal,** der gleichzeitig als Stadttour bei Nacht gedacht ist. Der Plan lässt sich hier herunterzuladen:

❯ www.vieux.montreal.qc.ca/planlum/circuit.htm

Ein weiteres spannendes Beispiel ist die **Société des Arts Technologiques (SAT).** Hinter der einzigartigen Fassade aus blinkenden LED-Glühbirnen, die der Lichtdesigner Axel Morgenthaler zeitgleich mit der gigantischen Dachkuppel entwarf, verbirgt sich eine Welt für sich. Die 360-Grad-Projektionen in der „Satosphère" sind mit Musik unterlegt. Dass das IMAX eine kanadische Erfindung ist, bezweifelt man nach dem Besuch des Lichtdoms nicht mehr.

●98 [F4] **Société des Arts Technologiques (SAT),** 1201 Boul. St-Laurent, Métro: Saint-Laurent, www.sat.qc.ca, geöffnet: Mo.–Fr. 17–20.30 Uhr, Eintritt: ab 8 C$. Tickets für Veranstaltungen sind vor Ort erhältlich.

Residence"-Programmen hierher locken. Im Hof steht schon mal ein verunfalltes Auto, auf dessen Sitzen man Shisha rauchen kann. Zur Fonderie Darling gehört auch das Loft-Restaurant Le Serpent (s. S. 23), das um die Ecke liegt.

47 [B1] **Galérie Simon Blais.** Moderne kanadische Kunst nach 1945 ist das Spezialgebiet dieser renommierten Gale-

Auf ins Vergnügen
Montréal für Kunst- und Museumsfreunde

rie, die seit 1989 vor allem Drucke und Malerei, aber auch Skulpturen ausstellt und diese hier oder auf internationalen Messen zum Kauf anbietet.

96 [F4] **Le 2.22,** 2 Rue Ste-Catherine Est, Métro: Saint-Laurent, geöffnet: Mo. 10–18, Di.–Sa. 9–20 Uhr, So. 10–18 Uhr, Eintritt: frei. Montréals wichtigste Kartenvorverkaufsstelle, La Vitrine (s. S. 110), befindet sich im EG und ist tatsächlich ein Schaufenster: Hier ist immer der Teufel los. In den Stockwerken darüber finden wunderbare Foto- oder Videoausstellungen statt (Vox Centre de l'Image Contemporaine, www.voxphoto.com). In der Galerie Artexte (http://artexte.ca) gibt es zeitgenössische Kunst und in der Buchhandlung Formats Sondereditionen und Kunstbücher.

97 [B1] **Monastiraki,** 5478 Boul. St-Laurent, Métro: Laurier, http://monastiraki.blogspot.ca, geöffnet: Mi. 12–18, Do./Fr. 12–20, Sa./So. 12–17 Uhr. Ein Eldorado für Kunstinteressierte. Poster, Magazine, Comics, Aquarelle, Ölbilder und Zeichnungen lokaler Künstler kann man hier für wenig Geld erstehen. Das Ambiente ist cool und der Laden besser sortiert als man auf den ersten Blick glauben mag.

Kunst unter freiem Himmel

Montréal ist **eine Kunst- und eine Künstlerstadt.** Mit knapp 250 Kunstwerken unter freiem Himmel ist die Stadt das einzige Freiluftmuseum dieser Art in ganz Kanada. Auch die unzähligen, zum Teil sehr eindrücklichen Wandmalerien und Graffitis tauchen immer wieder unvermittelt an Häuserwänden an. Vor allem in der Rue Prince Arthur [E3–D4], in der Avenue Duluth 35 /Ecke Rue Sherbrooke und Rue Durocher [E4] sind schöne Beispiele für **Streetart** zu finden. Seit 2006 werden von der Stadt-

> **EXTRATIPP**
>
> **Die Berliner Mauer in Montréal**
> Ein **Teilstück der Berliner Mauer** hat es bis ins ferne Montréal geschafft. Die Stadt Berlin schenkte es der Stadt 1991 zum 350. Stadtjubiläum. Es dauerte dann noch drei Jahre, bis ein endgültiges warmes und trockenes Plätzchen gefunden war, da sich die Museen standhaft weigerten, das tragische Strandgut europäischer Geschichte aufzunehmen.
> › **World Trade Center,** Ruelle des Fortifications, 747 Rue Square-Victoria, Métro: Square-Victoria

verwaltung eigens Flächen für diese Kunstform zur Verfügung gestellt. Selbst an den bis zu 40 Meter hohen Industriesilos am Canal de Lachine 59 haben die Sprayer ihre Spuren hinterlassen.

Gewundene Kunst: die Skulptur „Revolutions" von Michel de Broin gibt es seit 2003 (s. S. 82)

Kunst in der Métro

Im Montréaler Untergrund kommen Kunstfans auf ihre Kosten. Die teilweise kitschige Farbenpracht ist heute ein Museum der Farben, der Formen und des Geschmacks der 1960er- bis 1980er-Jahre.

In den 1960er-Jahren beschloss der amtierende **Bürgermeister Jean Drapeau (1916-1999)**, für jede Station einen Architektenwettbewerb auszuloben. Auch sollte Kunst den unterirdischen Raum und damit den Alltag der Menschen verschönern. Diese Idee stammte eigentlich aus der Sowjetunion; dort sollten U-Bahn-Stationen „Paläste für das Volk" sein. Zusammen mit seinem **Künstlerfreund Robert LaPalme (1908-1997)** gelang es Drapeau, viele der Kunstwerke von Sponsoren finanzieren zu lassen.

Die Fahrt mit der Métro ist zugleich eine **Zeitreise**, denn die Werke erzählen die Geschichte der Stadt. Dass Europas Einfluss unübersehbar ist, erkennt man etwa an der **Station Square-Victoria** (Ausgang St-Antoine). Man wähnt sich in Paris, denn dies ist ein echter Pariser Jugendstil-Ausgang, geschaffen vom Künstler Hector Guimard als Geschenk der französischen Hauptstadt an die „Schwester im Geiste". Dies ist tatsächlich der einzige Guimard-Métroausgang außerhalb von Paris.

Das riesige Glasmosaik im Pavillon der **Station Champ-de-Mars** stammt von der Québecer Künstlerin Marcelle Ferron, einem Mitglied der Künstlerbewegung „Le Refus global" (s. Exkurs S. 79) um Paul-Émile Borduas. Das bunte Glas reflektiert das Licht bis zu den Bahnsteigen hinunter. Die **Station Place-des-Arts** schmückt ein von hinten beleuchtetes Wandmosaik des lokalen Künstlers Frédéric Bach. Passend zu den Konzert- und Aufführungssälen am „Platz der Künste" wird die Musikgeschichte der Stadt erzählt, angefangen mit der ersten Trompetenfanfare im Jahr 1535 bis heute.

Den Québecer Dichtern wie Octave Crémazie und Émile Nelligan ist ein aufwendig gestaltetes Wandmosaik mit indianischen Schriftzeichen in der **Station Crémazie** gewidmet. Die **Station Sherbrooke** erhellt ein Mosaik, in dem die Wirtschaftsgeschichte des Landes nachvollzogen wird. Das Glasmosaik in der **Station Berri-UQAM** hat es schon in diverse Bildbände geschafft, so eindrücklich ist die Hommage an die Gründer der Stadt, die sich in einer roten Fläche mit blauen Farbelementen aufzulösen scheinen. An anderer Stelle legte der große Visionär LaPalme selbst Hand an: Das Matisse-ähnliche Wandgemälde im Treppenbereich ist nicht zu übersehen. Judith Klein schuf eine Kachelwand mit einem U-Bahn-Zug, die man in der **Station Jean-Talon** bewundern kann.

Montréals Métro-Kunstgalerie blieb letztlich **unvollendet**; der von LaPalme 1968 entworfene Plan wurde nur in Teilen umgesetzt. Als Anhänger der figurativen Kunst hätte er sich höchstwahrscheinlich ohnehin über einige der eher abstrakten Neuzugänge gewundert.

> www.metrodemontreal.com/art - inoffizielle Fanseite mit Extrakapitel „Art in the Métro"

> www.historyofcanadabymetro.com - Blog mit Einträgen zu den historischen Hintergründen einzelner Stationen

Zur Kunst im öffentlichen Raum gehören auch **75 Skulturen**, die moderne Bauten aller Art schmücken. Kunst hat Tradition und spielt für das Selbstbild der Stadt eine große Rolle. Die **Montréaler Métro** ist seit den 1960er-Jahren **eine der größten Kunstgalerien der Welt** (s. Exkurs S. 38).

› **Weitere Infos über Streetart in Montréal:** www.mu-art.ca

Montréal zum Träumen und Entspannen

Parks und Gärten

Der **Jardin Botanique** 57 ist eine Riesenoase am Stadtrand, im Schatten des Olympiastadions – und bietet neben spannenden Entdeckungen auch jede Menge Gelegenheiten für entspannte Erholung. Der Japanische Pavillon im gleichnamigen Garten wartet mit einer stilechten Teezeremonie auf.

Zu einem **Nickerchen oder Sonnenbad** lädt der **Parc du Mont-Royal** 37 ein, vor allem die wunderschöne Aussichtsterrasse **Belvédère Kondiaronk** 39. Fernab des Stadtrummels kann man sich im Gras oder auf einer Bank erholen. Snacks und Getränke gibt's im zugehörigen Chalet.

Relaxen am und auf dem Wasser

Im Sommer ist der **Strand auf der Île Notre-Dame** 55 eine Empfehlung. Der von feinem Sand umrundete Badesee ist eine Relaxoase eine halbe Stunde vom Stadtzentrum entfernt. Die **Strandbar am Tour de l'Horloge** (s. S. 63) ist näher und bietet fantastische Aussichten – auch vom Uh-

EXTRATIPP

Express-Kreuzfahrt für die Sinne

In einem tiefschwarz gestrichenen und komplett sanierten **alten Ozeanriesen** mit XXL-Bullaugen ist eines der verrücktesten Spas der nördlichen Hemisphäre entstanden: das **Bota Bota Spa.** Von einem der drei Außen-Whirlpools hat man einen idealen Blick auf Vieux-Montréal, liegt das Spa-Schiff aus den 1950er-Jahren doch direkt im Hafen vor Anker. Im Angebot sind Sauna, Massagen, Wassertherapie und Dampfbäder. Man kann aber auch einfach an einem der fünf Decks im Liegestuhl oder in einem der riesigen Ohrensessel liegen und bei sphärischer Musik den Blick über das Wasser schweifen lassen. Vorrangig einheimisches Publikum. Sonnenbrille nicht vergessen!

•99 [H6] **Bota Bota Spa,** im Vieux-Port, Rue McGill/Ecke Rue de la Commune, Métro: Square-Victoria, Ausgang St-Jacques rechts, dann die Rue McGill runter, www.botabota.ca, Tel. 2840333, geöffnet: tgl. 10–22 Uhr, Eintritt: ab 35 C$ für 3 Std. an Wochentagen

016mo Abb.: hmj

017mo Abb.: hmj

Zur richtigen Zeit am richtigen Ort

Der relativ kurze, mitunter feucht-heiße Sommer und damit die Hochsaison beginnt in der Provinz Québec am 24. Juni, dem Jour Saint-Jean-Baptiste, und endet Anfang September am Tag der Arbeit. Die kalten Monate sind bei Wintersportliebhabern hoch im Kurs. Gefeiert wird in Montréal jedoch das ganze Jahr über. Ein Großevent reiht sich an das nächste. Dabei wird die Stadt ihrem Ruf als Musikmetropole Nordamerikas durchaus gerecht.

Januar bis April

- **Fête des Neiges:** Ein Winterspektakel erster Güte. An drei Wochenenden wird auf der Île Ste-Hélène ㊾ das Schneefestival mit Schlittenhundrennen, Outdoorspielen, Musik und Glühwein gefeiert. Das riesige **Village des Neiges** („Schneedorf") aus Iglus inklusive Eis-Restaurant *(restaurant de glace)* und Eis-Hotel *(hôtel de glace)* bleibt sogar bis Ende März geöffnet. Es befindet sich unweit der Alexander-Calder-Skulptur ㊿. Mehr lässt sich hier erfahren: www.fetedesneiges.com und www.villagedesneiges.com.
- **Montréal en Lumière:** „Montréal im Licht" heißt das nächste Get-together der Montréaler. Bei bis zu −20 °C locken klassische Konzerte, Tanzdarbietungen, Weinproben und DJs aus aller Welt die Städter aus ihren Wohnungen. Vor allem das Lichtermeer beim Feuerwerk inmitten der Schneelandschaft ist unvergesslich. Nähere Infos: www.montrealenlumiere.com.
- **Festival International du Film sur l'Art:** Das einzige Filmfestival mit dem Schwerpunkt Kunst in ganz Nordamerika findet

renturm selbst. Ein besonders Erlebnis ist eine **Stadtrundfahrt mit dem Amphi-Bus** (s. S. 122) – hier erlebt man Montréal nicht nur vom Land, sondern auch vom Wasser aus.

Der **Canal de Lachine** (59) bietet sich zum Flanieren oder Radfahren an. Wirklich entspannt ist eine Fahrradtour allerdings nur frühmorgens. Nach 10 Uhr trainiert hier scheinbar ganz Montréal für die Tour de France! Dafür kann man kilometerlang an alten Getreidesilos und Schleusen vorbei radeln. Spektakuläre Ausblicke auf die Skyline von Montréal sind dabei garantiert.

So leer ist der Strand auf der Île Notre-Dame (55) nur morgens um acht

Das Igludorf Village des Neiges ist eine Attraktion für Jung und Alt

Auf ins Vergnügen 41
Zur richtigen Zeit am richtigen Ort

an zehn Tagen Mitte März statt. Mehr Infos auf der Website: www.artfifa.com.
> **St. Patrick's Parade:** Am St. Patrick's Day ist jeder Montréaler Ire … Ab Mittag findet bereits seit 1824 jedes Jahr ein Umzug statt. Die ausgelassene Parade auf der Rue Ste-Catherine [H1–D7] ist die älteste in Kanada. Mehr unter www.montrealirishparade.com.
> **Bal en Blanc/White Party:** Ganz in Weiß kleiden sich die Teilnehmer der Tanzparty, bei der sich an fünf Tagen über Ostern bis zu 15.000 Menschen durch die Straßen Montréals schlängeln. Eines der größten weltweiten Events dieser Art klingt mit einer DJ-Party im Palais des Congrès aus bzw. geht in den Klubs der Stadt weiter. Weitere Infos: www.balenblanc.com.
> **Blue Metropolis:** Ende April findet an fünf Tagen das internationale Literaturfestival statt. Mehr erfährt man auf der Website http://bluemetropolis.org.

Mai/Juni

> **Piknic Électronik:** Familienfreundliche Outdoor-Tanz-Party unter der riesenhaften Alexander-Calder-Skulptur ⑤⓪ auf der Île Ste-Hélène ④⑨. Von der Tanzfläche sieht man die atemberaubende Skyline der Stadt. Von Mai bis Sept. jeden So. 14–21 Uhr, Eintritt VIP-Bereich: 9 C$. Mehr erfährt man auf dem Internetauftritt www.piknicelectronik.com.
> **Tam-Tams:** Das Trommelfestival lockt von Mai bis Sept. jeden So. ab 13 Uhr bis zum Sonnenuntergang viele musik- und tanzbegeisterte Menschen zum Monument à George-Étienne-Cartier ③⑥.
> **Biennale de Montréal:** Jedes Jahr im Mai trifft sich die Kunstszene Kanadas und der Welt in Montréal. Weitere Infos: www.biennalemontreal.org.
> **Mondial de la Bière:** Ende Mai/Anf. Juni kommen an fünf Tagen die Bierfans auf ihre Kosten. In mehreren Lokalitäten in der gesamten Stadt lassen sich alle Biersorten der Erde testen. Mehr unter: www.festivalmondialbiere.qc.ca.
> **Féria du Vélo de Montréal:** Bis zu 30.000 Radfahrer bevölkern beim alljährlichen Fahrradfest Ende Mai/Anf. Juni die Straßen der Stadt. Nähere Infos: www.velo.qc.ca.
> **Grand Prix du Canada:** Mitte Juni verwandelt sich Montréal dank der Formel 1 in einen echten Hexenkessel. Weiteres erfährt man auf der Internetseite www.grandprixmontreal.com.
> **L'International des Feux Loto-Québec:** Beim Feuerwerksfestival Ende Juni bis Ende Juli trifft sich die Crème de la Crème der Pyrotechnik in Montréal. Auf dem Areal des Vergnügungsparks La Ronde ⑤③ auf der Île Ste-Hélène ④⑨ bieten zehn verschiedene Feuerwerkshows (jeden Mi./Fr./Sa. ab 22 Uhr, Dauer: 30 Min.) ein Spektakel sondergleichen. Die Brüche Pont Jacques-Cartier [I/J2]

wird für den Verkehr gesperrt und bietet fantastische, eintrittfreie Ausblicke. Nähere Infos: www.internationaldesfeux loto-quebec.com.

Juli/August

> **Festival International de Jazz:** Fast 2 Mio. Besucher zieht das 1979 gegründete Musikspektakel jedes Jahr an. Auch Indie-Pop, Rock und andere Musikrichtungen sind mittlerweile vertreten. Es ist das wichtigste Jazzfestival in Nordamerika, wenn nicht gar weltweit. Montréal gilt nicht umsonst als Jazz-Metropole. Weitere Infos unter www.montrealjazz fest.com.

> **DIVERS/CITÉ:** Hinter dem Begriff verbirgt sich eine der größten LGTB-Feste Nordamerikas, zu der sich Lesben und Schwule aus aller Welt für Tanz und Kunst, Konzerte und Open-Air-Happenings im Juli in Le Village (Gay Village) ③① einfinden. 1 Mio. Besucher sind keine Seltenheit. Mehr auf der Website: www.diverscite.org.

> **Fierté Montréal/Pride Montréal:** siebentägiges Gay-Pride-Fest im August. Mehr unter: www.fiertemontrealpride.com.

> **Festival des Films du Monde:** Das Montréaler Pendant zum Filmfestival in Cannes gibt es bereits seit 1977; es findet jedes Jahr Ende Aug. statt. Regelmäßig kommen hochkarätige Stars und Jury-Mitglieder. Nähere Infos: www.ffm-montreal.org.

September bis Dezember

> **Magic of Lanterns:** Der September bringt kühlere Temperaturen – und das Laternenfest auf dem Traumsee im Jardin Botanique ⑤⑦: Über 700 handgemachte, bis zu 3 m große Motivlaternen aus Seide oder Bambus werden vor dem Chinesischen Pavillon im gleichnamigen Garten zu Wasser gelassen.

Gesetzliche Feiertage

> 1. Januar: **Neujahr** (Jour de l'An)
> 17. März: **Saint Patrick's Day**
> März/April: **Ostern** (Fête de Pâques, 2014: 18.–21. April, 2015: 3.–5. April)
> Montag vor dem 25. Mai: **Nationaltag der Patrioten** (Journée nationale des Patriotes)
> 24. Juni: **Nationalfeiertag von Québec** (Fête nationale du Québec, Saint-Jean-Baptiste oder Saint-Jean)
> 1. Juli: **Nationalfeiertag** (Fête du Canada), wenn er auf einen Sonntag fällt, ist der 2. Juli Feiertag
> erster Montag im September: **Tag der Arbeit** (Fête du Travail, 2014: 6. Sept., 2015: 7. Sept.)
> zweiter Montag im Oktober: **Erntedankfest** (Jour d'Action de Grâce, 2014: 11. Okt., 2015: 12. Okt.)
> 25. Dezember: **Weihnachten** (Noël)

> **Festival du Nouveau Cinéma:** Freunde der dokumentarischen Filmkunst und des experimentellen Kinos kommen Anf. Okt. auf ihre Kosten. Mehr Infos auf der Website: www.nouveaucinema.ca.

> **Black & Blue Festival:** In der zweiten Oktoberwoche zieht eines der größten LGTB-Events der Welt die Massen an. Eine ganze Nacht wird z. B. im Olympiastadion im Parc Olympique ⑤⑥ gefeiert. Näheres unter: www.bbcm.org.

> **Défilé du Père Noël:** Bei der Santa Claus Parade auf der Rue Ste-Catherine [H1–D7] wird Mitte Nov. der Weihnachtsmann verabschiedet, bevor er sich am Nordpol auf seinen Einsatz im Dezember vorbereitet. Mehr auf der Internetpräsenz: www.defileduperenoel.com.

> **Image + Nation:** LGTB-Filmfest, das alljährlich Ende Nov./Anf. Dez. stattfindet. Weitere Infos: www.image-nation.org.

Am Puls der Stadt

Das Antlitz der Metropole

Daten, Zahlen, Fakten

„Einige Länder haben zu viel Geschichte, wir haben zu viel Geografie", urteilt der frühere kanadische Premierminister Mackenzie King (1874–1950) im Jahr 1936.

Montréal liegt auf der Île de Montréal, der größten Insel des Hochelaga-Archipels im Südwesten der **Provinz Québec**. Das gesamte Gebiet wird vom Sankt-Lorenz-Strom (Fleuve Saint Laurent) umflossen, der von Montréal, dem **größten Binnenhafen Nordamerikas,** 1400 Kilometer bis in den Atlantik fließt. Die Stadt erstreckt sich über ein Areal von 363,52 Quadratkilometern, wobei der Großraum Montréal 3,7 Mio. Einwohner zählt. Das Stadtzentrum wurde 1642 von dem französischen Kolonialisten **Jacques Cartier** (1491–1557) als Siedlung **Ville-Marie** gegründet und zählt heute 1,6 Mio. Einwohner.

Das Antlitz der Stadt wird von dem namensgebenden 233 Meter hohen Hügel dominiert, dem **Mont-Royal**.

◁ *Vorseite: Blick auf Hafen und Skyline vom Tour de l'Horloge (s. S. 63)*

▽ *Montréal am Abend, im Hintergrund die Pont Jacques-Cartier [I/J2]*

Am Puls der Stadt
Das Antlitz der Metropole

Ins Auge stechen aber auch die Hochhäuser in Downtown, die sich hinter dem Alten Hafen in die Höhe recken. Auffallend sind zudem die **vielen, teilweise riesigen Kirchen.** „Es war das erste Mal, dass ich in einer Stadt war, in der man keinen Ziegel werfen könnte, ohne ein Kirchenfenster zu zerbrechen", schrieb Mark Twain (1835–1910) im Jahr 1881 auf der Durchreise. Der Singer-Songwriter Leonard Cohen, Sohn der Stadt, geht noch weiter: „Montréal wird von seinen Bewohnern auch als Jerusalem des Nordens bezeichnet. Viele empfinden ihre Stadt als heilig und pflegen eine innige Liebe zu ihr."

Die frankokanadische Metropole ist weitläufig und grün, die **komplett sanierte Altstadt ein Eldorado für Fußgänger.** Einige Straßenzüge erinnern an Paris, andere an New York. Der Horizont ist zwar vor allem in der Nähe des mächtigen Flusses weit und manche Plätze sind pompös, aber **Hochhäuser und Gassen** schränken die Sichtachsen zuweilen ein.

Wegen ihrer **globalen Bedeutung** zählt Montréal zu den Weltstädten und liegt in der Rangliste des Globalization and World Cities Research Network (GaWC) als „Beta World City" gleichauf mit Berlin und Hamburg, Rom und Stockholm.

059mo Abb.: hmj

Das Antlitz der Metropole

> **KURZ & KNAPP**
>
> **Montréal in Zahlen**
> › Anzahl internationaler
>   Organisationen: 60
> › Gesamtlänge der Ville
>   Souterraine: 30 km
> › Anteil frankofoner
>   Muttersprachler: 53,6 %
> › Kreuzfahrtgäste pro Jahr: 50.000

Demografie

Wie in vielen westlichen Gesellschaften sinkt seit den 1960er-Jahren auch in Québec die Geburtenrate. Die **Lebenserwartung** liegt für Männer bei 77 und für Frauen bei 82 Jahren. Auch wenn es viele **Immigranten aus aller Welt** nach Montréal verschlägt, so verlassen zugleich viele die Stadt wieder, um in wirtschaftlich profitableren Regionen wie Ontario, Alberta oder British Columbia ihr Glück zu versuchen. Ähnlich wie in Australien und Neuseeland gibt es auch in Kanada ein **Punktesystem**, nach dem potenzielle Bewerber für die Einwanderung ausgewählt werden. Kanada steht für Deutsche auf Platz 1 der Wunschliste von Ländern, in die sie gerne auswandern würden.

Stadtarchitektur

Montréal ist in erster Linie **horizontal gewachsen** und nicht vertikal. In der Architektur der Stadt lassen sich im Wesentlichen drei Epochen erkennen. In der ersten Phase 1642–1824 galt es vornehmlich, Festungen und Behausungen zu bauen, die vor Eindringlingen und übergroßer Kälte schützten. Die anfänglichen Holzstrukturen wurden ab 1800 durch **Bauten aus Sandstein** ersetzt, der im kanadischen Hinterland abgebaut wurde. Die Gebäude der Pionierzeit, zu denen auch viele Kirchen gehörten, waren jedoch schnörkellos und meist nach französischem Vorbild konstruiert.

Mit dem Bau der **Basilique Notre-Dame** ❷ im Jahr 1824 begann die zweite Architekturepoche: die Zeit des **Historismus**. Das lag zum einen an der zunehmenden Verbreitung von Büchern und Fotografien und zum anderen an der nostalgischen Besinnung auf aristokratische und europäische Wurzeln. Hinzu kam der technische Fortschritt im Zuge der Industrialisierung. Die Regentschaft von Queen Victoria (1819–1901) brachte den **viktorianischen Stil** hervor, der sich zunächst aus neogotischen Quellen und dem Trend zur Neorenaissance speiste, um 1900 sehr ornamentiert wurde und 1939 schließlich im spätviktorianischen Stil mündete. Dieser sollte mit Ornamenten, Flachdächern und rustizierten Sockelgeschossen Wohlstand zum Ausdruck bringen. Parallel dazu kamen nach 1890 neue Ideen, Materialien und Stile aus der **Chicagoer Schule**, die die ersten Wolkenkratzer erbaute, nach Montréal. In den 1920er- und 1930er-Jahren entwickelte sich hier eine besondere Form des Art déco.

Ende der 1950er-Jahre begann mit dem Entwurf des Japaners I. M. Pei für den Place Ville-Marie ⓱ die dritte Epoche – die Zeit der **Hochhausbauten in Downtown.** Im Zentrum entstanden viele Arbeitsplätze. In den 1960er-Jahren entwarf Mies van der Rohe (1886–1969) den Westmount Square und die heute nach ihm benannte Tankstelle ⑥⓿. Mit der Weltausstellung im Jahr 1967 (Expo 67) wurde Montréal endgültig zu einem **Architekturlabor der Moderne.** Von dieser Zeit zehrt die Stadt bis heute.

Von den Anfängen bis zur Gegenwart

Schon um 1000 v. Chr. siedeln sich auf dem Gebiet der heutigen Île de Montréal die Vorfahren der bis 500 n. Chr. dort lebenden halbsesshaften Irokesen und Algonkin an. Um 1500 n. Chr. ist dank des fruchtbaren Bodens der Anbau von Kürbissen, Mais und Bohnen möglich. Die Langhäuser und Erdwälle schützen vor Überschwemmungen. Aus einer dörflichen Struktur namens Hochelaga wird mit der Eroberung der Franzosen im 17. Jh. eine katholische Missionsstation. Im Laufe von drei Jahrhunderten entwickelt sich diese nicht zuletzt durch die Kolonialisierung Frankreichs und Großbritanniens zu einer der wichtigsten Metropolen Nordamerikas.

1535: Der französische Seefahrer Jacques Cartier (1491–1557) entdeckt den imposanten Hügelzug auf der zum Hochelaga-Archipel gehörenden nordamerikanischen Insel im Sankt-Lorenz-Strom und tauft ihn Mont Royal („Königlicher Berg") zu Ehren des regierenden Königs Franz I. (1494–1547).

1641: Paul Chomedey de Maisonneuve (1612–1676), ebenfalls französischer Entdecker, gründet dort rund ein Jh. später die erste französische Siedlung in Neufrankreich und gibt ihr den Namen Ville-Marie, der später von Montréal verdrängt wird.

1663: König Ludwig XIV. (1638–1715) unterstellt den als katholische Missionsstation geplanten Außenposten Neufrankreich direkt der französischen Krone, nachdem es den Kolonisten nicht gelingt, die als Irokesen bezeichneten Nachfahren der First Nations (indianische Ureinwohner) zu bekehren. In den Folgejahren versuchen verschiedene Ordensgemeinschaften, die Irokesen zurückzudrängen, um aus der Stadt ein Zentrum des Pelzhandels zu machen.

1670: Der von den Franzosen beherrschte Pelzhandel wird von zwei zu den Engländern übergelaufenen Franzosen mit der Gründung der kanadisch-britischen Hudson's Bay Company (HBC) unterwandert. Die beiden Händler haben einen Zugang zu der Bucht mit Anschluss an den Atlantik gefunden. So wird die Verschiffung von Fellen an Neufrankreich vorbei möglich, was das französische Pelzhandelsmonopol in Nordamerika beendet. Jahrhundertlang exportiert die HBC vornehmlich Biberpelze nach Europa. Importiert werden Waffen, Munition und Werkzeuge.

1701: Im „Großen Frieden von Montréal" beenden die französischen Siedler, fünf Irokesen-Stämme und weitere First Nations wie etwa die Algonkin und die Huronen (Wyandot) nach immer wieder anhaltenden „Biberkriegen" ihre Auseinandersetzungen. Abgesandte aller 39

◁ *Die First Nations prägen die Geschichte Montréals entscheidend*

Am Puls der Stadt
Von den Anfängen bis zur Gegenwart

Stämme unterzeichnen das Abkommen, die Häuptlinge mit Tiersymbolen.

1717: Die ersten Stadtmauern werden errichtet, als Großbritannien versucht, seinen Einfluss in Nordamerika auszuweiten. Über die fertiggestellte 280 km lange Landstraße Chemin du Roy intensiviert sich der Handel mit der französischen Stadt Québec, da der alljährlich im Winter zufrierende Sankt-Lorenz-Strom kein Hindernis mehr darstellt.

1760: Das Ende der französischen Herrschaft wird nach der Eroberung von Québec City und Montréal durch die Briten im Siebenjährigen Krieg (1756–1763) besiegelt.

1763: Die britische Herrschaft wird im Ersten Pariser Frieden festgeschrieben: Frankreich muss Kanada sowie das Gebiet östlich des Mississippi und um die Großen Seen an Großbritannien abtreten.

1775–1783: Amerikanischer Unabhängigkeitskrieg. Bei einer versuchten Invasion durch die amerikanische Kontinentalarmee kann sich Großbritannien in der Schlacht bei Québec am 31.12.1775 schließlich durchsetzen. Danach gibt es keine weiteren Versuche, die britische Kolonie Kanada zu erobern. Der britischen Krone zugewandte amerikanische Loyalisten lassen sich vermehrt in Kanada nieder.

1779: Schottische Pelzhändler verdrängen die Hudson's Bay Company mit der Gründung der North West Company.

1783: Die Grenze zwischen den Vereinigten Staaten und Britisch-Nordamerika (Kanada) wird mit dem Ende des Unabhängigkeitskriegs im Zweiten Pariser Frieden festgeschrieben.

1817: Die Bank of Montreal wird gegründet. Der Pelzhandel geht zurück, exportiert wird fortan mehr Weizen. Importiert werden Konsumgüter. Der Handel floriert.

1821: Die Hudson's Bay Company und die North West Company fusionieren. Die Kaufhauskette La Baie gibt es bis heute.

1825: Mit der Inbetriebnahme des Canal de Lachine [59] können Frachtschiffe die schwierige Passage zwischen Montréal und dem Lac Saint-Louis schaffen.

1832: Montréal erhält Stadtrecht und verwaltet sich selbst. Als Verkehrssprache dominiert das Englische.

1837/1838: *Rébellion des Patriotes* in den Kolonien Niederkanada (heute Québec) und weitere Aufstände in Oberkanada (heute Ontario). Die Autonomiebestrebungen gegenüber der britischen Krone werden mit Waffengewalt niedergeschlagen.

1844: Montréal wird Hauptstadt der Vereinigten Provinz Kanadas, dem Zusammenschluss von Ober- und Niederkanada.

1849: Als es immer wieder zu Aufständen und Ausschreitungen kommt und das Parlamentsgebäude von militanten Anglofonen angezündet wird, wird Toronto als neue Hauptstadt bestimmt.

🔺 *Montréals älteste Uhr zeigt am Séminaire St-Sulpice* [3] *die Zeit an*

Am Puls der Stadt
Von den Anfängen bis zur Gegenwart

1852: Bei einem großen Feuer brennt Montréal bis auf die Grundmauern nieder.

1856: Die erste Bahnverbindung zwischen Montréal und Toronto wird eingeweiht. Montréal entwickelt sich zum Eisenbahnknotenpunkt und zur größten Stadt in Britisch-Nordamerika.

1858: Queen Victoria (1819–1901), offizielles Staatsoberhaupt von Britisch-Nordamerika, erklärt Ottawa zur neuen Hauptstadt. Ihre Nachfolgerin Queen Elisabeth II. ziert heute noch die 20-Dollar-Note.

1867: Gründung des Bundesstaates (*Dominion*) Kanada aus den vier Provinzen Ontario, Québec, New Brunswick und Nova Scotia. Die Mehrheit der Bewohner spricht wieder Französisch, aber das anglofone Bürgertum dominiert die frankofone Mittel- und Unterschicht.

1867–1929: Montréals „Goldenes Zeitalter" geht mit Bevölkerungszuwachs, Industrialisierung, Hafenerweiterung und Ausbau der Canadian Pacific Railway einher. Das Agrarland entwickelt sich langsam zu einer Industrienation.

1914–1918: Mit Kriegseintritt Kanadas auf Seiten Großbritanniens (1914) verschuldet sich Montréal im Ersten Weltkrieg dramatisch. Als Tribut für die Stationierung seiner Marine an der Ostküste Kanadas erwartet Großbritannien Unterstützung, vor allem in Form von Holz-, Weizen-, Kupfer- Stahl- und Flugzeugteillieferungen. Montréal wird treuhänderisch verwaltet.

1918: Einführung des Frauenwahlrechts auf Bundesebene

1929: Das vom Rohstoffexport abhängige Montréal wird von der Weltwirtschaftskrise schwer getroffen.

1939–1945: Die verschuldete Stadt profitiert von der Nachschubproduktion im Zweiten Weltkrieg und verzeichnet Vollbeschäftigung und enorme Gewinne. Kanadische Truppen kämpfen auf Europas Schlachtfeldern.

1940: Die Provinz Québec ist die letzte, die das Frauenwahlrecht einführt.

1945–1959: Montréal intensiviert den Außenhandel mit den USA. Toronto steigt aufgrund seiner prädestinierten Lage zum neuen Wirtschaftszentrum auf.

1959: Eröffnung des Sankt-Lorenz-Seewegs

1960–1970: Die „Stille Revolution" bringt eine Modernisierung der Institutionen und einen Einflussgewinn der frankofonen Bevölkerung mit sich, die Métro und die „unterdische Stadt" Ville Souterraine (s. S. 71) werden gebaut. Die überaus erfolgreiche Weltausstellung Expo 67 findet zeitgleich mit der Hundertjahrfeier Kanadas statt. Seit 1969 ist Kanada offiziell ein zweisprachiges Land.

1970: Die sogenannte Oktoberkrise. Attentate der linksextremen *Front de Libération du Québec* (FLQ) auf britische bzw. anglofone Einrichtungen, Entführungen, Mord, Ausrufung des Notstandes. Das Bundesheer marschiert in Montréal ein, Sympathisanten werden verhaftet.

1976: Die von René Lévesque (1922–1987) gegründete separatistische *Parti Québécois* stellt erstmals die Regierung und setzt Französisch als Hauptsprache durch (Charta der französischen

KURZ & KNAPP

Wie ein Land zu seinem Namen kam

Als der französische Entdecker **Jacques Cartier** 1535 die Ureinwohner fragte, wie die Gegend genannt wurde, die heute Québec heißt, bekam er zur Antwort: „Kanata". Diese Bezeichnung wurde schließlich der offizielle Name für die gesamte obere Hälfte des nordamerikanischen Kontinents und den heutigen Staat. Erst Jahrzehnte später wurde bekannt, dass es sich dabei um die wörtliche Übersetzung von **„Kleines Fischerdorf"** handelte.

Sprache). Industrie und Dienstleistungsunternehmen mit mehrheitlich anglofonem Personal wandern nach Toronto ab. Die Olympischen Sommerspiele rücken Montréal ins Zentrum der Weltöffentlichkeit und bringen 50 Mio. Besucher, aber auch eine hohe Schuldenlast.

1980–1990: Neue Wirtschaftszweige lösen die alten ab, Montréal erlebt einen Aufschwung, ein Referendum zur Unabhängigkeitserklärung Québecs bringt eine Niederlage.

1982: Premierminister Pierre Trudeau (1919–2000) unterzeichnet die Charta der Rechte und Freiheiten und sichert Kanada so die formale Unabhängigkeit von Großbritannien.

1992: Montréal feiert sein 350-jähriges Bestehen.

1995: Die zweite Volksabstimmung zur Unabhängigkeit, das Québec-Referendum, bringt ein knappes Ergebnis: 50,58 % Neinstimmen gegen 49,42 % Jastimmen.

1998: Beim großen Eissturm helfen die Bewohner einander über alle Sprach- und Nationalitätenbarrieren hinweg.

2002: 27 Gemeinden werden zum Teil gegen ihren Willen der Île de Montréal einverleibt, 2004 treten 22 wieder aus.

2005: Kanada wird das weltweit vierte Land, in dem gleichgeschlechtliche Ehen legalisiert werden.

2006: 19 Restgemeinden bilden letztlich mit 1,6 Mio. Einwohnern die Stammgemeinde Montréals.

2007: Bei den Provinzwahlen in Québec schneidet die *Parti Québécois* denkbar schlecht ab.

2010: Kanada bleibt von der Weltwirtschaftskrise weitgehend verschont, die Währung stabil.

2011: Der sozialdemokratisch-separatistische *Bloc Québécois* erhält nur ein Drittel der erforderlichen 12 Plätze bei der Bundeswahl. Montréal wird mehr und mehr zum Innovationszentrum des Landes: im Bereich Literatur, Theater, Multimedia, Film und Musik wird die Stadt Impulsgeber, nicht nur für Nordamerika, sondern auch für Europa.

2012: Bei monatelang andauernden Studentenprotesten gegen die Erhöhung von Studiengebühren kommt es zu Ausschreitungen und Verhaftungen. Premier Jean Charest schränkt per Gesetz die Versammlungsfreiheit ein und setzt vorgezogene Neuwahlen an. Die *Parti Québécois* bildet eine Minderheitsregierung; am 19. September tritt Charest zurück.

2013: Montréal unterliegt bei der Wahl des Expo-Standortes 2017 zugunsten von Astana (Kasachstan). 2017 wäre das 50. Jubiläum der Weltausstellung von 1967 gewesen.

2014: Montréal wird Austragungsort für die Weltmeisterschaft im Schwimmen.

Leben in der Stadt

Die entspannte Offenheit und die liebenswerte Höflichkeit der Montréaler spürt man schon nach wenigen Stunden. Montréal ist relaxed und doch „ist Leben drin, die Stadt ist vibrierend, sprühend, gleißend hell – eine elektrisierende Stadt", so formuliert es der französische Autor Michel Tournier.

Alltag im „Berlin Nordamerikas"

Der **typische Montréaler** ist außerordentlich aktiv. Selbst in seiner über alles geliebten Freizeit braucht er ein stringentes Programm. Die Mahlzeiten werden meist gegen 12 Uhr mittags und um 21 Uhr abends eingenommen. Abgesehen von Musik, Eishockey, Shopping und Dachterrassen-Hopping ist das **Essen eine der Lieblingsbeschäftigungen** der Montréaler. Tagsüber wird **körperliche**

Am Puls der Stadt
Leben in der Stadt

Aktivität groß geschrieben, meist in Form von Fahrradausflügen ins Grüne. Gegen Abend bahnt sich die **französische Lebensfreude** ihren Weg. Zwischen 17 und 19 Uhr beginnt das Nachtleben in den Pubs und Bars der Stadt mit der kanadischen Variante der Happy Hour: *cinq à sept* (s. S. 110).

Und danach geht es erst richtig los. Montréal wird vor allem deshalb „Samstagsstadt" genannt, weil hier überproportional viele Nachteulen leben. Das Angebot ist reichlich; getanzt wird bis in den Morgen.

Neben dem Hang zur Lebenslust zeigt sich – resultierend aus den historischen und politischen Spannungen zwischen dem englisch geprägten Kanada und dem französischen Québec – auch eine **Vorliebe für Separatismus, Eigenbrötelei und Nonkonformismus**. Als das Unabhängigkeitsreferendum Québecs 1995 um Haaresbreite scheiterte, erlebte das Französische erst recht ein Comeback. Mit seinem distinguierten Anderssein hat sich Montréal zu einer Insel für die Boheme, für Freaks und Freidenker entwickelt. Montréal war und ist die **Kulturhauptstadt Kanadas**, auch wenn die Hauptstadt nach wie vor das englischsprachige Ottawa ist. Heute haben 60 internationale Organisationen ihren Sitz in Montréal. Seitdem die Metropole 2006 von der UNESCO zur **City of Design** gekürt wurde, hat sich der weltweite Trendsetter-Status bis nach Europa herumgesprochen. In Sachen Multimedia, Biotechnologie, Software, Flugzeugbau, Mode und Film ist der Einfluss Montréals sogar größer als allgemein bekannt. Der **Machergeist** ist ausgeprägt. Kreativität, Offenheit, Nonkonformität und Begeisterungsfähigkeit haben dazu geführt, dass sich die Stadt in den letzten zehn Jahren zum „Berlin Nordamerikas" entwickelt hat.

Übrigens: Als echter Montréaler spricht man die Stadt „Munn-tree-all" aus und nicht „Maaahhntreal" – oder eben „Monréal" mit stummem T.

Montréal zählt fast 50.000 Kreuzfahrtgäste pro Jahr

Zwei Weltsprachen

Die nach der Sprecherzahl **zweitgrößte frankofone Stadt nach Paris** ist für die Zukunft bestens gerüstet. Kosmopolitisch, tolerant und weltoffen gibt sich die Bevölkerung, deren Hauptanteil frankofone Muttersprachler bilden (53,6 %). Englisch ist nur für 12,8 % der Bewohner Montréals Muttersprache, als Zweit- und Drittsprache wird **Englisch** aber schon allein durch das Internet immer verbreiteter.

Das Besondere ist, dass in dieser **bilingualen Stadt** zwei Weltsprachen aufeinander treffen, auch wenn die **Amtssprache** nach wie vor **Französisch** ist. Für Europäer überraschend ist vielleicht die Tatsache, dass die Stadt einst eine Art (Sprach-)Mauer besaß. Der Boulevard St-Laurent **34** galt über Jahrzehnte als Sprachbarriere Montréals. Wer östlich des Boulevards *(à l'Est)* lebte, war frankofon, in den Stadtteilen westlich *(à l'Ouest)* der Main Street wohnten indes die anglofonen Montréaler.

Ethnien und Multikulti

Kanada ist eines der **wichtigsten Einwanderungsländer** der Welt. Montréal, die französisch-britisch-schottisch-irisch-italienisch geprägte, multiethnische Metropole erlebte viele Einwanderungswellen aus Europa. Für den Bau der kanadischen Eisenbahn Ende des 19. Jh. kamen auch viele Asiaten ins Land. Heute ist jeder vierte Montréaler Einwanderer. Den bedeutendsten Anteil „sichtbarer" (nicht-europäischer) Minderheiten bilden Afrokanadier, Araber und Lateinamerikaner.

Angefangen hat jedoch alles mit den drei großen indigenen Ethnien, den Urbewohnern Kanadas. Die größte und älteste Gruppe ist die der **First Nations** (Indianer), deren Spuren auf dem Territorium des heutigen Kanada fast 10.000 Jahre zurückgehen. Die zweitgrößte Gruppe sind die **Métis** (Mestizen). Damit sind die Nachfahren der Europäer gemeint, die indigene Frauen geheiratet haben. Die Arktis- und Grönlandbewohner, die **Inuit**, bevölkerten das Land bereits vor 5000 Jahren. An den großen Seen, am Sankt-Lorenz-Strom und auf dem Gebiet der Île de Montréal

---

EXTRAINFO

Phänomene, ohne die man gut klarkäme

❯ **Spontane Regenfälle** treten im Sommer oft unvermittelt auf. Allerdings kann man sich dann fast von jedem Fleck in der Innenstadt in die Ville Souterraine („unterirdische Stadt", s. S. 71) flüchten. Dort findet man bestimmt einen Regenschirm.

❯ Weder Busse noch U-Bahnen sind klimatisiert. Im Sommer beginnt daher das GGS, das **Große Gemeinsame Schwitzen**. Da helfen nur stoische Ruhe und luftige Kleidung. Einen Pulli sollte man trotzdem im Gepäck haben, da die Supermärkte gefühlt auf Kühlschranktemperatur heruntergekühlt werden.

❯ Was auch immer man kauft, zu dem ausgewiesenen Preis addieren sich noch **die kanadische Mehrwertsteuer GST** in Höhe von 5 % und die **Provinzsteuer PST** in Höhe von 9,5 %. Man erfährt den Endpreis immer erst an der Kasse … und wundert sich dann meistens.

Am Puls der Stadt
Leben in der Stadt

siedelten bis 500 n. Chr. halbsesshafte Nachfahren der First Nations: **Irokesen** und die mit ihnen verfeindeten **Algonkin**. Der Anteil der Ureinwohner an der Bevölkerung beträgt heute jedoch weniger als 1 %.

Montréal hat sich in den 370 Jahren seiner Existenz zu einer **multiethnischen Musterstadt** entwickelt, in der Mehrsprachigkeit und Toleranz groß geschrieben werden. Die einstige innerstädtische Demarkationslinie zwischen den anglofonen Stadtteilen im Westen und den frankofonen Vierteln im Osten, der Boulevard St-Laurent ❹, ist Anfang des 21. Jh. gänzlich durchlässig geworden. Längst haben sich auch die einst traditionellen Immigrantenviertel verlagert. „Multikulturell" wird von den Kanadiern tatsächlich eher als kulturelles Mosaik verstanden. Daher kommt auch der Begriff „**Quilt**": Begreifen sich die USA eher als Schmelztiegel, wird in Kanada das **Bild des Patchwork-Teppichs** gebraucht, um die multiethnische Gesellschaft zu beschreiben. Selbst der ehemalige US-Präsident Bill Clinton lobte 1995 bei einem Besuch in Québec, dass Kanada in puncto Multikulturalität ein Vorbild sei.

Der Nachbar USA und die Biber

Auch wenn sich Kanadier sehr stark mit ihrer jeweiligen Heimatprovinz identifizieren, eint sie alle eine Überzeugung: **Kanadier sind keine Amerikaner!** Der frühere Premierminister von Kanada, Pierre Trudeau,

▽ *Montréal im Winter:*
Blick auf die Île Ste-Hélène ❹

Am Puls der Stadt
Leben in der Stadt

beschrieb einmal die Angst der Kanadier, als 51. Staat der USA betrachtet zu werden, folgendermaßen: „Es ist, als würde man jede Nacht an der Seite eines Elefanten schlafen. Man schläft, aber man kommt nicht zur Ruhe". Die Frankokanadier rühmen sich immerhin damit, auf eine längere Geschichte zurückblicken zu können.

Trotz des Misstrauens gegenüber dem Nachbarn gibt es auch Verbindendes. Den Amerikanern verdanken die Kanadier nämlich ihr **Nationaltier, den Biber.** Hätte es den Nager und die 173 Pelzhandelsposten Hudson's Bay Company nicht gegeben, wären die US-Pioniere weiter ins Land vorgedrungen. Die Biber aber störten die amerikanischen Siedler. Der **Biberpelzhandel** war damals sehr lukrativ für die Indianer, die dafür Gewehre, Munition und Werkzeuge bezogen. Die Jagdgründe hatten die kanadischen Indianer längst unter sich aufgeteilt. Aus dem Biberland wurde letztlich Kanada. Und das Nagetier ziert bis heute die 5-Cent-Münze des Landes.

Der Nachbar USA beneidet Kanada heute um die **endlosen Wälder und Erdölvorkommen** und um den für 2030 erwarteten eisfreien Zugang zum Öl und Gas der Arktis. Neidisch beäugt wird auch das **kanadische Einwanderungssystem,** das nur gut ausgebildete, meist junge Leute ins Land lässt.

◸ Das Firmenlogo der Getreidemühle Ogilvie Flour Mills zählt heute zu den bekannten Montréaler Stadtikonen

◿ Montréal ist auch eine Musikstadt – hier beim Trommelfestival Tam-Tams (s. S. 41) am Monument à George-Étienne-Cartier ㊱

Montréal und Arcade Fire

Als eine der **führenden Musikmetropolen** weltweit galt Montréal schon lange bevor eine Indie-Rockband namens Arcade Fire 2001 von hier aus die Welt eroberte. War es in den 1960er-Jahren der Jazz, in den 1970er-Jahren der Punk und in den 1980er-Jahren New Wave, sollte sich zu Beginn des neuen Jahrtausends eine **Mischung aus Mainstream und Indie-Musik ("Mindie")** auf den experimentellen Bühnen der Stadt herumsprechen.

Ein skurriles Pärchen mit dem stimmlich einzigartigen Sänger Win Butler und der talentierten Jazzmusikerin Régine Chassagne trat 2001 vor einer Horde begeisterter Zuhörer bei einem Spelunkenwettbewerb namens „The Battle of Bands" in Montréal auf: er mit Cowboyhut und Krawatte, sie im Minikleidchen samt Haarreif mit Marsmännchenfühlern. 2003 gründeten sie mit fünf weiteren Musikern die Band **Arcade Fire**. Die Mischung aus spiritueller Musik, sphärischen Violinen, folkigen Akkordeon-Klängen und melodischen Pop-Refrains fand in ihrem ersten Album „Funeral" von 2004 in einem Jahr mehr als 500.000 Käufer. Plötzlich spielten sie als Vorgruppe von U2 und standen mit David Bowie auf der Bühne. Da sich in den Folgejahren andere „Mindie-Bands" an ihre Fersen hefteten, erklärte die New York Times Montréal 2005 kurzerhand zur **„Welthauptstadt des Indie-Rock"**.

Die zweite Platte „Neon Bible" machte Arcade Fire endgültig weltbekannt. Für besonders eigenwillige Klänge sorgten die Casavant-Orgeln, die der Musik etwas ungemein Pompöses und Eindringliches verliehen. Um diese Klänge aufzunehmen, mietete die mittlerweile acht Mitglieder zählende Band zwei Kirchen. Einige Sequenzen wurden in der Montréaler Kirche **Église St-Jean-Baptiste** ㉝ aufgenommen, andere in Bedford (Québec) in der St. James Anglican Church. 2011 schließlich kam das

Am Puls der Stadt
Montréal und Arcade Fire

Album „The Suburbs" auf den Markt, mit dem Arcade Fire den **Grammy für das „Album des Jahres"** einheimsten. Sehr überzeugend verkündete Win Butler auf der Bühne: „Wir danken Montréal dafür, dass die Stadt uns eine musikalische Heimat gegeben hat."

Arcade Fires **kometenhafter Aufstieg** hat Montréal verändert und eine ganze **Subkultur neu definiert.** Das nächste Kapitel schlug die sozial engagierte Band auf, als sie im Dezember 2012 inkognito als **The Identiks** vor einer kleinen Schar von 100 Enthusiasten in den Breakglass Studios auftrat und neue Songs präsentierte. Die Fans staunten nicht schlecht, als sowohl Régine Chassagne als auch die Band-Violonistin hochschwanger auf die Bühne kamen. Im September 2013 zeigte sich die populärste Indie-Rockband der Welt mit Pappmacheeköpfen und einer neuen Single in der Salsathèque (s. S. 31). Im Oktober 2013 erschien das neue Album „Reflektor", mit dem eine Welttournee geplant ist.

Die erklärten **Lieblingslokale der Band** in Montréal sind das **Le Cagibi**

> **EXTRATIPP**

The Sound of Montréal
Im Kielwasser von Arcade Fire tauchte in den letzten Jahren eine ganze Reihe interessanter **Rock- und Pop-Bands** aus Montréal auf, die auch in Europa für Furore sorgen. Dazu zählen etwa DobaCaracol, Coeur de Pirate, Godspeed You! Black Emperor, Chromeo, Simple Plan, Cryptopsy, The Lost Fingers und Quo vadis. Abgesehen von der Musik von Leonhard Cohen ist auch das französischsprachige Album „D'eux" der Montréaler Pop-Diva Céline Dion ein Stück Montréal für die Ohren. Die ungemein populäre deutsche Punkrock-Band Montreal hat mit dem Sound der Stadt nur insofern etwas zu tun, als dass der Schlagzeuger aus Montréal stammt.

(s. S. 27) und der Klub **Casa del Popolo** (s. S. 29). Im Kultladen **Café Olimpico** (s. S. 26) wird Win Butler auch jetzt noch des Öfteren gesehen, zumeist ohne Krawatte, dafür aber mit Kinderwagen …

❯ www.arcadefire.com

Montréal entdecken

Vieux-Montréal (Altstadt und Hafen)

Hier hat alles begonnen. Schon 1611 richtete Samuel de Champlain, seines Zeichens Gründer der Kolonie Neufrankreich, am Hafen einen Pelzhandelsposten ein. Die Entwicklung des Hafens hängt eng mit dem Ausbau von Vieux-Montréal zusammen. 1964 wurde die Altstadt mit ihrer Kolonialarchitektur unter Denkmalschutz gestellt und in der Folge aufwendig restauriert. Dieser malerische Stadtteil ist ein Stück Alte Welt inmitten der Neuen.

❶ Place d'Armes ★★★ [G5]

Gleich mehrere Jahrhunderte haben am eindrucksvollen „Waffenplatz" ihre Spuren hinterlassen. Der von First Nations und katholischen Siedlern einst heftig umkämpfte Flecken in Vieux-Montréal eignete sich perfekt für Versammlungen, Aufmärsche und Prozessionen. 1760 fand auf dem in Besitz des Sulpizianerordens befindlichen Areals die Waffenübergabe der französischen Garnison an die britischen Truppen statt. Von 1781 bis 1813 diente der Place d'Armes als Marktplatz für Getreide und Holz. Auch der einzige Trinkwasserbrunnen der Stadt und die Endstation der Straßenbahn befanden sich hier.

◁ *Vorseite: Montréals industrielle Vergangenheit kann man am Alten Hafen (Vieux-Port)❿ nur noch erahnen*

▷ *Art-déco am Place d'Armes: das markante Aldred Building*

Das 1895 von dem Bildhauer Louis-Philippe Hébert erbaute **Denkmal für den Stadtgründer Paul de Chomedey de Maisonneuve** (1612–1676), der 23 Jahre in Montréal lebte, findet sich in erlauchter Gesellschaft. Neben der Basilique Notre-Dame ❷ grenzen mehrere historisch einzigartige Gebäude an den **trapezförmigen Platz.**

Das rötlich schimmernde **Édifice New York Life** (auch bekannt als **New York Life Insurance Building**) war der **erste Wolkenkratzer der Stadt** und wurde 1888 eigens von der New York Life Insurance Company in Auftrag gegeben. Der Legende nach wurde das Gebäude aus schottischen Steinblöcken gebaut, die auf den Containerschiffen aus Europa als Ballast mitgeliefert wurden. Technisch war das elegante, mit einer prächtigen Turmuhr geschmückte Hochhaus *state of the art:* Es gab sogar einen Fahrstuhl.

Das Sandsteingebäude **Édifice Aldred** (**Aldred Building**) im Art-déco-Stil, das von dem Architekten Ernest Isbell Barott entworfen wurde, erinnert an das ebenfalls 1931 erbaute Empire State Building in New York. Das mit nach hinten versetzen Gebäudevorsprüngen filigran erscheinende Meisterwerk der Moderne wurde nach dem Auftraggeber, dem New Yorker Finanzinstitut Aldred and Company Limited, benannt und auch innen opulent ausgestaltet. Das Tragwerk ist aus Stahl, die Fahrstühle sind aus Teakholz und es gab von Anfang an Klimaanlagen und Brandmelder. Im Erdgeschoss ist heute eine SAQ-Filiale (s. S. 18) untergebracht.

Die **Bank of Montreal** am Place d'Armes wurde 1817 gegründet und war **Kanadas erste Bank.** Die 1847

Montréal entdecken
Vieux-Montréal (Altstadt und Hafen)

EXTRATIPP

Montréals Wall Street
Die vom Place d'Armes ❶ abzweigende Rue St-Jacques [G5–E7] war in den 1930er-Jahren die Wall Street Kanadas, auch wenn sie zu jener Zeit **St. James Street** hieß. Davon zeugen die opulenten Gebäude der Banken und Versicherungen. Das im Jahr 1902 erbaute **Guardian-Trust-Gebäude** (Nr. 240) gehört ebenso dazu wie die 1866 vollendete **Molson Bank** (Nr. 278) der bekannten kanadischen Brauereifamilie Molson, die eine Lizenz zum Gelddrucken besaß. Nicht weit entfernt liegt die **Royal Bank** (Nr. 360), ein 1928 erbauter, 22 Stockwerke hoher Prachtbau.

von dem Architekten John Wells erbaute, mit 32 Marmorsäulen und einer 20 Meter hohen Kassettendecke ausgestattete Schalterhalle wurde dem Pantheon in Rom nachempfunden und ist noch heute in Betrieb. Von 1901 bis 1905 erweiterte der amerikanische Architekt Stanford White das ohnehin nicht gerade klein geratene Geldhaus. Imposant ist auch der Portikus (die Säulenhalle) mit den korinthischen Säulen, deren Kapitelle (Säulenabschlüsse) 1970 aufgrund der Luftverschmutzung durch Aluminiumimitate ersetzt werden mussten. Das winzige **Bankmuseum** entführt in eine ferne Welt, in die ersten Tage des kanadischen Bankwesens, mit einem alten Holztresen und historischen Banknoten.

› Métro: Place-d'Armes
› **Bankmuseum in der Bank of Montreal,** geöffnet: Mo.–Fr. 9–16 Uhr, Eintritt: frei

Biegt man rechts in die Rue St-Pierre [G5], gelangt man zu einem spektakulären Bankgebäude der Neuzeit. Zuvor ragt rechter Hand das **Palais des Congrès** mit der berühmten, bunt schimmernden Glasfassade auf. Links neben der kleinen Grünfläche mit dem imposanten Springbrunnen „La Joute" des weltbekannten Québecer Künstlers Jean-Paul Riopelle (s. S. 76) befindet sich die 1965 gegründete Québecer Investmentbank **Centre CDP Capital**. Die mit diversen Architekturpreisen ausgezeichnete, über zehn Stockwerke hohe Lobby des 2002 fertiggestellten Glaspalastes ist für jedermann zugänglich. Gleich im Erdgeschoss hängt eines der schönsten Ölgemälde von Riopelle: „La Roue".

● **100** [F5] **Centre CDP Capital,** 1000 Pl. Jean-Paul-Riopelle, Métro: Square-Victoria, www.centrecdpcapital.com
● **101** [G5] **Palais des Congrès,** 159 Rue St-Antoine Ouest, Métro: Place-d'Armes, www.congresmtl.com

Vieux-Montréal (Altstadt und Hafen)

❷ Basilique Notre-Dame ★★★ [G5]

Die eindrucksvollste Basilika der Stadt ist eines der wenigen neogotischen Meisterwerke in Nordamerika, auch wenn die mittelalterlichen Elemente vornehmlich als Fassadendekor zu finden sind. Die zugrunde liegende Technik und die Ausstattung sind hingegen sehr modern.

Äußerlich ist die 1829 erbaute Kathedrale eine kleinere Version von Notre-Dame in Paris. Das Kircheninnere ist jedoch durch die **in Nachtblau getauchten Wände** hinter dem gänzlich aus honigfarbenem Linden- und Walnussholz geschnitzten Altar- und Kirchenraum mitsamt den feinen Ziselierungen des Chorgestühls und der Kanzel sehr eigenwillig und einzigartig. Die Künstler Henri Bouriché und Victor Bourgeau zeichneten für die detailreiche und aufwendige Handarbeit der teils mit Blattgold verzierten Holzverkleidungen und -skulpturen verantwortlich. Pfeiler- und Deckenschmuck werden ohne Nägel zusammengehalten. Das **imposante Deckengewölbe** schmücken Sterne aus 24 Karat Gold.

Die wenigen, erst 1929 hinzugekommenen Kirchenfenster von Olivier Maurault lassen kaum Licht ins Innere des mystischen, beinahe unwirklichen Raumes. Der protestantische Architekt des Sakralbaus, der in New York lebende Ire James O'Donnell (1774–1830), war von der Anmut

△ *Der Innenraum der Basilique Notre-Dame wurde 1880 neu gestaltet und mit der weltweit ersten elektrisch angetriebenen Orgel ausgestattet*

Montréal entdecken

Vieux-Montréal (Altstadt und Hafen)

seiner fertigen Kathedrale derart gerührt, dass er nicht nur zum Katholizismus übertrat, sondern außerdem beschloss, an diesem Ort beerdigt zu werden. Der Klang der **größten Glocke Nordamerikas** ist noch 30 Kilometer außerhalb der Stadt zu hören. Ein Schmied aus Québec, Joseph Casavant, schuf die nach ihm benannte **Orgel mit den fast 7000 Pfeifen.** Die spektakulärste Hochzeit in der Basilika war die von Céline Dion und René Angélil im Jahr 1994.

Trotz der relativ geringen Höhe und schlichten Holzausstattung ist auch die 1891 erbaute, aber 1982 nach einem Brand fast vollständig erneuerte **Chapelle Sacré-Cœur** sehenswert. Diese befindet sich im Annexbau. Von der ursprünglichen Ausstattung der Hochzeitskapelle blieben nur die Treppen und die Seitengestühle erhalten. Vor allem der von dem Montréaler Künstler Charles Daudelin (1920–2001) aus 32 Bronzeplatten entworfene Altar, der die Themen Geburt, Leben und Tod variiert, ist eine Besonderheit und ziert viele Postkarten.

„Et la lumière fut" bzw. „**And then there was light**" heißt das **Licht- und Soundspektakel** der Extraklasse, in dessen Zentrum die Geschichte der Basilika steht. Das Kirchenschiff wird zu Projektionszwecken mit weißen Leinwänden ausgekleidet. Die Sound- und Lichtshow findet ganzjährig statt.
> 110 Rue Notre-Dame Ouest (am Pl. d'Armes), Métro: Place-d'Armes, www.basiliquenddm.org, Tel. 8422925, geöffnet: Mo.–Fr. 8–16.30, Sa. 8–16, So. 12.30–16 Uhr, **Sound- und Lightshow:** Di.–Fr. 18.30, Fr. u. Sa. auch 20.30 Uhr, Sa. auch 19 Uhr, Eintritt: Kathedrale 5 C$, Sound- und Lightshow 10 C$, 60-minütige englischsprachige Führung (Di. u. Fr. 13.30 Uhr) 10 C$

❸ Séminaire St-Sulpice ★ [G5]

Das 1683 vom Sulpizianerorden erbaute, für die Öffentlichkeit geschlossene Seminar neben der Basilika ist **Montréals ältestes Bauwerk,** die eindrucksvolle Uhr aus dem Jahr 1701 die älteste ihrer Art in Nordamerika. Sie war ein Geschenk des französischen Königs Ludwig XIV. Zu der Zeit, als dieses einem französischen Landhaus nachempfundene Steinhaus errichtet wurde, zählte Montréal gerade einmal 500 Einwohner. Es diente damals auch als Schutz für die europäischen Siedler, die häufig von den Irokesen angegriffen wurden. Das Gebäude kann **nicht besichtigt** werden, ein Blick durch das Gatter ist allerdings erlaubt.
> 116 Rue Notre-Dame Ouest, Métro: Place-d'Armes

❹ Vieux Palais de Justice ★[G4]

Vor dem Place Vauquelin liegt der **alte Justizpalast,** der zwischen 1849 und 1856 erbaut wurde und den Vorgänger aus dem Jahr 1800 ersetzte. Der Palast ist ein schönes Beispiel für die **neoklassizistische Architektur Kanadas.** Von 1926 bis 1971 wurden hier zivilrechtliche Fälle verhandelt. Als schließlich in den 1970er-Jahren das neue Gerichtsgebäude erbaut wurde, zog ein Teil der Ratsverwaltung in diese ehrwürdigen Hallen.

Ganz in der Nähe des Vieux Palais de Justice befindet sich das mit riesigen Säulen ausgestattete **Édifice Ernest-Cormier** auf der anderen Straßenseite der Rue Notre-Dame. Es wurde nach dem Architekten benannt, der den Art-déco-Stil und damit ein weiteres Stück Europa nach Kanada brachte. Ein kurzer Blick in die mit rosafarbenem Travertinstein

ausgekleidete Halle des heutigen Schwurgerichts lohnt in jedem Fall.
> Métro: Champ-de-Mars
> **Vieux Palais de Justice,** 155 Rue Notre-Dame Est
> **Édifice Ernest-Cormier,** 100 Rue Notre-Dame Est

❺ Hôtel de Ville ★★ [G4]

Sehr französisch wirkt der **repräsentative Rathausbau,** der von den Architekten Alexander Cowper Hutchison und Henri-Maurice Perrault zwischen 1872 und 1878 erbaut wurde. Das fünfgeschossige Kalksteingebäude weist an der Frontseite einen zentralen Risalit (Vorbau) mit Säulengang auf und ist mit Mansarddach, Glockenturm und Turmuhr ausgestattet. Im März 1922 geriet das im Empire-Stil erbaute Rathaus in Brand. Seitdem ist es im oberen Teil im opulenten Beaux-Arts-Stil zu bewundern. Die im unteren Teil im Renaissancestil gehaltenen Fassaden konnten gerettet werden, das Innere wurde von dem Baumeister Louis Parant neu konzipiert und mit einem Stahlskelett augestattet. Als Vorbild diente das Rathaus von Tours in Frankreich. Ein Bild des Gebäudes ging um die Welt, als der französische Präsident **Charles de Gaulle** 1967 zur Freude der Québecer Separatisten vom Balkon aus verkündete: „Vive le Québec libre!" („Es lebe das freie Québec!").
> 275 Rue Notre-Dame Est, Métro: Champ-de-Mars, www.ville.montreal.qc.ca, geöffnet: Mo.–Fr. 8–17 Uhr

❻ Château Ramezay ★★ [G4]

Claude de Ramezay (1659–1724), Québecs Gouverneur und Abgesandter der Queen in der Neuen Welt, ließ diesen Steinpalast im Jahr 1705 erbauen. 1756 diente das Haus als Zwischenlager für Pelze der Westindien-Kompanie. 1775 logierte auch **Benjamin Franklin** (1706–1790) sechs Wochen in den heiligen Hallen, um zugunsten Amerikas Einfluss auf die amerikanische Revolution zu nehmen. Zu der Zeit war das Schlösschen mit dem Spiegelsaal Hauptquartier der amerikanischen Generäle.

Heute beherbergt das Gebäude ein **historisches Museum.** Die prominenten Bewohner des Château Ramezay kommen im Rahmen einer Zeitreise in der Dauerausstellung „Wenn die Mauern sprechen könnten" inter-

◁ *Der Marché Bonsecours* ❽ *mit seiner unverkennbaren Kuppel*

Montréal entdecken

Vieux-Montréal (Altstadt und Hafen)

aktiv zu Wort. Rund 20.000 indianische, britische und französische Objekte wie etwa Kunstwerke, Kostüme oder Münzen zeugen von der wechselhaften **Kolonialgeschichte**. Wie ein Relikt der Vergangenheit wirkt der öffentlich zugängliche, typisch französische Ziergarten, der Jardin du Gouverneur.

› 280 Rue Notre-Dame Est, Métro: Champ-de-Mars, www.chateauramezay.qc.ca, Tel. 8613708, geöffnet: Juni–Sept. tgl. 10–18 Uhr, Nov.–März Di.–So. 10–16.30 Uhr, Eintritt: 10 C$

❼ Chapelle Notre-Dame-de-Bon-Secours ★★ [H4]

Die **frühere Seefahrerkapelle** lohnt einen Besuch. Hier wurden einst kleine Kerzen zurückgelassen, die den Seeleuten sichere Heimkehr verhießen sollten. An der Decke hängen Schiffsmodelle, die dem sakralen Ambiente eine sehr irdische Note geben. Die bleiverglasten Fenster sind mit Motiven aus dem Leben der Jungfrau Maria ausgestattet, der Namensgeberin Montréals, das anfangs Ville-Marie hieß. Die Kapelle wurde in ihrer heutigen Form 1890 fertiggestellt. Im **selben Gebäude** befindet sich auch das **Musée Marguerite-Bourgeoys**.

Archäologisch interessant sind die Fundamente der ersten Steinkirche aus dem Jahr 1773, die in das Museum integriert sind. Marguerite Bourgeoys (1620–1700) war die erste Lehrerin der Stadt – eine Nonne, die Kanadas ersten Orden gründete. In den Ausstellungsräumen werden ihr Leben und Werk nachvollzogen, außerdem sind Reliquien aus dem 17. Jh. zu sehen. Der Einfluss der (konservativen) katholischen Kirche war vor allem in Bezug auf das Schulwesen jahrzehntelang derart groß,

EXTRATIPP

Strandbar am Tour de l'Horloge

Wie ein Schiffsmast ragt der schlichte, weiße **Art-déco-Uhrenturm** aus dem Jahr 1922 am „Bug" des Quai de l'Horloge („Uhrenkai") in die Höhe. Er wurde als Mahnmal für die im Ersten Weltkrieg auf See umgekommenen Seeleute errichtet. Der 45 Meter hohe quadratische Turm besitzt ein Uhrwerk aus der Manufaktur in London, die auch den Big Ben ausstattete. Seit der Sanierung im Jahr 1982 bietet der Turm wieder eine sensationelle Aussicht auf die Altstadt, den Sankt-Lorenz-Strom und die Pont Jacques-Cartier – und lohnt die 192 Stufen, die man zu Fuß hoch- und hinunterklettern muss. Im Sommer ist die **Strandbar zu Füßen des Turms** eines der schönsten Fleckchen in ganz Montréal. Mit Blick auf den Jachthafen erholt man sich auf einer der Sonnenliegen bei einem kühlen Drink und fragt sich, ob der Himmel wohl jemals so herrlich blau sein wird wie diese Sonnenschirme ...

★102 [H3] **Tour de l'Horloge,** Quai de l'Horloge, Métro: Champ-de-Mars, Tel. 4967678, geöffnet: Mai Sa./So. 11–17 Uhr, Juni–Sept. Mo.–Fr. 10.30–18.30 Uhr, Eintritt: 5 C$

029mo Abb.: hmj

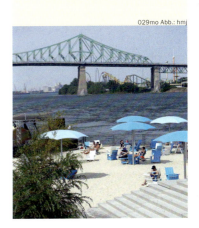

Montréal entdecken

Vieux-Montréal (Altstadt und Hafen)

dass es Québec erst 1967 das erste Bildungsministerium schuf.

Vom **Aussichtsturm** der Kapelle eröffnet sich ein wunderbarer Blick auf die Altstadt. Die Besichtigung ist im Eintrittspreis für das Musée Marguerite-Bourgeoys inbegriffen. Die den Arm zum Gruß der Seefahrer in den Himmel reckende Frauenstatue in luftiger Höhe wurde von Leonard Cohen als „Suzanne, the lady of the harbour" besungen.

> Chapelle Notre-Dame-de-Bon-Secours und Musée Marguerite-Bourgeoys, 400 Rue St-Paul Est, Métro: Champ-de-Mars, www.marguerite-bourgeoys. com, geöffnet: Mai–Mitte Okt. Di.–So. 10–18, Mitte Okt.–Mitte Jan. u. März–Apr. 11–16 Uhr, Mitte Jan.–Feb. 2014 geschlossen, Eintritt: Museum 10 C$ (mit Turmbesichtigung), Kapelle kostenlos

❽ Marché Bonsecours ★★ [H4]

Das neoklassizistische Gebäude aus dem Jahr 1847 gehört zu den **Top Ten der schönsten historischen Monumente Kanadas** und hat schon einige schwierige Zeiten erlebt. Zunächst wurden die Räumlichkeiten von dem Altherrenklub der „Biber" genutzt, dann öffnete hier ein Theater seine Pforten, in dem 1842 im Rahmen einer Tournee sogar Charles Dickens auftrat. Dann wurde der imposante Bau zum Rathaus und danach kurzzeitig Parlamentssitz der jungen Republik Kanada. Bis 1963 fungierte der Riegelbau mit den imposanten Säulen als Markthalle.

Seit 1992 ist im Marché eine Ansammlung schöner **Souvenirgeschäfte** wie Ricchi (s. S. 14) untergebracht, in denen vor allem handgemachte und hochwertige Produkte wie Mode, Schmuck und Kunsthandwerk made in Québec zu finden sind.

Im Außenbereich sind im Sommer kleine Stände aufgebaut, an denen man im Stehen oder Sitzen Delikatessen aus der Region probieren und kulinarische Souvenirs wie Cidre oder Ahornsirup kaufen kann.

> 350 Rue St-Paul Est, Métro: Champ-de-Mars, www.marchebonsecours.qc.ca, Tel. 8727730, geöffnet: tgl. 10–18, Juni–Sept. bis 21 Uhr

❾ Place Jacques-Cartier ★★ [G4]

Als das opulente Château de Vaudreuil 1803 an dieser Stelle abbrannte, entstand der wohl bis heute schönste Platz der Stadt, der sich in den Folgejahren zu einem bedeutenden Markt entwickelte. Der Patriotismus der britischen Händler ging so weit, dass sie hier 1809 zu Ehren von **Admiral Horatio Nelson** (1758–1805), dem Bezwinger der franko-spanischen Flotte in Trafalgar, **das erste Denkmal weltweit** aufstellten, finanziert durch Sponsorengelder. Die Basis der massiven dorischen Säule stammt aus London. Die Flachreliefs zeigen weitere ruhmreiche Schlachten des Helden, dem erst Jahre später in London mit der Nel-

KLEINE PAUSE

Jardin Nelson
Am Place Jacques-Cartier ❾ ist im Sommer das Veranda-Café **Jardin Nelson** (s. S. 27) empfehlenswert, zu dem im hinteren Bereich ein fantastisches, über drei Etagen reichendes Terrassenensemble gehört, in dem Tag und Nacht etwas los ist. Man taucht ein in eine grüne Oase und lässt sich mit Espresso, Kuchen, Salaten und Snacks verwöhnen. Manchmal gibt es Livejazz.

Montréal entdecken
Vieux-Montréal (Altstadt und Hafen)

sonsäule ein Ehrenmal gesetzt wurde. Dies ist das älteste Monument Montréals; es wurde 1981 durch ein Fiberglasexemplar ersetzt, nachdem das Original mehrfach beschädigt worden war.

🔟 Vieux-Port ★★★ [H4]

Der „Alte Hafen" hat die Geschichte Montréals maßgeblich beeinflusst. Die Gleise sind noch heute zu sehen. 1959 löste der Sankt-Lorenz-Seeweg den Lachine-Kanal ab. Mit der darauf folgenden Verlegung des gesamten Hafenareals flussabwärts endete 1976 der Hafenbetrieb im Stadtzentrum.

Bereits 1611 gab es an dieser Stelle einen **Pelzhandelsposten**. Nach der Stadtgründung 1642 standen 150 Jahre lang nur einfache Anlegestellen für Kanus und Barken zur Verfügung. Im Jahr 1809 verkehrten erstmals Dampfschiffe und ab 1854 konnten hochseetaugliche Schiffe anlegen. 1871 wurde der Alte Hafen ausgebaut und ans Eisenbahnnetz angebunden.

Am Alten Hafen angekommen, sollte man es sich nicht nehmen lassen, die **Uferstraße Rue de la Commune** [H4] an den Piers vorbei, vielleicht sogar bis zum Tour d'Horloge (s. S. 63) hinunterzulaufen. Wahlweise besucht man nun die Restaurant-Bar **Les Éclusiers par Apollo** (s. S. 23) mit Blick auf die gigantischen Getreidesilos, die ein unentbehrlicher Bestandteil der Hafen- und Industrie-Silhouette der Stadt sind. Sie erinnern bis heute daran, dass dieser jetzt touristisch genutzte Ankerplatz jahrzehntelang **der größte Weizen exportierende Hafen Nordamerikas** war. Sollten die Füße ermattet sein, steigt man an dem Café

in den Bus 715 und fährt die besagte Strecke, anstatt zu laufen. Der Ausstieg ist mehrmals möglich, etwa am Marché Bonsecours 🔴 oder am Tour de l'Horloge. Endstation ist die Métro-Station Berri-UQAM.

› Rue de la Commune, Métro: Square-Victoria u. Place-d'Armes, www.vieuxportdemontreal.com

↑ Der Tour de l'Horloge (s. S. 63) prägt den Alten Hafen

Montréal entdecken
Vieux-Montréal (Altstadt und Hafen)

Habitat 67

Auf der künstlich angelegten **Halbinsel Cité-du-Havre** sieht man vom Vieux-Port ⑩ aus in der Ferne eine auffällige Wohnanlage, ein visionäres Wohnprojekt, das anlässlich der Expo 67 entstand. Das Ensemble besteht aus 354 vorgefertigten, stufenförmig aufgestellten Sichtbetonquadern. Die übereinander gestapelten Schubkästen sind 5 x 11 x 3 Meter groß. Modern und kostengünstig sollte diese Art des seriellen Bauens sein. Die Idee hatte ein damals 25 Jahre alter **israelisch-kanadischer Architekt** namens **Moshe Safdie,** der mit den 158 Wohneinheiten für 700 Bewohner Architekturgeschichte schrieb. Heute ist die Anlage, die ursprünglich über 1000 Kuben und sieben 25-stöckige Pyramiden umfassen sollte, nicht zuletzt aufgrund der wasser- und stadtnahen Lage eine beliebte und fast unerschwingliche Adresse. Das Konzept der Dachterrassen für Jedermann hat sich jedoch als der Privatheit der Bewohner eher abträglich erwiesen. Dafür gehörten Aufzü-

ge, Zentralheizungen und Klimaanlagen von Anfang an zur Standardausstattung. Die New York Times bezeichnete Safdies Buch über Habitat 67 als „die beste Ideensammlung seit Erfindung des Rades". Als die 1- bis 2-Zimmer-Wohnungen 1986 für 50.000 Dollar an die Bewohner verkauft wurden, sicherte sich Safdie das Penthouse, das ihm nach wie vor gehört. Der Stararchitekt lebt jedoch schon seit Jahren in der Nähe von Boston. Er entwarf u. a. das Marina Bay Sands in Singapur und den Neubau der Gedenkstätte Yad Vashem in Jerusalem.

● **103** *[16]* **Habitat 67,** *2600 Av. Pierre-Dupuy, Cité-du-Havre, www.habitat67.com (Fotos, Luftaufnahmen und Grundriss)*

❯ **Wegbeschreibung:** *Am besten zu Fuß oder mit dem Rad über die Rue Mill [H7], dann weiter über den Chemin des Moulins (unter der Autoroute Bonaventure).* **Begehbar** *ist die Wohnanlage* **nicht,** *aber aus der Nähe sehr beeindruckend.*

❯ **Verkehrsanbindung:** *Métro-Station McGill, dann weiter mit Bus 168*

⑪ Place Royale mit Zollhaus ★ [G5]

Das ursprüngliche **Zollhaus (Maison de la Douane)** wurde 1838 fertiggestellt und 1882 erweitert. Den Anbau kann man nur vom Place Royale aus sehen. Dieser Platz war der erste öffentliche seiner Art in der im 17. Jh. erbauten Ville-Marie, der Keimzelle Montréals. Hier fand ein Großteil des **Handels zwischen First Nations und Europäern** statt. Jetzt ist das historisch bedeutende Bauwerk ein Teil des Museums Pointe-à-Callière ⑫ und wird auf diese Weise konserviert.

⑫ Museum Pointe-à-Callière ★★★ [G5]

Spannend an diesem Archäologie- und Geschichtsmuseum ist nicht nur das moderne, von Dan Hanganu entworfene Gebäude aus dem Jahr 1992 mit dem spannenden „Innenleben", sondern auch die Tatsache, dass es auf historisch bedeutsamem Grund steht.

1642 entstand auf diesem kleinen, dreieckigen Hafenflecken die **erste französische Siedlung** in Montréal. 30 Jahre später wurde an dieser Stelle für Louis-Hector de Callière (1648–

1703), den damaligen Gouverneur von Neufrankreich, ein Schloss errichtet, das später abgerissen wurde. Er war auch der Namensgeber für das interessante Stadtmuseum.

Erstaunlich ist, dass die alten Mauern und Fundamente des Kanalsystems und des Friedhofs noch erhalten und in das Museum integriert sind. In einem **20-minütigen Film** erfährt man viele Details über die Anfänge der Stadt. Auf die Wände werden **Gesichter historischer Persönlichkeiten projiziert**, die mit dem Besucher sprechen und der Reise in die Vergangenheit somit eine authentische Note verleihen. Unter dem Glasboden ist ein **Modell des Stadtteils** mitsamt dem heute renovierten Zollhaus ⓫ aus dem Jahr 1837 sichtbar, welches unterirdisch mit dem Musem verbunden ist. Aus dem wie ein Schiffsmast herausragenden Turm genießt man eine **wunderbare Panoramasicht** über den Alten Hafen.

❯ 350 Pl. Royale/Ecke Rue de la Commune, Métro: Place-d'Armes, www.pacmusee.qc.ca, Tel. 8729150, geöffnet: Sept.–Juni Di.–Fr. 10–17, Sa./So. 11–17 Uhr, Juli–Aug. Mo.–Fr. 10–18, Sa./So. 11–18 Uhr, Eintritt: 20 C$ (Sonderausstellungen kosten extra)

Downtown (Centre-Ville)

Hinter dem etwas schmucklosen Begriff „Downtown" verbirgt sich der historisch und architektonisch einzigartige Stadtteil des englischen Establishments. Als die Briten ab 1759 die Industrie nach Montréal brachten, baute sich die britische Oberschicht in diesem schon damals als „Golden Square Mile" bezeichneten Stadtteil am Fuße des Mont-Royal aufwendige Villen, Kirchen, Banken, Miethäuser und Museen. Im 19. Jh. lebten in diesem Stadtviertel die 75 Familien, die 80 % von Kanadas Reichtümern kontrollierten. Der Glanz vergangener Tage und ein gewisses Weltstadtflair sind bis heute spürbar.

⓭ Square Dorchester ★★★ [E6]

Dieser atemberaubende Platz wurde nach der Baronesse Dorchester benannt, der früheren britischen Gouverneurin. Auch wenn die Skyline sehr nordamerikanisch aussieht, hat der bis 1988 Square Dominion ge-nannte repräsentative Platz viel Geschichte zu bieten.

Von 1789 bis 1854 befand sich auf dem Areal ein katholischer Friedhof. Das Denkmal des ersten frankokanadischen Premierministers Sir Wilfrid Laurier (1841–1919) schmückt den von **schönen Wohnhäusern** umgebenen, 2011 neu gestalteten Platz. Die zweite Statue erinnert an die in den Burenkriegen getöteten Kanadier. Dominiert wird der großzügige Platz von dem spektakulären Gebäude der Sun-Life-Versicherung ⓮, das jahrzehntelang als eine Art Festung und Prestigeobjekt des angelsächsischen Establishments galt.

Der **angrenzende, heutige Place du Canada** gehörte ebenfalls zu dem früheren Friedhof und wurde 1967 zum Gedenken an die kanadischen Gefallenen beider Weltkriege als eigenständiger Platz ausgewiesen. Jedes Jahr am 11. November wird ihrer mit einer Parade am Denkmal in der Platzmitte gedacht. Am **zentralen**

Montréal entdecken
Downtown (Centre-Ville)

Touristenbüro (Centre Infotouriste, s. S. 110) am Square Dorchester beginnen auch die Stadtrundfahrten (Gray Line, s. S. 122).
› Métro: Peel

⓴ Sun Life Building ★★★ [E6]

Das 122 Meter hohe, in drei Bauphasen zwischen 1913 und 1933 errichtete Sun-Life-Gebäude war lange Jahre das größte Ensemble des britischen Empires.

Die Architekten Darling, Pearson and Cleveland wählten für die Verkleidung grauen Granitstein, der 43.000 Tonnen auf die Waage brachte, und integrierten zu ebener Erde, im Mittelbau und in luftiger Höhe insgesamt **114 imposante Granitsäulen**.

Im Zweiten Weltkrieg fungierte die Trutzburg mit den zurückspringenden Gebäudeteilen gar als **Tresor**, als Winston Churchill (1874–1965) 1940 beschloss, die **britischen Gold- und Geldreserven** aus Europa in einbruchsicheren Kellern im fernen Kanada in Sicherheit zu bringen. Aus Angst vor den Übergriffen der deutschen Nationalsozialisten wurden die Schätze in einer Geheimaktion unter dem **Decknamen „Operation Fish"** von Liverpool nach Halifax und von dort nach Montréal verschifft; das Gold wurde in Ottawa deponiert. Von Kanada aus sollte im Fall der Fälle der Widerstand organisiert werden. Keiner der damals 5000 Sun-Life-Mitarbeiter hatte von dem Kuckucksei drei Etagen unter der Erde erfahren. Das Geld wurde nach Kriegsende in mehreren Tranchen an der New Yorker Börse verkauft, um die Kriegsschulden Großbritanniens zu bezahlen.

Nachdem Französisch zur Amtssprache geworden war, wurde der Sun-Life-Firmensitz 1977 nach Toronto verlegt. Der **Glockenturm**, das Schmuckstück des Gebäudes, ist **täglich um 17 Uhr** zu hören.
› 1155 Rue Metcalfe, Métro: Peel

Blumenpracht auf dem Square Dorchester ⓭

Montréal entdecken
Downtown (Centre-Ville)

KLEINE PAUSE

Snacks mit Portugal-Touch
Die raffiniertesten Sandwiches der Stadt gibt es im mediterran anmutenden **Café Vasco da Gama** (s. S. 26). Dazu bestellt man einen köstlichen Galão (Milchkaffee).

🔴15 Cathédrale Marie-Reine-du-Monde ★★ [E6]

Der eigenwillige, verkleinerte Nachbau des Petersdoms in Rom wurde nach der Jungfrau Maria benannt und erhielt den pathetischen Zusatz „Maria, Königin der Welt".

Die 1870 bis 1894 erbaute, 1919 von Papst Benedikt XV. „Basilica minor" getaufte Kathedrale sollte ein **Symbol der Macht der katholischen Kirche** in einer von Protestanten regierten Stadt werden.

Aufgrund der strengen Montréaler Winter wurde die Größe an die lokalen Verhältnisse angepasst. Der Architekt Victor Bourgeau übernahm die Bauleitung. Nach seinem Tod sprang Kaplan Joseph Michaud ein, der sich zuvor in Rom hatte inspirieren lassen. Der 76 Meter hohe Sakralbau im Neobarockstil wurde mit einer opulenten Kuppel mit einem Durchmesser von 23 Metern ausgestattet, die auf einem hölzernen Tragwerk ruht. Die **13 Heiligenstatuen über dem Portal** aus grauem Kalkstein sind aus Holz geschnitzt und mit Kupfer verkleidet. Nachts werden sie illuminiert. Das **Kirchenschiff** mit der ungewöhnlich hell beleuchteten Kassettendecke und der rosa-beigen Farbgebung gilt als einzigartig. Der neobarocke Altar mit Baldachin, Blattgold und Kupferverzierungen ist eine Kopie von Berninis Meisterwerk in Rom. In der **Kathedrale des Erzbistums Montréal** wurden alle Bischöfe und Erzbischöfe der Stadt beerdigt.

❯ 1045 Rue de la Cathédrale,
Métro: Peel u. Bonaventure,
www.cathedralecatholiquedemontreal.org, Tel. 8661661, geöffnet: Mo.–Fr. 7–18.15, Sa./So. ab 7.30 Uhr

Die eindrucksvolle katholische Cathédrale Marie-Reine-du-Monde

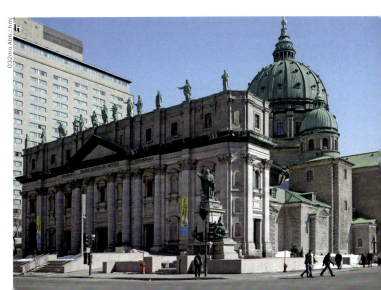

Downtown (Centre-Ville)

⑯ Hochhaus 1000 de la Gauchetière ★★ [F6]

Der von weitem sichtbare, hinter der Kathedrale aufragende **Hochhausturm mit dem dreieckigen Kupferdach** ist mit 205 Metern **das höchste Gebäude der Stadt**. Die städtische Bauordnung lässt ohnehin nur eine maximale Höhe von 233 Metern zu – denn das ist der höchste Punkt des Mont-Royal, des „Hausbergs" der Stadt.

Der **sperrige Name** des Montréaler Wahrzeichens setzt sich zusammen aus der Hausnummer (1000) und dem Nachnamen des französischen Offiziers, dem das Grundstück im 17. Jh. gehörte (Gauchetière). Die Architekten Lemay and Associates und Dimitri Dimakopoulos entwarfen den erst 1992 fertiggestellten Komplex, der an die „unterirdische Stadt" Ville Souterraine (s. S. 71) angeschlossen ist und sich vor allem wegen der wohl schönsten **Indoor-Kunsteisbahn Montréals, dem Atrium** (s. S. 120), großer Beliebtheit erfreut.

❯ 1000 Rue de la Gauchetière, Métro: Bonaventure, www.le1000.com

⑰ Place Ville-Marie ★ [F5]

Dominiert wird der „Platz" von dem 47 Stockwerke und 188 Meter hohen **Wolkenkratzer**, der nach Plänen der **Architekten I. M. Pei und Henry N. Cobb** 1962 fertiggestellt wurde. Das Gebäude und nicht etwa der Platz, auf dessen gegenüberliegenden Seite das Fairmont Queen Elizabeth Hotel über dem Hauptbahnhof thront, wird heute als Place Ville-Marie bezeichnet.

Architektonisch galt die Lösung, ein Hochhaus auf dem **Grundriss eines Kreuzes** zu errichten, in den 1950er-Jahren als avantgardistisch. Das christliche Symbol nimmt das Bild des 1642 von de Maisonneuve auf dem Mont-Royal platzierten und für das Montréaler Selbstverständnis wichtigen Croix du Mont-Royal ㊵ wieder auf. Auch die Tatsache, dass ein Großteil des seinerzeit höchsten Gebäudes der Stadt unter dem Straßenniveau lag, galt als umstritten, war aber gleichzeitig der Auftakt für den Bau der „unterirdischen Stadt" Ville Souterraine (s. S. 71).

Auf dem Dach ist eine **Leuchtboje** installiert, die 24 Stunden und vor allem nachts die Blicke auf sich zieht. Der „weiße Aluminiumriese" hat prominente Mieter wie etwa die Royal Bank of Canada und Air Canada. Der **Foodcourt** und die **Shoppingmeile** im Untergeschoss sind bei den Montréaler sehr beliebt. Das Dachrestaurant Altitude 737 verfügt auch über eine Terrasse, die sich abends in eine Lounge (Le 737) verwandelt und spektakuläre Blicke auf Downtown freigibt.

❯ 1 Pl. Ville-Marie, Métro: McGill, www.placevillemarie.com

⑱ Christ Church Cathedral ★★ [E5]

Architektonisch gesehen ist der 1859 von Thomas Seaton Scott entworfene **neogotische Prachtbau** gelungen, die Statik war jedoch von Anfang an mangelhaft. Der erste Turm musste 1927 abgebrochen werden und wurde mit Spendengeldern durch einen neuen Aluminiumturm ersetzt, der sich nun in der opulenten Glasfassade des 1987 dahinter entstandenen KPMG-Wolkenkratzers spiegelt. Im gleichen Jahr wurde die Kathedrale auf einen Schlag berühmt, als die Kirchenoberen dem Bau eines **Einkaufszentrums**

Montréal entdecken
Downtown (Centre-Ville)

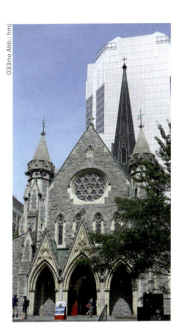

Die „unterirdische Stadt": la Ville Souterraine

Sie ist eine **Stadt unter der Stadt,** in der man ganze Tage verbringen könnte. Seit der Grundsteinlegung im Jahr 1962 hat sich die Montréaler Unterwelt auf 32 Kilometer ausgedehnt; Ziel ist die Länge einer Marathonstrecke von 42 Kilometern! Das RÉSO (vom französischen *réseau* für „Netz"), wie das Labyrinth auch genannt wird, bietet auch im tiefsten Winter Temperaturen um die 20 °C und Zugang zu allen Métro-Stationen, Cafés, Kinos, Bahnhöfen, Geschäften und Büros in Downtown. Leider kann man sich dort auch erstklassig verlaufen.

Ein kleiner Ausflug in die Ville Souterraine lohnt sich jedoch unbedingt, und zwar am besten gleich an der **Christ Church Cathedral** ⓲. Man sollte den **Eingang links von der Kathedrale** nehmen und mit der langen Rolltreppe ins Shoppingparadies **Promenades Cathédrale** (s. S. 18) fahren. Das ist hier besonders empfehlenswert, weil man, geradeaus weitergehend, an den weiß gestrichenen Fundamenten der Kathedrale vorbeikommt. Der Bibel-Shop ist um die Ecke. Um einen besseren Eindruck von der Ville Souterraine zu bekommen, geht man nun weiter Richtung **Centre Eaton** (s. S. 18). Dort angekommen kann man den Rest des Tages unter der Erde flanieren – die nächste Métro-Station ins oberirdische Montréal ist nie weit.

› Ein **Plan der Ville Souterraine** ist auf der Rückseite des kostenlosen Métroplans *(plan du métro)* aufgedruckt, den man an jedem Kassenhäuschen der Métro erhält.

› www.montrealsouterrain.ca

unmittelbar unter dem Kirchenschiff zustimmten. Das Fundament musste zu dem Zweck wochenlang mit 33 zylindrischen Stahlpfeilern und Stahlbetonträgern gestützt werden. Auflage war lediglich, dass die Anglikaner in den **Promenades Cathédrale** (s. S. 18), wie das Shoppingcenter heißt, eine eigene Buchhandlung betreiben dürfen. Ihr Wille geschah.

Das Kircheninnere ist schlicht. Die **Rosettenfenster** wurden mit größter Sorgfalt von William Morris (1834–1896) in London entworfen und dann hierher verbracht. Eine Statue im **Kirchengarten** erinnert an den Schweden Raoul Wallenberg, der 100.000 Juden vor dem Vernichtungslager rettete.

› 1444 Av. Union, Métro: McGill, www.montrealcathedral.ca, geöffnet: tgl. 7.30–18 Uhr, Chorkonzerte So. 10 Uhr (während der Messe) und 16 Uhr

△ *Die neogotische Fassade der Christ Church Cathedral*

Downtown (Centre-Ville)

🔟 Skulptur „The Illuminated Crowd" ★ [E5]

Biegt man in die weitläufige Avenue McGill College ein, taucht auf der linken Seite eine **imposante, elfenbeinfarbige Menschenmenge** auf, die sich am Fuße eines Hochhauses versammelt hat und deren „Anführer" auf einen Punkt in der Ferne zu zeigen scheint. Bei dem glänzenden und witterungsbeständigen Material handelt es sich um geschichtetes und lackiertes Polyesterharz. Die **eindrückliche Skulptur** „The Illuminated Crowd" („Die erleuchtete Menge") aus dem Jahr 1979 stammt von dem französisch-britischen Künstler Raymond Mason (1922–2010) und ist **eines der beliebtesten Fotomotive Montréals.** Zu sehen sind 65 Menschen aller Altergruppen und Ethnien. Je weiter hinten eine Person steht, desto weniger „erleuchtet" („illuminated") scheint sie zu sein. Freud und Leid, Gewalt und Überschwang spiegeln sich in den Gesichtern und Gesten der steinernen Menschen wider.

❯ 1981 Av. McGill College, Métro: McGill

🔟 McCord Museum ★ [E5]

Wer wissen möchte, wie die Siedler im 18. und 19. Jh. in Québec und Montréal gelebt haben, kann sich in diesem informativen Museum einen Überblick verschaffen. Es präsentiert liebevoll zusammengestellte Kleidungsstücke, Utensilien und vor allem großformatige **Schwarz-Weiß-Fotografien** aus dem **Notman-Archiv.** Letzteres ist eine Sammlung mit 450.000 Fotografien aus der Zeit zwischen 1840 und 1935, die William Notman (1826–1891) zu einem der bekanntesten Fotografen Nordamerikas und zum Hoflieferanten von Königin Victoria machten. Ausgestellt sind auch **Indianerschlitten, Inuit-Puppen und Inuit-Kunst** (s. Exkurs S. 73). In jedem Fall verlässt man das 1906 von Percy Nobbs im englischen Barockstil entworfene, herrschaftliche Stadthaus mit dem Eindruck, dass die Menschen, um hier leben zu können, in erster Linie ein großes Faible für Schnee und Eis gehabt haben müssen ... Angeschlossen ist einer der besten **Museumsshops** (s. S. 13) der Stadt für Liebhaber authentischer, handgemachter Souvenirs und (Kinder-)Bücher. Auf der **Website des Museums** lassen sich Notmans Bilder zum Großteil online einsehen (s. App-Tipp S. 111).

❯ **Musée McCord,** 690 Rue Sherbrooke Ouest/Ecke Rue Victoria, Métro: McGill, www.mccord-museum.qc.ca, Tel. 3987100, geöffnet: Di.–Fr. 10–18, Mi. bis 21 Uhr, Sa./So. 10–17 Uhr, im Sommer auch Mo. geöffnet, Eintritt: 14 C$, jeden Mi. ab 17 Uhr Eintritt frei

🔟 McGill University ★ [D5]

Idyllisch am Hang des Mont-Royal liegt **eine der ältesten Universitäten Nordamerikas.** Die renommierte englischsprachige Hochschule ist eine von vier Universitäten in Montréal. Sie wurde 1821 gegründet und nach dem schottischen Pelzhändler und Stifter **James McGill** (1744–1813) benannt, aus dessen Nachlass das Startkapital für das Großprojekt stammte. Durch die **Roddick Gates** (Roddick-Tor oder Portail Roddick) gelangt man auf den historisch sehenswerten Campus mit verschiedenen, zumeist im viktorianischen oder neoromanischen Stil gehaltenen Gebäuden. Im Neobarockstil wurde 1908 das **Macdonald Engineering Building** gebaut. Das neoklassizistische **Arts**

Inuit-Kunst – aus den Iglus in die Welt

Indigene Kunst ist in Montréal allgegenwärtig. *Die Hinterlassenschaften der elf First Nations, unter anderen der Algonkins, Cree oder Mohawks, sind für westliche Augen eher Alltags- als Kunstobjekte. Dazu gehören etwa Perlenschmuck, Angelutensilien und Babytragen.*

Bekannter und vielfältiger ist die Kunst der Inuit-Völker, der Bewohner der Arktis in Zentral- und Nordostkanada und Teilen Grönlands, die früher auch als Eskimos bezeichnet wurden und 1999 einen eigenen kanadischen Bundesstaat namens **Nunavut** *erhielten. Als die 1670 gegründete Hudson's Bay Company 1913 in der* **Inuit-Siedlung Cape Dorset** *einen Handelsposten für Pelzhandel errichtete, konnten Inuit-Frauen Selbstgenähtes, verziert mit Wollfäden und Glasperlen, bis nach Europa exportieren. Noch heute sind* **Kamiit (Fellstiefel), Amautiit (Frauenparkas)** *sowie* **Wandbehänge aus Filz und Leder** *sehr beliebt.*

Als **zeitgenössische Inuit-Kunst** *bezeichnet man Kunsthandwerk, das etwa seit Mitte des 20. Jh. von den Inuit gefertigt wird. Als Materialien dienen die in der Arktis existierenden Stein- und Schieferarten. Neben Serpentin, Marmor, Quarz und Talk finden außerdem Elfenbein, Tierfelle, Robbenhaut, Karibu-Geweihe und Walrossknochen Verwendung. Charakteristisch ist auch eine ausgefeil-*te Form der **Lithografie,** *deren Zentrum ebenfalls Cape Dorset wurde. Das Kunsthandwerk dient vielen Inuit bis heute als Lebensgrundlage.*

Das Besondere an den erst seit Ende der 1940er-Jahre im Zuge der Sesshaftwerdung geschnitzten **Steinskulpturen** *ist die Art ihrer Entstehung. Erst wenn das Schattenspiel dem Stein eine Bestimmung zuweist, wird geißelt. Sehen die Inuit den Kopf eines Elches, wird ein Elch daraus. Die Inuit glauben, dass der Stein spricht und sie ihm helfen können, das, was in ihm ist, „zu befreien".*

Einige Inuit-Künstler sind auch international bekannt, zum Beispiel **Kenojuak Ashevak,** *deren Werke, vornehmlich Grafiken, aber auch Serpentinskulpturen und Flachglas-Design (Fenster), in den namhaften Museen der Welt zu finden sind. Die 2013 verstorbene Künstlerin war Mitglied der Royal Canadian Academy of Arts.*

Im **McCord Museum** ⓴ *und im* **Musée des Beaux-Arts** ㉒ *findet man die famosen Steinskulpturen der Inuit sowie Puppen und Wandbehänge. Zum Weiterlesen für diejenigen, die mehr erfahren wollen:*

› *„Die Kunst der Inuit-Frauen. Stolze Stiefel, Schätze aus dem Fell", J. Oakes, R. Riewe, Frederkind und Thaler, 1999*

› *„Inuit Art: A History", Richard C. Crandall, McFarland & Co., 2005*

Building im Zentrum ist das älteste Campus-Gebäude und stammt aus dem Jahr 1839. Linker Hand befindet sich, schon von Weitem sichtbar, das **Redpath Museum** (s. S. 35) mit dem Portikus.

Heute hat McGill über elf Fakultäten, 300 Studiengänge und knapp 30.000 Studenten. Im Bereich Medizin ist sie die wichtigste Universität in Kanada und Nr. 18 unter den Eliteunis weltweit. Seit der umfang-

Montréal entdecken
Downtown (Centre-Ville)

reichen Forschung an Bild gebenden Verfahren für Hirnschädigungen gilt das **Montreal Neurological Institute** als eine der weltweit führenden Institutionen der Neurowissenschaften.

Auch die **Geschichte des Eishockeys** in Kanada nahm auf diesem Campus ihren Anfang, galt doch Sport als teambildend und förderswert. Football, Rugby und Basketball entwickelten sich in diesem Kontext ebenfalls zu wichtigen nordamerikanischen Disziplinen. Viele Olympiateilnehmer kamen in den letzten Jahren von der McGill-Universität.

Gleich hinter der Universität, am westlichen Ende der Rue Peel, beginnt der Aufstieg zum Aussichtspunkt **Belvédère Kondiaronk** 39 im **Parc du Mont-Royal** 37 über eine **Treppenkaskade.** Es geht steil bergauf – für die ca. 250 Stufen sollte man gut in Form sein. Der Abstecher dauert ca. eine Stunde.

› 805 Rue Sherbrooke Ouest, Métro: McGill, www.mcgill.ca
› **Unibuchhandlung auf dem Campus,** 3480 Rue McTavish, www.mcgill.ca/bookstore, geöffnet: Mo.–Fr. 9–17, Sa. 11–17 Uhr. Hier gibt es McGill-T-Shirts sowie eine riesige Auswahl an Büchern, auch secondhand.

22 Musée des Beaux-Arts ★★★ [D6]

Aus dem „Museum der Schönen Künste", einer der interessantesten Kunstsammlungen Nordamerikas, ist in den letzten Jahren eine richtige Museumsstadt geworden. Den Grundstein legten 1860 begüterte Kunstsammler der angelsächsischen Montréaler Bourgeoisie, die sich in diesem Stadtteil, der Golden Square Mile, niedergelassen hatten.

1912 wurde der neoklassizistische Bau, der heutige **Pavillon Mich-**

Unbedingt sehenswert: das Musée des Beaux-Arts in der Rue Sherbrooke

Montréal entdecken
Downtown (Centre-Ville)

KLEINE PAUSE

Falafel oder Espresso?
In der kleinen Rue Crescent [D/E6] mit den **hübschen Reihenhäusern** aus dem 19. Jh. lässt sich vor oder nach dem Besuch des Musée des Beaux-Arts ㉒ der libanesische Imbiss **Boustan** (s. S. 25) ansteuern, in dem schon der frühere Premierminister Pierre Trudeau Stammgast war. In der Rue Sherbrooke Ouest gibt es im Innenhof des aus vier Ensembles bestehenden **Maison Alcan** einen sehr schönen Ableger der **Brûlerie St. Denis** (s. S. 26). Hier werden die Arabica-Bohnen noch selbst geröstet. Dazu gibt es kleine, einfache Snacks.

al et **Renata Hornstein**, eingeweiht – hier wird präkolumbianische, afrikanische, islamische und asiatische Kunst ausgestellt. Der **Haupteingang** des ersten kanadischen Kunstmuseums befindet sich in einem modernen, lichtdurchfluteten Gebäudekomplex aus dem Jahr 1991, den Moshe Safdie entwarf: der **Pavillon Jean-Noël Desmarais.**

Dekorative Kunst von der Renaissance bis heute, Design aus den Jahren 1930–1970 und danach sowie 2000 Jahre alte Tapisserien sind im **Pavillon Liliane et David M. Stewart** zu bewundern. Der letzte Neuzugang ist seit 2011 die aufwendig sanierte, einstige **Erskine and American Church**, die heute **Pavillon Claire et Marc Bourgie** heißt. In diesem Kleinod ist nicht nur die unbedingt sehenswerte **kanadische Kunst** untergebracht, sondern auch das leider nur selten zu besichtigende, eindrucksvolle Kirchenschiff mit 20 eigens von Lord Comfort Tiffany geschaffenen **Buntglasfenstern.**

Die insgesamt vier zum Museum gehörenden Gebäude sind **unterirdisch miteinander verbunden.** Im vierten Stock des **Pavillon Jean-Noël Desmarais** sind die **alten Meister** wie Brueghel, El Greco und Rembrandt untergebracht. Im ersten Stock ist die **europäische Kunst der Moderne** mit Monet, Matisse, Dix und Picasso vertreten. Liebevoll und mit viel Sachkenntnis kuratiert ist der vornehmlich aus Privatsammlungen stammende Bestand, zu dem auch die französischen Künstler Renoir, Cézanne und Rodin gehören. Im Untergeschoss vor der unterirdischen Passage zur Kirche finden sich alte Bekannte aus der Neuen Welt. Aus Deutschland „eingewandert" sind Werke von Richter, Immendorff, Balkenhol und Beuys, letzterer bezeichnenderweise mit einem Schlitten.

In der Passage sind frühe Werke der kanadischen Gegenwartskunst seit 1945 zu sehen, vor allem **Jean-Paul Riopelles abstrakte Tableaus** (s. S. 76). Eines der eindrucksvollsten heißt „Gravité" („Schwerkraft"). Ebenfalls vertreten ist **Paul-Émile Borduas,** der 1960 für sein Tableau „L'Étoile Noire" („Der schwarze Stern") posthum einen Preis für das beste kanadische Gemälde erhielt.

Auch der „Picasso des Nordens", wie der erst kürzlich verstorbene Maler **Norval Morisseau** (1932–2007) genannt wird, ist vertreten. Zwei der beliebtesten Künstler Québecs sind die gefeierten **Landschafts- und Kirchenmaler** Ozias Leduc (1864–1955) und Marc-Aurèle Fortin (1888–1970), deren Bilder im zweiten und dritten Stock ausgestellt sind. Im vierten Stock des Pavillons ist die sehenswerte **Inuit-Kunst** (s. Exkurs S. 73) untergebracht. Im ersten Stock ist der Aufbruch in die

Montréal entdecken
Downtown (Centre-Ville)

KURZ & KNAPP

Borduas und Riopelle: zwei große kanadische Künstler

Jean-Paul Riopelle (1923–2002) und **Paul-Émile Borduas** (1905–1960) sind Begründer der Québecer Künstlervereinigung *Les Automatistes,* die den Surrealisten nacheiferte. In seinem reichen Künstlerleben fertigte Riopelle unzählige Skulpturen und allein 2000 Gemälde. In der Anfangsphase experimentierte der auch in seiner Wahlheimat Paris gefeierte Maler mit Farbe aus der Spraydose. Berühmt wurde er jedoch mit seinen abstrakten, großformatigen Tableaus mit kaleidoskopartiger Farbanordnung. Viele seiner Werke sind im **Musée des Beaux-Arts ㉒** zu sehen, einige Arbeiten aus seiner früheren Phase im **Musée d'Art Contemporain** (s. S. 34).
Riopelles Lehrer und Vorbild Borduas initiierte 1948 das Manifest „Le Refus global" (s. Exkurs S. 79) und revolutionierte damit die Kunst aus Québec. Borduas' Werke aus der Zeit nach 1940 sind ebenfalls im Musée d'Art Contemporain ausgestellt.

kanadische Moderne mit der aus Toronto stammenden **Group of Seven** (1920–1932) zu sehen, einer Gruppe kanadischer Landschaftsmalern, zu der auch die weltbekannte Emily Carr (1871–1945) gehörte. Zum Museum gehört ein fantastisch sortierter **Buchladen.**

› **Museum of Fine Arts,** 1380 Rue Sherbrooke Ouest/Ecke Rue Crescent, Métro: Guy-Concordia, Bus 24, www.mmfa.qc.ca, Tel. 2852000, geöffnet: Di.–So. 10–17 Uhr, Erskine and American Church: Sa. 10–12 Uhr und zu Konzerten geöffnet; Eintritt: frei, nur die temporären Ausstellungen sind kostenpflichtig (Mi. 17–21 Uhr zum halben Preis)

㉓ Centre Canadien d'Architecture (CCA) ★★ [D7]

Für Architekturfans ist der Besuch des CCA ein Muss. 1989 zog das weit über die Landesgrenzen hinaus bekannte Architekturzentrum in diesen postmodernen, lichtdurchfluteten Neubau, in dem fantastische Ausstellungen von Zeichnungen, Modellen und Fotografien zu sehen sind.

Das Bild- und Dokumentarchiv des Zentrums ist eines der größten weltweit. Hier lagert auch ein Teil des **Nachlasses von Frank Lloyd Wright,** dem Architekten des Guggenheim-Museums in New York. Zu dem Ensemble gehört ferner eine erstklassig sortierte **Buchhandlung** (s. S. 15). In dem angrenzenden **Shaughnessy House** aus dem Jahr 1875 werden Workshops veranstaltet. Die Architektin und Mäzenin **Phyllis Lambert** verabschiedete sich 2010 hoch dekoriert in den Ruhestand, nachdem sie sich ein Leben lang für die Forschung und Verbreitung der Kunstform Architektur eingesetzt hatte. So unterstützte sie beispielsweise den bekannten britischen Fotografen **Richard Pare,** der auch als Kurator für Fotografie am CCA tätig ist, bei seinem Russland-Projekt. Pare gelang dadurch das Unmögliche: Er durfte die Arbeiterklubs aus den 1920er-Jahren auch von innen fotografieren.

Der auf der anderen Straßenseite liegende **Garten des CCA** spielt mit dem klassizistischen Erbe der abendländischen Architektur. So thront ein Mini-Pantheon auf einem Betonpfeiler vor einem unvollendeten Palast. Die Idee hatte der Montréaler Architekt Melvin Charney. Zwischen hängenden Portiken und winzigen Steinhäuschen kommt man zur Ruhe und genießt den Blick auf die Stadt. Am besten kommt man zum Sonnenuntergang.

Montréal entdecken **77**
Quartier Latin und Le Village

› 1920 Rue Baile, Métro: Guy-Concordia, www.cca.qc.ca, Tel. 9397026, geöffnet: Mi.–So. 11–18 Uhr, Do. bis 21 Uhr, Eintritt: 10 C$, Do. 17.30–21 Uhr immer gratis

Quartier Latin und Le Village

Im Quartier Latin war seit jeher die frankofone Mittelklasse zu Hause. Die Université Laval und die École Polytechnique brachten zu Beginn des 19. Jh. Studenten, Schriftsteller und die Boheme hierher. Dann zog das universitäre Leben nach Downtown. In den 1960er-Jahren knüpfte das Viertel mit der Gründung der Université du Québec à Montréal (UQAM) schließlich an die alte Tradition an. Mit den Cafés, Bars und Theatern kehrte die Lebensfreude zurück. Für den Bau der Grande Bibliothèque hätte es kein besseres Fleckchen gegeben. Auch der angrenzende Stadtteil Le Village (Gay Village) zieht Freigeister, Bonvivants, Künstler und Nachteulen an.

☐ *Die mit Blattgold verzierte Jungfrau Maria krönt die Chapelle Notre-Dame-de-Lourdes*

㉔ Chapelle Notre-Dame-de-Lourdes ★★ [G3]

Mitten zwischen den verschiedenen Bauten der Universität von Québec (UQAM) erhebt sich in **romanisch-byzantinischer Anmut** diese 1876 errichtete Kapelle, deren großer Kuppeltambour hinter dem opulenten Vorbau zu verschwinden scheint. Sie wurde von dem berühmten Künstler und Architekten Napoléon Bourassa (1827–1916) für die Sulpizianer erbaut (in Montréal gilt eine Gruppe

Montréal entdecken

Quartier Latin und Le Village

von acht Leuten schon als Kirchengemeinde, wenn sie das möchte!). Die **überreichen Fresken und Schnitzereien** an der Decke, über dem Altar und an den Säulen machen aus dem sakralen Bauwerk einen der Jungfrau Maria würdigen Ort sakraler Festivität. Die Kapelle ist ein architektonisches Meisterwerk. Die gegenüberliegende Église St-Jacques ㉕ wirft Fragen auf, ist sie doch auf kuriose, sehr moderne Weise in das Universitätsgebäude integriert.

› 430 Rue Ste-Catherine Est,
  Métro: Berri-UQAM, www.cndlm.org,
  Tel. 8424704, geöffnet: Mo.–Sa.
  11–18, So. 9–18.30 Uhr

㉕ Église St-Jacques (UQAM) ★ [F3]

Viel mehr als der **imposante, neogotische Glockenturm** ist von der 1825 erbauten und mehrfach erweiterten katholischen Bistumskathedrale nicht geblieben. Bei genauem Hinsehen entpuppt sich der nach mehreren Bränden arg in Mitleidenschaft gezogene Sakralbau als **optische Täuschung.** Das von einem der besten Architekten der Stadt, Victor Bourgeau (1809–1888), nach den Stilvorgaben von Dom Bellot entworfene Ensemble ist heute zweckentfremdet, auch das Innere war gänzlich zerstört. 1967 wurde verfügt, die Kathedrale zur Universalkirche der Expo 1967 zu machen und in unmittelbarer Nähe eine Métro-Station zu bauen. Der Architekt Dimitri Dimakopoulos (1929–1995) beschloss beim Bau der Universität UQAM (Université de Québec à Montréal) Mitte der 1970er-Jahre, das verbliebene Seitenportal und den Turm in das neue Gebäude zu integrieren. Anstelle des Kirchenschiffs steht hier nun der **Pavillon Judith-Jasmin** der

Universität mit Eingangshalle und Cafeteria. Im Glockenturm befindet sich eine kleine Open-Air-Raucherecke ... und der Eingang zur Métro. Das wiederum ist typisch für Montréal, die Stadt der Toleranz.

› 405 Rue Ste-Catherine Est,
  Metro: Berri-UQAM

㉖ Grande Bibliothèque ★★ [F3]

Der 2005 in Anwesenheit von knapp 18.000 Montréalern eingeweihte neue Bibliothekskomplex im Quartier Latin ist die **Heimat der Nationalarchive der Provinz Québec.** Alles, was nach 1968 in und über den frankofonen Bundesstaat veröffentlicht wurde, bis hin zur aktuellsten DVD, ist hier auf 33.000 qm zu finden. Mehr als vier Millionen Objekte und 1300 Lesesessel zählt der 100 Mio. Dollar teure Neubau der Architekten Patkau, Croft-Peletier und Gilles Guité, der zeitgleich mit der Ernennung der Stadt zur „UNESCO Welthauptstadt des Buches" fertiggestellt wurde.

Neben der faszinierenden modernen Architektur des fünfgeschossigen Glasensembles lohnt der Besuch allein für die **Fotoausstellungen im UG,** die frei zugänglich sind. Mit dem **Fahrstuhl** sollte man in die oberste Etage fahren und dort einen Blick auf die Stadt werfen. Nordamerikas meistgenutzte öffentliche Bibliothek verfügt auch über einen **Skulpturengarten** und ein **Café.**

› 475 Boul. de Maisonneuve Est,
  Métro: Berri-UQAM, www.banq.qc.ca,
  Tel. 8731100, geöffnet: Di.–Fr. 10–22,
  Sa./So. 10–17 Uhr, Eintritt: frei

▷ *Streetart als Erinnerungsort: Montréal ist ein Hotspot für Kreative*

Das Manifest „Le Refus global"

*Eine der schönsten Wandmalereien Montréals verweist auf eine besondere Phase in der Geschichte der Stadt. In den 1960er-Jahren erlebte die Montréaler Kunstwelt eine **„Stille Revolution"**, deren Ausgangspunkt und Zentrum ein offizielles Schriftstück gegen Gängelung, Geschichtsklitterung und fehlende Meinungsfreiheit war.*

Eine Gruppe von 16 Künstlern hatte sich 1948 um den Maler **Paul-Émile Borduas** (s. S. 76) versammelt und ein Manifest mit dem Titel **„Le Refus global"** („Die globale Verneinung") erarbeitet, in dem der politische Konformismus, die Passivität der Regierung und die Übermacht der katholischen Kirche angeprangert werden. Dort heißt es z. B.: „Wir sind ein bescheidenes Volk, das an den Rockzipfeln der allmächtigen Popen hängt, deren Abgesandte die Lehrer in den Schulen sind. Wir werden in Unkenntnis über historische Begebenheiten gelassen und klein gehalten." Die **Québecer Gesellschaft** war zu jener Zeit **rigoros konservativ**.

Einige der Unterzeichner wie etwa der Maler **Jean-Paul Riopelle** (s. S. 76) und die 2001 verstorbene Malerin und Glaskünstlerin **Marcelle Ferron** verließen nach dem Erscheinen des Manifestes Ende der 1940er-Jahre das Land und bauten sich in **Paris** eine neue Existenz auf. Borduas musste seine Lehrtätigkeit an der École du Meuble beenden und übersiedelte 1953 nach New York und zwei Jahre später ebenfalls nach Paris. Erst in den 1960er-Jahren, nach dem Ende der Regierungszeit des Premiers Maurice Duplessis, kam es zu den erhofften tief greifenden Veränderungen in der Québecer Gesellschaft.

Heute genießen die Bilder der Künstler **Kultstatus** und werden hoch gehandelt. Riopelles expressive Tableaus wurden 2006 sogar in einer Einzelausstellung in der St. Petersburger Eremitage gezeigt. Zum **50. Geburtstag des Manifests** im Jahr 2008 wurde eigens eine Sonderbriefmarke auf den Markt gebracht. Auszüge aus dem Manifest und Motive aus sechs verschiedenen Gemälden Borduas' sind seit 2010 als **Streetart „Le Refus global"** ㉗ an einer Hauswand in Montréal (s. Foto links) zu sehen. Die Erfinder des Manifests sind darauf als **rote Vögel** verewigt, die auf und davon fliegen …

036mo Abb.: hmj

› „Refus global et autres écrits", Paul-Émile Borduas, Éditions Typo, Montréal 2010

Montréal entdecken
Quartier Latin und Le Village

㉗ Streetart „Le Refus global" ★★ [F3]

Diese **fantastische Wandmalerei** entpuppt sich aus der Nähe als sehr poetische Reminiszenz an das gleichnamige Manifest des Québecer Malers **Paul-Émile Borduas** (1905–1960). Einer der bekanntesten Künstler Kanadas hatte 1948 mit befreundeten Kunstschaffenden die Grundsatzerklärung „Le Refus global" (s. Exkurs S. 79) erarbeitet, in der er vor allem das Dogma der katholischen Kirche anprangerte. Auf dieser Hauswand sind Symbole aus verschiedenen Werken von Borduas zu sehen, wie etwa **rote Vögel** und **schwarze Tupfen**. Konsumkritik wird in Form eines Barcodes visualisiert, den sich der Grafikdesigner der Wandmalerei, Thomas Csano, einfallen ließ.

› Pl. Paul-Émile Borduas, Métro: Berri-UQAM

KLEINE PAUSE

Nostalgische Café-Bar

Bar, Restaurant, Terrasse, Klub, Café … über drei Etagen verteilt findet man in **Le Saint-Sulpice** (s. S. 31), unmittelbar neben der altehrwürdigen, derzeit geschlossenen Bibliothèque St-Sulpice ㉘, in jedem Fall ein lauschiges Plätzchen zum Speisen und Verweilen. Die Terrasse im Innenhof erfreut sich großer Beliebtheit. Studenten, Hipster, Künstler, Flaneure und Touristen treffen sich hier seit Jahr und Tag.

㉘ Bibliothèque St-Sulpice ★ [F3]

Die bis 2005 von der Provinz Québec verwaltete Nationalbibliothek im frankofonen Teil der Stadt ist immer noch vollständig intakt. Im Stil der (Pariser) École des Beaux-Arts, einer Mischung aus französischer Renaissance-Architektur und feinstem Klassizismus, wurde der Prachtbau Anfang des 20. Jh. von dem Architekten Eugène Payette (1875–1959) erbaut und 1915 feierlich eröffnet. Die **gigantische Buntglasdecke** von Henri Perdriau ist nach wie vor einen Besuch wert, der sich momentan aber schwierig gestaltet, da das Gebäude **derzeit geschlossen** ist.

Seit dem Verkauf des Ensembles 2005 an die Université du Québec à Montréal stand der Bau zunächst leer. Schließlich kaufte die Provinzregierung das kostbare Gebäude 2008 zurück und schloss 2010 einen Untermietvertrag mit der mehr als 20 Musiklabels umfassenden Le Vivier-Gruppe, die daraus einen Tempel für neue und moderne Musikrichtungen machen und einen **Konzertsaal** mit 400 Plätzen einbauen will.

› 1700 Rue St-Denis, Métro: Berri-UQAM

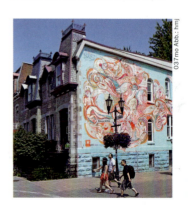

▷ In den 1960er-Jahren war die Rue Prince Arthur [E3–D4] das Hippie-Quartier von Montréal

Montréal entdecken
Quartier Latin und Le Village

㉙ Carré St-Louis ★★★ [E3]

Dieser pittoreske Platz mit den bezaubernden Ahornbäumen in der Mitte war seit jeher das geistige Zentrum der französischsprachigen Stadtbewohner. Das einmalige Flair ist bis heute spürbar.

Die **viktorianischen Reihenhäuser**, die den kleinen Park mitten in Montréal säumen, sind Teil des größten zusammenhängenden Ensembles dieser Art in Nordamerika. Die zwei- bis dreigeschossigen, schmalen *Townhouses* sind stilecht mit einer **Eisentreppe im Vorgarten** ausgestattet, über die man in den ersten Stock gelangt. Oftmals schön geschwungen und malerisch begrünt, waren die Treppen zudem – ökonomisch betrachtet – eine sinnvolle Einrichtung. Vor allem verlor man keinen wertvollen Wohnraum, der ohnehin meist knapp bemessen war. Eine Treppe im Wohnungsinneren ließ die Wärme in den zweiten Stock entweichen.

Der Platz Carré St-Louis ist umgeben von einem **inspirierenden, quirligen Stadtviertel**, in dem einst Geistesgrößen wie der Dichter Émile Nelligan (3686 Av. Laval) und der Schriftsteller Dany Laferrière (3670 Rue St-Denis) wohnten. In der Avenue Laval [E3] befindet sich auch das **Maison des Écrivains**, das interessante Lesungen anbietet. Am nördlichen *Carré* (Platz) ist noch immer die traditionsreiche Buchhandlung **Librairie du Square** (s. S. 15) ansässig. In dem Viertel wohnte auch ein großer Teil der **deutschen Einwanderer**, vor allem in den Straßen Avenue Duluth ㉟, Rue Sherbrooke, Avenue Laval und Rue St-Urbain.

Vom Carré St-Louis sollte man noch durch die **Rue Prince Arthur** [E3–D4], die **einzige Fußgängerzone der Stadt**,

○ *Viktorianisch und bunt: die Reihenhäuser am Carré St-Louis*

flanieren. Es geht weiter in das Écomusée du Fier Monde ㉚ und ins Stadtviertel Le Village ㉛.

› **Square St-Louis,** Métro: Sherbrooke, hinter dem hohen Neubau der Hotelfachschule (Hôtel de l'Institut)
› **Maison des Écrivains (Haus der Schriftsteller),** 3492 Av. Laval, Métro: Sherbrooke, geöffnet: Mo.–Fr. 9–12 u. 13–17 Uhr

KLEINE PAUSE
Crêperie für Schleckermäuler
Original-Crêpes nach bretonischer Rezeptur findet man in Montréal selten. In der kleinen, mit Comic-Figuren und fröhlichen Farben dekorierten Oase **La Bulle au Carré** (s. S. 27) kann man wahlweise süße und salzige Pfannküchlein, aber auch Eis und Kuchen bestellen. Im Sommer lassen sie sich auf der Terrasse zum Carré St-Louis ㉙ verspeisen. Wer sehnt sich da noch nach Frankreich?

Montréal entdecken
Quartier Latin und Le Village

30 Écomusée du Fier Monde ★ [F2]

Es ist vor allem die exquisite **Jugendstilarchitektur**, die dieses frühere, schön sanierte Badehaus, in dem sich heute ein kleines Museum befindet, zu einer Sehenswürdigkeit macht. Das denkmalgeschützte Kleinod wurde, ebenso wie das als Modell dienende Butte-aux-Cailles-Schwimmbad in Paris, mit cremefarbenen Fassadenkacheln verkleidet. Man sollte unbedingt auch einen Blick hinein werfen. Die Dauerausstellung des **Sozial- und Stadtteilmuseums** auf dem ehemaligen Schwimmbadboden thematisiert die „Triumphe und Tragödien eines Arbeiterstadtteils". Gezeigt werden **Fotografien und Filme** zur Geschichte des früheren Industriegebietes, das seit den 1950er-Jahren zum Stadtteil Le Village (Gay Village) 31 gehört.

> 2050 Rue Amherst, Métro: Berri-UQAM, www.ecomusee.qc.ca, Tel. 5288444, geöffnet: Mi. 11–20, Do./Fr. 9.30–16, Sa./So. 10.30–17 Uhr, Eintritt: 8 C$

31 Le Village (Gay Village) ★★ [G2]

Es sind vor allem die „**boules roses**" („rosa Kugeln"), die sofort ins Auge fallen. Die pinkfarbenen, lässig über die Straße Rue Ste-Catherine [G2] gespannten Schaumstoffkugeln verleihen dem **Schwulen- und Lesbenstadtteil Gay Village** eine unbändige Fröhlichkeit. Gay Village ist das einzige dieser Art in ganz Amerika und einer der größten von der LGTB-Szene geprägten Stadtteile weltweit.

Am besten flaniert man einmal die **Rue Ste-Catherine** zwischen den beiden Métro-Stationen Berri-UQAM und Papineau entlang und erfreut sich an der relaxten Atmosphäre sowie den coolen Bars und Cafés. 1982 eröffneten in dieser Gegend die ersten Klubs und Boutiquen. Tagsüber sind hier Familien, Angestellte, Touristen, Studenten und Freunde der Lebenskunst anzutreffen. Abends verwandelt sich die Gegend in eine glitzernde Parallelwelt mit ungezügelter Lebensfreude.

Unmittelbar hinter der **Métro-Station Papineau** [G1] ist eine der schönsten Skulpturen im öffentlichen Raum zu sehen. Michel de Broins „**Revolutions**" genannte, acht Meter hohe **Achterbahntreppe** (Foto s. S. 37) reflektiert die Montréaler Stadtland-

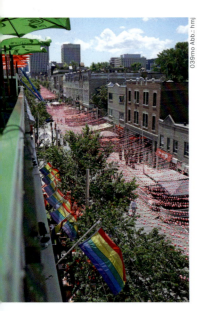

◁ *Rosa Kugeln, soweit das Auge reicht: Von der Terrasse des Sky (s. S. 31) überblickt man die Rue Ste-Catherine im Viertel Le Village*

Montréal entdecken **83**

Plateau Mont-Royal und Parc du Mont-Royal

schaft: Die Eisentreppen in den Vorgärten der *Townhouses* sind ebenso zu erkennen wie die Metallkonstruktion der Jacques-Cartier-Brücke und die Achterbahn des Vergnügungsparks La Ronde **53** auf der Île Ste-Hé-

lène **49**. Seit 2003 erfreut die Skulptur die Besucher. Eine Revolution hat allerdings noch nicht stattgefunden ...

❯ Rue Ste-Catherine zwischen den Straßen Rue Amherst und Av. Papineau
❯ Métro: Beaudry u. Métro Papineau

Plateau Mont-Royal und Parc du Mont-Royal

Der Stadtteil Plateau Mont-Royal, kurz Le Plateau genannt, besitzt eine ausgeprägte französische Vergangenheit. Er grenzt an den beliebten gleichnamigen Stadtpark und Hügel und bietet heute gleichsam Einblick in die bourgeoise Vergangenheit und die quirlige Gegenwart. In die hübschen Reihenhäuser ziehen mehr und mehr Studenten, junge Angestellte, Hipster und Kreative. Shopping ist hier nur eine von vielen möglichen Aktivitäten. Kulinarisch reiht sich ein Highlight an das nächste.

32 Rue St-Denis ★★ [D1]

Wenn man sich der Rue St-Denis von der Métro-Station Mont-Royal aus nähert, ist die **französisch geprägte Einkaufsstraße** mit vielen kleinen Terrassencafés, Restaurants, Buchhandlungen und Boutiquen sehr lebhaft. Als Namensgeber fungierte Anfang des 19. Jh. der Bischof Denis de Paris. In den nachfolgenden Jahrzehnten wurde die Straße immer wieder verlängert. Heute ist sie elf Kilometer lang. Weiter südlich, im Quartier Latin, wurde sie schließlich mit der Gründung einiger Hochschulen zum **intellektuellen Zentrum** der kanadisch-französischen Elite. In den 1970er-Jahren zogen die Studenten auf den Mont-Royal-Hügel weiter, als dort die Université de Montréal gebaut wurde. Die Rue St-Denis wurde

zur Shoppingmeile. Die über 100 Einzelhändler haben aus Liebe zu ihrer Straße sogar eine gemeinsame Website auf die Beine gestellt.

❯ Métro: Mont-Royal
❯ www.la-rue-st-denis.com

33 Église St-Jean-Baptiste ★★ [D2]

Die prunkvollen Kirchen im Stadtteil Plateau Mont-Royal zeugen von der **Macht der katholischen Kirche** und dem starken Glauben ihrer Anhänger Ende des 19. Jh. Selbst in Arbeiterhochburgen wurden zu jener Zeit große Summen an Spendengeldern mobilisiert, um Kirchen wie diese zu bauen. Jean-Baptiste ist der Schutzheilige der Frankokanadier, aber zugleich auch der Québecer.

Der ursprüngliche Bau aus dem Jahr 1875 brannte mehrfach nieder. Das heutige Gebäude mit dem opulenten Portikus und den **zwei impo-**

EXTRATIPP

Lust auf Buffet?

Le Commensal (s. S. 22) lädt ein zu einem vegetarischen Selbstbedienungsbuffet der Extraklasse, das in einem umgebauten Wohnhaus in der Rue St-Denis **32** serviert wird. Mehrmals täglich werden hier Suppen, Salate, Antipasti, Nudelgerichte und Desserts frisch zubereitet.

Montréal entdecken
Plateau Mont-Royal und Parc du Mont-Royal

KLEINE PAUSE

Auszeit im Eckcafé
Unprätentiös und herzlich ist das Ambiente im **Café Névé** (s. S. 26), das es auch schon in die New York Times geschafft hat. Bagels, Muffins, Wraps, Suppen, Salate ... – in dem kleinen studentischen Eckcafé mit WLAN schmeckt alles. Berühmt ist das Névé aber in erster Linie für seine fantastischen Kaffeesorten, die aus den entlegensten Gegenden der Erde hierher finden. Der Schaum auf dem Caffè Latte ist so weiß wie die Schneeflocke im Logo.

santen **Ecktürmen** stammt aus dem Jahr 1912. Das im Neobarockstil gestaltete Kirchenschiff mit dem Baldachin aus rosa Marmor und dem mit Blattgold verzierten Chor ist sehenswert. Heute finden in den heiligen Hallen **Konzerte** statt. Das bedeutet allerdings, dass die 3000 Plätze bietende Kirche nur eingeschränkt begehbar ist. Bekannt geworden ist die einzigartige **Casavant-Kirchenorgel** durch die Indie-Pop-Band **Arcade Fire** (s. S. 55), die in diesem akustisch erstklassigen Ambiente einige Sequenzen ihrer Platte „Neon Bible" aufnahm. Das Ergebnis wurde ein Welterfolg.

› 309 Rue Rachel, Métro: Mont-Royal, www.eglisestjeanbaptiste.com, geöffnet: Mo.–Do. 16–18, Sa. 16.30–18.30, So. 9.30–11 u. 16.30–18.30 Uhr

Die Église St-Jean-Baptiste hat sich zum Musiktempel gemausert

34 Boulevard St-Laurent ★★ [D2]

Der Boulevard St-Laurent ist nicht nur horizontale **Hauptachse und Lebensader** von Montréal, sondern auch die **historische Sprachgrenze** zwischen den anglofonen Stadtvierteln im Westen (*Ouest*) und den frankofonen Vierteln im Osten (*Est*). Im Volksmund wird der schon im 17. Jh. angelegte Boulevard noch heute *La Main* genannt, von der englischen *Main Street* (Hauptstraße).

Um keinen anderen Boulevard ranken sich derart viele **Mythen** wie um diesen. „Jeden Abend brennt der Boulevard so hell wie eine Geburtstagstorte und die seltsamsten Gestalten mischen sich unter die Studenten der Rabbinerschulen, Trotzkisten und Billardfreaks", schrieb Mordecai Richelt in den 1950er-Jahren in seinem Buch „Sohn eines kleineren Helden". 1996 wurde der heute als Einbahnstraße ausgelegte Boulevard als multikulturelle Heimat verschiedenster Nationalitäten von der Regierung unter **Denkmalschutz** gestellt. 2003 formierten sich die „Freunde des Boule-

Montréal entdecken 85

Plateau Mont-Royal und Parc du Mont-Royal

vard", zu denen auch die Bewohner **Chinatowns** gehören. Der Boulevard führt nämlich quer hindurch.

Merken sollte man sich den **Bus 55**, der, von Vieux-Montréal kommend, den gesamten Boulevard entlangfährt. Zurück geht es mit derselben Buslinie über die Parallelstraße Rue St-Urbain [A1–G5] bis zum Place d'Armes ❶.

❯ www.boulevardsaintlaurent.com
❯ Bus 55, Métro: Place-d'Armes u. Saint-Laurent

㉟ Avenue Duluth ★ [D3]

Diese für das Viertel Mont-Royal sehr typische Straße mit sehenswerten **Graffitis**, **viktorianischen Häuschen** und kleinen **zweigeschossigen Klinkerbauten** bietet eine Fülle von griechischen, portugiesischen, italienischen, nordafrikanischen und vi-

KLEINE PAUSE

Genuss im Grünen

Das kleine, feine **Café Santropol** (s. S. 26) mit schöner Veranda liegt mitten im Grünen, umgeben von den typischen zweigeschossigen *Townhouses* im Stadtteil Plateau Mont-Royal mit den verschnörkelten Eisentreppen im Vorgarten. Die Sandwiches werden wahlweise mit Süßkartoffeln, Avocado, Weintrauben, Schinken, Schafskäse oder anderen leckeren Belägen serviert. Es gibt viele vegetarische Gerichte. Hier kann die Seele baumeln lassen, auch wenn rund um die Uhr viele meist junge Leute auf der Straße stehen und auf einen der begehrten Plätze warten. Ideal vor oder nach dem Besuch des Trommelfestivals Tam-Tams (s. S. 41) am Monument à George-Étienne-Cartier ㊱.

etnamesischen **Restaurants.** Viele Vertreter der ersten Hipster-Generation können sich den immer teurer werdenden Stadtteil Mont-Royal inzwischen nicht mehr leisten. Die jetzigen *plateauzards* (Bewohner von Le Plateau) betreiben oftmals kleine Kramläden und Cafés oder arbeiten „freiberuflich für die IT-Branche". Am besten biegt man nach dem Besuch des **Café Santropol** (s. S. 26) am Ende der Avenue Duluth links in die Rue St-Denis ㉜ und flaniert vorbei an den beiden Designerläden **Artéfact Montréal** (s. S. 15) und **Kaliyana** (s. S. 16) zurück zur Métro Mont-Royal.

㊱ Monument à George-Étienne-Cartier ★ [C3]

Das **Denkmal** ist nach dem frankokanadischen Politiker **George-Étienne Cartier** (1814–1873) benannt, der 1857–1862 Premierminister der Provinz Kanada war. Es wurde 1919 errichtet und zieht vor allem an Sonntagen im Sommer scharenweise Menschen an. Bis in den Abend hinein findet dann zu seinen Füßen seit nunmehr 30 Jahren das legendäre **Trommelfestival Tam-Tams** (s. S. 41) statt. Der Begriff leitet sich von dem französischen Wort für Handtrommeln ab, die auch „tams" genannt werden. Das Love-and-Peace-Event ist ein Symbol der Montréaler Vielfältigkeit, Toleranz und Gastfreundschaft. Es wird ausgelassen gezuckt, getanzt und gefeiert, auch ein Bummel über den immer zeitgleich stattfindenden kleinen **Flohmarkt** lohnt sich. Mittlerweile legen schon Touristenbusse an diesem energetischen Ort einen Zwischenstopp ein. Picknick und Sonnenbaden auf dem Rasen sind ausdrücklich erlaubt. Wer mag,

Montréal entdecken

Plateau Mont-Royal und Parc du Mont-Royal

kann von hier zu Fuß den Mont-Royal erklimmen. Der Weg führt in ca. einer Stunde steil bergan zum Aussichtspunkt **Belvédère Kondiaronk 39**.

> Av. du Parc, Métro: Mont-Royal (relativ weiter Fußweg), Bus 80

37 Parc du Mont-Royal ★★★ [C5]

Den „Königlichen Berg" umgibt ein waldähnlicher Park von ungeahnter Dimension, und das mitten in der Stadt. Über vier Mio. Besucher zählt der Parc du Mont-Royal jedes Jahr.

Von der Métro-Station Mont-Royal geht es mit dem **Bus 11** auf den Berg, den der Entdecker **Jacques Cartier** schon im Jahr 1535 Mont Royal getauft hatte.

Der namensstiftende Hügel ist 233 Meter hoch und nicht vulkanischen Ursprungs. **Frederick Law Olmsted** (1822–1903), der **Landschaftsarchitekt** des New Yorker Central Parks, hat dem hügeligen Areal des von Montréalern aller Altersgruppen aufrichtig geliebten Parks eine unverkennbare Form gegeben. Er wurde bereits 1876 anlässlich Queen Victorias' Geburtstag eingeweiht. Der wunderbar bewaldete Berg mit vielen schönen Grünflächen, für dessen Erhalt sich die Bewohner des angrenzenden Viertels Golden Square Mile vehement eingesetzt haben, ist bis heute die **grüne Lunge Montréals**. Eine Aussichtsplattform wurde erst 1906 genehmigt und von den Architekten Maxwell, Marchand und Haskell realisiert. Heute gibt es sogar zwei. Ein Rad- und Fußweg verbindet alle wichtigen Punkte und erstreckt sich über knapp elf Kilometer. Im Parc du Mont-Royal befinden sich die Aussichtspunkte Belvédère Camillien-Houde **38** und Belvédère Kondi-

---

EXTRATIPP

Maison Smith

Das 1858 erbaute **Landhaus** ist eines der wenigen noch existierenden Bauten dieser Art aus der zweiten Hälfte des 19. Jh. Das sehr gemütliche, zum Haus gehörende **Café des Amis** mit Terrasse und Sonnenschirmen hat von Mai bis Oktober Suppen, Sandwiches, Bier, Wein und Naschwerk im Angebot. Vor allem die heiße Bio-Schokolade lockt die Gäste hierher.

★ **104** [B5] **Maison Smith**, Voie Camillien-Houde, im Parc du Mont-Royal **37**, Bus 11 von der Métro-Station Mont-Royal (zwei Stationen), geöffnet: tgl. 9–17 Uhr

---

aronk **39**, das monumentale Kreuz Croix du Mont-Royal **40** sowie der See Lac aux Castors **41**.

> Métro: Mont-Royal, www.lemontroyal. qc.ca, geöffnet: tgl. 24 Std.

> **Anfahrt und Wegbeschreibung:** Mit dem Bus 11 von der Métro-Station Mont-Royal geht es den Berg hinauf. Für den Abstieg eignet sich auch die Treppenkaskade mit 250 Stufen, die zur Rue Peel führt (s. McGill University **21**).

38 Belvédère Camillien-Houde ★★ [C4]

Bis 1920 gab es an dieser Stelle eine Standseilbahn, die den Besucher auf die Anhöhe brachte. Der **Ausblick ist atemberaubend**. Die Skyline wird dominiert vom Olympiaturm im Parc Olympique **55** in der Ferne und natürlich von dem nicht enden wollenden Häusermeer. Das Chalet am Belvédère Kondiaronk **39** liegt zwei Kilometer weiter im Park und ist ideal zu Fuß errreichbar.

> Voie Camillien-Houde im Parc du Mont-Royal **37**

Montréal entdecken
Plateau Mont-Royal und Parc du Mont-Royal

> **Anfahrt:** Bus 11 ab Métro-Station Mont-Royal oder zu Fuß bergauf durch den Park

㊴ Belvédère Kondiaronk ★★★ [C5]

Die weitläufige Terrasse des Belvédère Kondiaronk mit dem Chalet du Mont-Royal wird auch Kondiaronk Lookout bezeichnet. Der Aussichtspunkt liegt so malerisch im Grünen, dass er zu den romantischsten Plätzen Montréals zählt. Von dem halbkreisförmigen Areal aus funkelt die Skyline bei Sonnenuntergang besonders aufregend.

Das Belvédère Kondiaronk liegt etwa 400 Meter vom Maison Smith (s. S. 86) entfernt. Das zugehörige **Chalet** wurde 1931 von Aristide Beaugrand-Champagne erbaut und mit einer 50 Meter breiten Fassade mit riesigen Segmentbogenfenstern ausgestattet. Die Innenräume wurden mit Marmor und Granit aufwendig verkleidet und mit Gemälden bekannter Québecer Maler wie etwa Marc-Aurèle Fortin und Paul-Émile Borduas (s. S. 76) geschmückt. Derzeit gibt es in der **riesigen Halle** nur „Snacks to go", mit denen es sich die Besucher auf den Stufen zur Terrasse des „Montagne" („Berg"), wie der Mont-Royal von den Einheimischen genannt wird, gemütlich machen.

Nachdem die Terrasse 1992 verbreitert und begrünt wurde, benannte man sie im Jahr 1998 nach **Gaspar Kondiaronk**. Kondiaronk, auch „die Ratte" genannt, war ein **Anführer der Huronen**. Er handelte 1701 den für die Zeit ungemein progressiven „Großen Frieden von Montréal" zwischen den Franzosen, den Irokesen und zahlreichen weiteren Stämmen der First Nations aus. Ihm verdankte die Stadt daraufhin lange Jahre friedlicher Prosperität.

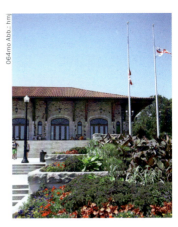

> 1196 Voie Camillien-Houde im Parc du Mont-Royal ㊲
> **Anfahrt:** Bus 11 von der Métro-Station Mont-Royal oder zu Fuß bergauf durch den Park

㊵ Croix du Mont-Royal ★ [C4]

Das weithin sichtbare, rund 31 Meter hohe **monumentale Stahlkreuz** befindet sich ein paar Hundert Meter hinter dem Chalet des Belvédère Kondiaronk ㊴. Es ist Teil des Montréaler Selbstverständnisses und **eine der berühmten Stadtikonen**.

In seiner heutigen Form steht es hier seit 1924, als die Baptistengemeinde es mit Spendengeldern errichten ließ. Es löste das Holzkreuz ab, das der französische Offizier und Stadtgründer de Maisonneuve 1643 als Dank an den Schöpfer zum Schutz der Stadt vor Überschwemmungen aufgestellt hatte. Zum 350. Stadtjubiläum im Jahr 1992 kaufte Montréal für umgerechnet 200.000 C$ neue **Glühbirnen** mit Fiberoptik. Seit die-

Das Chalet gehört zum Belvédère Kondiaronk auf dem Mont-Royal

Plateau Mont-Royal und Parc du Mont-Royal

042mo Abb.: hmj

ser Zeit wäre es theoretisch möglich gewesen, das Kreuz in rotes, blaues oder lilafarbenes Licht zu tauchen, was ihm die Bezeichnung „Disco-Kreuz" einbrachte. Die katholische Kirche legte jedoch beizeiten Einspruch ein, sodass das christliche Symbol nach wie vor nur **in Weiß über der Stadt leuchtet.**

Von hier aus gibt es eine fußläufige **Abkürzung** zum Belvédère Camillien-Houde ❸❽ und damit zurück zu Bus 11 und zur Métro-Station Mont-Royal.

› **Anfahrt:** Bus 11 von der Métro-Station Mont-Royal oder zu Fuß bergauf ca. 35 Min durch den Park, der Weg ist ausgezeichnet

㊶ Lac aux Castors ★★ [B6]

Der „Bibersee" lädt, je nach Jahreszeit, zum **Tretbootfahren oder Eislaufen** (s. S. 119) ein. Er wurde 1938 in einem Sumpfgebiet nach Plänen des Architekten Frederick Gage Todd in **Form eines vierblättrigen Kleeblatts** angelegt. Der Name bezieht sich auf alte Biberdämme, die bei den Bauarbeiten zum Vorschein kamen. Entspannen und (bei kalten Temperaturen) Aufwärmen kann man sich in dem 1961 von Hazen Sise und Guy Desbarats erbauten **Pavillon**. Entweder nimmt man sich einen Imbiss vom Tresen mit oder man setzt sich im ersten Stock in das Restaurant **Le Pavillon** (s. S. 23). Die Aussicht ist fantastisch. Die Küche auch. Ein echter Wohlfühlort!

Ein paar Meter hinter dem Lac aux Castors entstand 2009 der wunderschön angelegte **Salamander-Spielplatz** mit Badebrunnen, Schaukelpferdchen, Kletterwand, Seilbahn, Sitzbänken und Sandkasten. Ein Eldorado für Kinder von Null bis Neun!

› 2000 Chemin Remembrance, Métro: Mont-Royal
› **Anfahrt:** mit der Métro, dann weiter mit Bus 11 bis zur dritten Haltestelle (Lac aux Castors)

㊷ Cimetière Notre-Dame-des-Neiges ★ [A5]

Mit mehr als einer Million Grabstätten ist diese im Jahr 1855 angelegte Nekropole eine kleine Stadt für sich und **der größte Friedhof in ganz Kanada.** Der anfängliche katholische „Friedhof Unsere Liebe Frau im Schnee" ist malerisch am Hang gelegen; seinen Eingang schmücken zwei Paradiesengel mit einem Kruzifix. Ursprünglich fanden hier die frankokanadischen Montréaler ihre letzte Ruhe. Man flaniert vorbei an **wunderschönen Grabsteinen** und entdeckt **viele bekannte Namen** der Québecer *haute volée* („vornehmen Gesellschaft") aus Politik, Wirtschaft, Wissenschaft und Kunst. Der **Karte am Eingang** entnimmt man die Gräberanordnung. Der Dichter Émile Nelligan (Sektion N), der Maler Jean-Paul Riopelle (Sektion B, s. S. 76), die Eishockeylegende Maurice Richard (Sektion ML, s. S. 121) und fast alle früheren Bürgermeister wie etwa Jean Drapeau (Sektion ML) sind hier beerdigt, ebenso wie auch einige Titanic-Passagiere. Das in der Ferne durch die Bäume scheinende Oratoire St-Joseph **58** verleiht der Stätte zudem eine gewisse sakrale Feierlichkeit.

› 4601 Chemin de la Côte-des-Neiges, Métro: Côtes-des-Neiges, Bus 11 bis Métro Mont-Royal, www.cimetierenddn. org, geöffnet: tgl. 8 – 17 Uhr

43 Cimetière Mont-Royal ⭐ [B4]

Friedhofsliebhaber finden in der Nähe die beiden wichtigsten Nekropolen der Stadt. Ein wahrhaftiger „Garten Eden" nach englischem Vorbild ist die ursprünglich protestantische Ruhestätte der anglofonen Stadtbewohner, der **Friedhof Mont-Royal**, den es seit 1852 gibt. Die weitläufige Anlage steht heute allen Konfessionen offen. Auf Höhe der Métro-Station befindet sich eine bemerkenswerte **Baumschule** mit mehr als 100 verschiedenen Arten. Auf diesem Friedhof sind u. a. die Angehörigen der Brauereifamilie Molson, der Schriftsteller Mordecai Richler und der ehemalige Präsident der Pacific Railway, Charles Melville Hayes, beerdigt, der 1912 beim Untergang der Titanic ums Leben kam.

› 1297 Chemin de la Forêt, Métro: Édouard-Montpetit, www.mountroyal cem.com, geöffnet: tgl. 10 – 18 Uhr

◁ *Kulinarische Pause am Lac aux Castors: im Restaurant Le Pavillon mit angeschlossener Cafeteria (s. S. 23)*

Mile End

Dieses zu Plateau Mont-Royal gehörende Viertel ist schon immer eine Enklave der Immigranten inmitten der ursprünglich zweigeteilten Stadt gewesen. Wurde westlich vom Boulevard St-Laurent Englisch gesprochen und östlich davon Französisch, dann war Mile End die Multikulti-Insel inmitten des angelsächsischen Gewässers. In den niedrig bebauten Straßen um die wuchtige byzantinische Kirche Église St-Michel et St-Antoine wurden unendlich viele, zumeist europäische Sprachen gesprochen. Als vor 15 Jahren der Videospiele-Hersteller Ubisoft seine Entwicklungsstudios aus Frankreich hierher verlagerte, wurde Mile End zur Oase der Kreativen und der digitalen Boheme.

44 Église St-Enfant-Jésus du Mile End ⭐ [C1]

Die „Kirche des heiligen Jesu-Kindes" wurde schon im 19. Jh. von dem Architeken Joseph Venne errichtet und sticht durch ihre **Barockfassade** heraus. Ein Blick ins Innere lohnt, die **Kuppelfresken** wurden 1919 von **Ozias Leduc** (1864 – 1955), dem Wegbereiter der Moderne und Lehrer von Paul-Émile Borduas (s. S. 76), entworfen. Zu der Zeit war der Klerus für angehende Maler die beste – und oft einzige – Möglichkeit, Geld zu verdienen. Erst Jahre später konnten sie auch von ihren Gemälden leben.

Wenn man an der Métro-Station Laurier [C1] aussteigt, muss man einige Blocks laufen, um hierher zu gelangen, vorbei am **Parc Lahaie** mit seiner schönen Kirche. Am Boulevard St-Laurent **34**, der wichtigsten Lebensader Montréals, bietet sich ein Abstecher in die **Avenue Fairmount**

Mile End

[B1–B3] an, die das Flair vergangener Tage atmet.
> 5039 Rue St-Dominique, Métro: Laurier, Ausgang Av. Laurier, geöffnet: tgl. 9–19 Uhr
> **Parc Lahaie**, 5039 Rue St-Dominique/ Ecke Boul. St-Laurent

㊺ Wilensky's ★ [B2]

Das **polnische Restaurant** mit dem unnachahmlichen **Schriftzug im Fenster** rechtfertigt erst auf den zweiten Blick den Status einer Sehenswürdigkeit. Beinahe läuft man an dem unscheinbaren Lokal, das es bereits seit 1932 gibt, vorbei. Betritt man jedoch die Szenerie, fühlt man sich unversehens **wie in einem Hollywood-Film** aus den 1950er-Jahren. Das **museumsreife Dekor** ist tatsächlich sehenswert: Trashig und retro ist hier alles. Die gegrillten Salami-Panini, Hot Dogs und Sandwiches sind frisch und knackig; nur "light" sind sie nicht. Dazu gibt's Senf und Cherry Coke. In Mordecai Richlers Roman „Die Lehrjahre des Duddy Kravitz" wurde das Lokal verewigt. Der Roman wurde später verfilmt.
> **Wilensky's Light Lunch**, 34 Av. Fairmount Ouest, Métro: Laurier, http://top2000.ca/wilenskys, Tel. 2710247, geöffnet: Mo.–Fr. 9–16, Sa. 10–16 Uhr

㊻ Église St-Michel-et-St-Antoine ★★ [A1]

Biegt man rechts in die Avenue du Parc, läuft man bis zur Avenue St-Viateur und steht plötzlich vor einem **immens großen Sakralbau.** Das heute von der polnischen Gemeinde frequentierte Gotteshaus ist eine für Montréal architektonisch ungewöhnliche Kirche in byzantinischem Stil. Das von dem Architekten Aristide Beaugrand-Champage nach dem **Vorbild der Hagia Sophia in Istanbul** entwor-

◩ *Das Café Olimpico (s. S. 26) ist eine Institution in Mile End*

▷ *Kaffee im kunstvollen Ambiente: zu Gast im Arts Café (s. S. 26)*

fene Bauwerk dominiert seit seiner Fertigstellung 1915 das Einwanderer- und frühere Arbeiterviertel Mile End.

Bis in die 1960er-Jahre diente die mit der opulenten Kuppel, dem hohen Minarett und den bunten Rosettenfenstern ausgestaltete Kirche der **irischen Gemeinde** als Zentrum. Die im Durchmesser 23 Meter große Kuppel mit den dreieckigen Pendentifs darunter ist mit üppigen Malereien des bekannten Québec-Künstlers Ozias Leduc geschmückt, die um das Thema des heiligen **St. Michael** kreisen, der die **siebenköpfige Schlange**, Symbol der sieben Todsünden, bezwingt. Fallende Engel und leuchtend-grüner (irischer) Klee tauchen als Sujets immer wieder auf. Gut möglich, dass der Architekt ein echter Visionär war. Die Kirche ist heute das **Symbol der Völkerverständigung schlechthin** und das spirituelle Herz des hybriden Umfelds von Mile End.

> 105 Rue St-Viateur Ouest, Métro: Laurier u. Rosemont, Tel. 2773300, geöffnet: Mo.–Fr. 9 –10, So. 9.30–12.30 Uhr

---

KLEINE PAUSE

Caffè Latte mit Montréalern

Montréals größte Kaffeeinstitution, das **Café Olimpico** (s. S. 26), existiert bereits seit 1970 und ist ein wunderbarer Ort, um einen Querschnitt der Montréaler Kreativszene anzutreffen. Im Schatten des byzantinischen Prachtbaus der Église St-Michel-et-St-Antoine **46** sitzt man gemütlich draußen oder rustikal in Bistro-Atmosphäre. „Snacks, Kaffee und gute Freunde" findet man hier laut Eigenwerbung. Wenn man Glück hat, weilt Win Butler, der Frontmann von Arcade Fire (s. S. 55), am Nachbartisch.

EXTRATIPP

Bagel to go

Die vermeintlich besten Bagel der Welt gibt es im **St-Viateur Bagel Shop** (s. S. 26) – und das bereits seit 1957. Hier duftet es herrlich! Am liebsten würde man gleich in die knusprigen Brotringe beißen. Sie werden allerdings nicht belegt. Den Belag kauft man extra. Stilecht mit einer Papiertüte ausgestattet, verlässt man nun die Kultstätte. Sodann sucht man ein Bänkchen auf, am besten in einem der Parks um die Ecke. Bei Nacht und Nebel werden im St-Viateur Bagel oft Promis gesichtet. Auch um drei Uhr morgens wird man hier freundlich empfangen.

---

47 Galérie Simon Blais ★   [B1]

Simon Blais ist einer der wichtigsten Galeristen in ganz Kanada. Hochpreisig und prestigeträchtig sind die famosen Gemälde von international bekannten Künstlern wie **Lucian Freud** (1922–2011) und dem Kanadier **Jean-Paul Riopelle** (s. S. 76) – von letzterem sind die späten Werke und Skizzen davon ausgestellt. Zeitgenössische Künstler sind in Wechselausstellungen zu sehen. Ein Fest der Farben in kühler Loftatmosphäre.

> 5420 Boul. St-Laurent, Métro: Laurier, www.galeriesimonblais.com, Tel. 8491165, geöffnet: Di./Mi./Fr. 10–18, Do. 10–20, Sa. 10–17 Uhr, Eintritt: frei

48 Rue St-Viateur Ouest mit Centre Clark ★   [B1]

Die **Rue St-Viateur Ouest** ist vor allem durch die angeblich weltbesten Bagels bekannt geworden, die sich im St-Viateur Bagel Shop (s. S. 26) probieren lassen. Sie hat aber ohne-

Montréal entdecken
Parc Jean-Drapeau

Entdeckungstour in Little Italy

Von der Métro-Station Laurier fahren Italien-Fans drei Stationen bis Jean-Talon [af] und flanieren dort durch das Bobo- und Hipster-Montréal mit dem riesigen **Marché Jean-Talon** *(s. S. 17) im Zentrum. Ein Fest für die Sinne ist ein Bummel über den größten Obst- und Gemüsemarkt der Stadt, auf dem ausschließlich lokale Produkte aus der Provinz Québec angeboten werden: Ahornsirup, Früchte, Kräuter, Schafskäse, Blumen, Pralinen, Rotwein und Cidre. Beim Marsch durch die langen Gänge mit mehreren Hundert Ständen hält man sich mit frischen Säften, leckeren Sandwiches und süßen Crêpes bei Laune.* **Olives & Épices,** *einer der besten Gewürzläden Montréals, hat hier einen Stand. Auch*

der ganz in der Nähe liegende **Marché des Saveurs du Québec** *(s. S. 17) ist sehr zu empfehlen. Am Wochenende trifft sich hier „tout Montréal".*

Am Parc Dante ein paar Straßen weiter liegt die bombastische Kirche **Église Madonna della Difesa,** *die einzige der Welt mit einem Mussolini-Porträt im Kuppelfresco. Sie wurde 1919 im römisch-byzantinischen Stil erbaut. Stilecht trinkt man danach einen Espresso im* **Caffè Italia** *(s. S. 27) und beginnt zu verstehen, warum sich fast 200.000 in Montréal lebende Italiener hier so wohl fühlen.*

★ **105** *[af]* **Église Madonna della Difesa,** *6800 Av. Henri-Julien, geöffnet: Di.–Do. u. Sa./So. 14–18 Uhr*

hin ein ganz besonderes Flair und ähnelt Soho in den 1980er-Jahren. Am Ende der Straße liegt ein Loftkomplex, der unter dem Namen **Centre Clark** firmiert. Dahinter verbirgt sich eine **Galerie für moderne Kunst,** die seit 2001 ein Hotspot der kreativen Szene ist. Darüber hinaus ist in dem unschwer an den **gelben Treppenstufen** zu erkennenden Centre Clark eine Ansammlung von kleinen Kunst- und Denkfabriken wie das Atelier Circulaire, Diagonale und Dazibao-Fotogalerie zu finden.

Nebenan sind die 2000 Spieleentwickler von **Ubisoft** untergebracht. 1997 wurde ein Teil des französischen Unternehmens hierhin verlagert, nicht zuletzt dank großer Subventionen der Regierung von Québec. Aus dieser Schmiede stammen Videospiele wie etwa Zombi, Prince of Persia und Avatar.

❯ **Centre Clark,** 5455 Av. de Gaspé, www.clarkplaza.org, Métro: Laurier, Tel. 2884972, geöffnet: Di.–Sa. 12–17 Uhr, Eintritt: frei

❯ **Ubisoft,** www.ubi.com

Parc Jean-Drapeau

Die beiden stadtnahen Inseln Île Ste-Hélène und Île Notre-Dame, heute als Parc Jean-Drapeau bezeichnet, sind ein herrliches Naherholungsgebiet und eine der Hauptattraktionen der Stadt. Auf dem Areal fand im Jahr 1967 die legendäre Weltausstellung Expo 67 statt. Zu diesem Zweck wurde die Île Ste-Hélène vergrößert und die Île Notre-Dame mit der beim Métrobau ausgehobenen Erde künstlich geschaffen. Sehenswert sind vor allem die Relikte der Zeit, in der Montréal die Weltbühne betrat.

Parc Jean-Drapeau

49 Île Ste-Hélène ★★★ [J3]

*Die grüne, hügelige und sehr male-
rische Stadtinsel Ste-Hélène zehrt
noch heute von den sehenswerten
Hinterlassenschaften der Expo 67,
die mit 45 Millionen Besuchern als
erfolgreichste Weltausstellung des
20. Jh. in die Annalen der Geschichte einging.*

Das Motto „Terre des hommes"
(„Erde der Menschen") entstammte
einem 1939 erschienenen Roman
von Antoine de Saint-Exupéry, der auf
Deutsch unter dem Titel „Wind, Sand
und Sterne" bekannt wurde. Für die
spektakuläre Veranstaltung wurden
847 Ausstellungspavillons und eine
**Métrolinie unter dem Sankt-Lorenz-
Strom** gebaut. Die aus dieser Zeit
stammende **Biosphère** 51 ist heute
eines der Wahrzeichen Montréals.
Ein weiteres Relikt der Expo ist die
Alexander-Calder-Skulptur 50: Von
hier lässt sich die Skyline von Downtown Montréal aus einem einzigartigen Blickwinkel betrachten.

Aber das **felsige Eiland** hat eine viel
längere Geschichte. Es war 1611 von
dem Entdecker **Samuel de Champlain** (1567–1635) nach **seiner Frau
Hélène** benannt worden und wurde
1760 der letzte Rückzugsort des französischen Militärs in Französisch-Ka-
nada. Die Briten bauten Anfang des
19. Jh. an dieser strategisch günstigen Stelle eine Festung, die heute das Stewart Museum 52 beherbergt. 1874 gaben sie den Standort
auf. Später beschloss die Stadtver-
waltung, die zentrumsnahe Oase für
Freizeitaktivitäten freizugeben.

Seit 1930 verbindet die gigantische **Brücke Pont Jacques-Cartier** [I/
J2] die mit 14 Kunstwerken aus aller
Welt und einer fantastischen **Fahr-
radstrecke** aufgehübschte Insel mit
der Altstadt Montréals.

❭ Métro: Jean-Drapeau,
www.parcjeandrapeau.com

50 Alexander-Calder-Skulptur ★★ [I4]

Natürlich muss man nicht nach
Montréal kommen, um eine Skulptur
von Alexander Calder (1898–1976)
zu sehen. Das Exemplar „Kopf und
Schwanz" neben der Neuen Nationalgalerie in Berlin ist allerdings deutlich kleiner als dieses Werk namens
„L'Homme" („Der Mensch") und steht
nicht so malerisch am Sankt-Lorenz-
Strom auf der Île Ste-Hélène 49. Calder schuf diese auskragende Skulptur, die die Firma Nickel spendete,
anlässlich der **Expo 1967.**

Bereits in jungen Jahren entwarf
der amerikanische Bildhauer der Moderne einen Miniaturzirkus mit beweglichen Figuren aus Draht, Holz
und Stoff. In einer weiteren Schaf-
fensphase erfand Calder, inspiriert
von einer Begegnung mit Piet Mond-
rian in Paris, filigrane Drahtplastiken,
die als abstrakte, luftig-leichte „Mo-
biles" heute in allen großen Museen
der Welt zu sehen sind. In späteren
Jahren kamen – gewissermaßen als
Kontrapunkt – seine imposanten, un-
beweglichen Figuren aus Stahlblech,
die „Stabiles", hinzu. Als einer der

EXTRATIPP

Unterwegs hungrig?

Kulinarisch ist die charmante Île
Ste-Hélène 49 eine Wüste. Snacks,
Getränke, Coffee to go und Kuchen
findet man jedoch an den **Kiosken
rund um die Métro-Station Jean-Drapeau** [J3]. In der Biosphère 51 gibt
es im Erdgeschoss noch kleine Knus-
pereien aus dem Automaten, aber
das war es dann auch.

Montréal entdecken
Parc Jean-Drapeau

Hauptvertreter der kinetischen Plastik wurde Calder zu einer der wichtigsten Bildhauer des 20. Jh. Mit dem spanischen Künstler Joan Miró verband ihn eine enge Freundschaft. Calder war dreimal auf der Dokumenta in Kassel vertreten und starb 1976 in New York.

An Sonntagen im Sommer wird Calders Skulptur zum Schauplatz einer Open-Air-Party der Extraklasse: Während des **Piknic Électronik** (s. S. 41) grooven die Beats der coolsten DJs über die Île Ste-Hélène. Das wunderschöne Areal zu Füßen der Skulptur ist dann VIP-Zone.

› Av. du Parc, Métro: Jean-Drapeau (dann 15 Min. zu Fuß)

Ein Wahrzeichen Montréals: die Kuppel der Biosphère

51 Biosphère ★★★ [J3]

Die aparte, geodätische Riesenkugel ist eines der markantesten Wahrzeichen Montréals. Die 20 Stockwerke hohe Kuppel lässt sich mit einem Fahrstuhl erklimmen.

Der amerikanische Architekt und Forscher **Richard Buckminster Fuller** (1895–1983) verewigte sich mit diesem Kuppelbau von 76 Metern Durchmesser, als er den Auftrag bekam, den **US-amerikanischen Pavillon für die Weltausstellung 1967** zu entwerfen. Leider zerstörte ein Feuer 1976 die wabenartige, transparente Acrylhülle des Gebäudes. Auch das Sonnenschutzsystem, die Ausstellungsflächen im Inneren und die 37 Meter lange Rolltreppe wurden ein Opfer der Flammen. Danach stand das futuristische Stahlskelett mit der Atomstruktur für 14 Jahre leer.

Seit 1995 hat das kanadische Umweltministerium das prächtige Wahrzeichen wiederbelebt und mithilfe des Architekten Éric Gauthier ein **interaktives Museum zum Thema Wasser und Umwelt** im Allgemeinen und Ökosysteme am Sankt-Lorenz-Strom im Besonderen darin untergebracht. Die **Dauerausstellung „Planet Bucky"** zeigt Fullers segensreiche Erfindungen zum Thema Nachhaltigkeit und Synergien.

Vom **Fahrstuhl** aus genießt man eine spektakuläre Sicht auf Montréal.

Die Biosphère ist nicht zu verwechseln mit dem Biodôme (s. S. 98) im Parc Olympique (56), bei dem es sich um einen Indoor-Zoo handelt.

› 160 Chemin Tour-de-l'Isle, Île Ste-Hélène, Métro: Jean-Drapeau, www.biosphere.ec.gc.ca, Tel. 2835000, geöffnet: Juni–Sept. tgl. 10–17, Okt.–Mai Mi.–So. 10–17 Uhr, Eintritt: 12 C$

(52) Stewart Museum ★★ [I2]

Nach dem Krieg 1812 baute Großbritannien auf der Île Ste-Hélène (49) ein Fort, mit dem eine zukünftig mögliche Invasion der USA abgewendet werden sollte. Die oberhalb des Flussufers **an malerischer Stelle gelegene Festung** wurde 1824 fertiggestellt, war jedoch nie feindlichen Übergriffen ausgesetzt. Als sich die kanadischen Provinzen 1870 zu einem Bundesstaat zusammenschlossen, verließ die britische Garnison den historischen Ort. In den Sommermonaten Juli und August werden auf dem Areal unter freiem Himmel **Militärparaden in Originaluniformen** nachgespielt.

Sehenswert ist aber vor allem das 1955 von dem Philantropen David Macdonald Stewart angelegte und kürzlich sanierte Museum mit zwei 2011 gänzlich neu konzipierten Ausstellungen. In einem Flügel werden dem Besucher **„20.000 Lieux sur la Terre"** (**„20.000 Orte auf der Erde"**) anhand von unschätzbar wertvollen **Originallandkarten** aus dem 15.–20. Jh. gezeigt. Parallel dazu bereitet die Sammlung **„Histoires et Mémoires"** (**„Geschichten und Erinnerungen"**) 500 Jahre nordamerikanische Historie anhand von wissenschaftlichen Instrumenten, Waffen, Dokumenten und Originalkarten auf. Interaktiv wird das einzige Fort der Stadt mithilfe eines großflächigen Modells vorgestellt.

› 20 Chemin Tour-de-l'Isle, Île Ste-Hélène, Vieux-Fort, Métro: Jean-Drapeau, von dort ca. 20 Min. Fußweg, www.stewart-museum.org, Tel. 8616701, geöffnet: Mi.–So. 11–17 Uhr, Eintritt: 13 C$

› **Paraden:** Juli–Aug. ab 14 Uhr

(53) Vergnügungspark La Ronde ★★ [J2]

Schon von Weitem sieht man die immens hohe **Achterbahn** und das riesige **Kettenkarussell** durch das Grün der Insel schimmern. Der nur im Sommer geöffnete Vergnügungspark wurde zur Expo 1967 errichtet und dient alljährlich als Austragungsort des **Feuerwerksfestivals L'International des Feux Loto-Québec** (s. S. 41), wo sich die weltbesten Pyrotechniker treffen. Spektakuläre Fotomotive sind inklusive, wenn im Sommer die Raketen in den Nachthimmel fliegen: Mit Eintrittskarte in den Vergnügungspark hat man einen Chefplatz auf der Open-Air-Tribüne!

Tagsüber kann man sich im „Le Monstre", der größten zweispurigen **Holzachterbahn**, im **Riesenrad** oder in der **Minirail-Bahn** (Panoramablick ohne Looping!) vergnügen. Insgesamt stehen 35 Fahrgeschäfte, davon auch einige für die Allerkleinsten, zur

Montréal entdecken
Parc Jean-Drapeau

Wahl. Aber auch Klettern, Picknicken und Flanieren sind eine gute Alternative. Der **Foodcourt** bietet all das, was den süßen und herzhaften Gaumen erfreut. Am Wochenende ist allerdings der Teufel los. Das Areal wurde 2001 von dem amerikanischen Investor Six Flags komplett saniert und ist unter den Montréalern ungemein beliebt.

› 22 Chemin Macdonald, Île Ste-Hélène, Métro: Jean-Drapeau, dann weiter mit Bus 767, www.laronde.com, geöffnet: Mitte Mai–Ende Aug. tgl. 11–20 Uhr, Sept./Okt. nur Sa./So., Eintritt: Erw. 47 C$, Kinder 34 C$

› Die **Tickets** für das Feuerwerksfestival **L'International des Feux Loto-Québec** (s. S. 41) sind über die Website des Parks online buchbar.

Île Notre-Dame

54 Casino de Montréal ★   [dg]

Die Erwähnung eines Kasinos an dieser Stelle soll keinesfalls als Verführung zum Glücksspiel gesehen werden. Der weiße, **wie ein Raumschiff anmutende Komplex auf der Île Notre-Dame** mit 3000 „Einarmigen Banditen" *(slot machines)* ist vor allem architektonisch interessant, da es sich um zwei ineinander verschachtelte frühere Expo-Pavillons von der Weltausstellung 1967 handelt. Das Grundgerüst bildet der ehemalige **französische Pavillon**, eine massive Stahlbetonkonstruktion, die von Glas- und Aluminiumelementen als Sonnenschutz umrahmt wird und beinahe skulpturalen Charakter hat. 1994 wurde ihr der pyramidenähnliche **Québecer Pavillon** nebenan einverleibt.

Zu der idyllisch gelegenen, **größten Spielbank Kanadas** gehören ein Hotel, ein Kabarett-Theater, zwei Bars, drei erschwingliche Restaurants und ein Gourmet-Restaurant (Le Montréal) mit einem fantastischen Blick auf den Alten Hafen (Vieux-Port 10). Im Rosengarten **Jardin des Floralies** gibt es eine Moai-Statue und einen Totempfahl aus Westkanada zu bewundern. In der Nähe sind die Formel-1-Strecke und der Stadtstrand 55.

▱ *Riesenrad und Kettenkarussel: im Vergnügungspark La Ronde*

› 1 Av. du Casino, Île Notre-Dame, www.casinosduquebec.com/montreal, Tel. 3922746, geöffnet: tgl. 24 Std.

› **Anfahrt:** Im Sommer fährt immer zur vollen Stunde ein kostenloser Shuttlebus vom Centre Infotouriste (s. S. 110) am Square Dorchester ⑬. Oder man nimmt die Métro bis zur Station Jean-Drapeau, dann geht es weiter mit dem Bus 767.

(55) Strand auf der Île Notre-Dame ★★ [dh]

Mitten im Sankt-Lorenz-Strom kann man sich hier in den Sommermonaten an dem **feinsandigen künstlichen Strand** der 1967 in nur 10 Monaten aufgeschütteten Insel erholen und im **kristallklaren Wasser** des natürlichen Sees baden. Am Wochenende wird es voll, da die Busverbindung von der Métro (gefahren wird über die Formel-1-Strecke!) einfach allzu praktisch ist und das Fleckchen Erde allzu verführerisch im Grünen liegt. Am besten kommt man bereits früh morgens. Snacks, Paddelboote und Kanus gibt es auch.

› **Plage du Parc Jean-Drapeau,** Île Notre-Dame, Métro: Jean-Drapeau, dann weiter mit Bus 767 bis Station La Plage, www.parcjeandrapeau.com, Tel. 8722323, geöffnet: Mitte Juni–Mitte Aug. tgl. 10–19, Ende Aug.–Anf. Sept. tgl. 10–17 Uhr, Eintritt: 8 C$

Entdeckungen außerhalb des Zentrums

(56) Parc Olympique mit Olympiaturm ★★★ [ce]

Dieses riesige Areal im Nordosten der Stadt mitsamt dem Stadion, dem schiefen Turm, dem Biodôme und dem Olympischen Dorf wurde für die Olympischen Spiele 1976 erschlossen, aber erst in den 1980er-Jahren vollendet. Die Fahrt zur Spitze des Olympiaturms ist zweifellos eines der spannendsten Erlebnisse eines Montréalbesuchs.

Das **Olympiastadion (Stade Olympique)** wird auch **„The Big Owe"** bzw. **„The Big O"** genannt: „Die große Schuldenlast" bzw. „Das große O" – ein Wortspiel, das einerseits die Schulden, andererseits die runde Form bezeichnet. Der Bau des von kanadischen Ingenieuren nach Plänen des Parisers Roger Taillibert umgesetzten Stadions gestaltete sich von Anfang an schwierig. Das hängende, mit einer Membran aus Kevlar überzogene Schiebedach hat nie richtig funktioniert und wurde später durch ein geschlossenes Dach ersetzt. Erst 2006 konnte das 60.000 Besuchern Platz bietende Gebäude vollständig abbezahlt werden, nachdem Ölkrise, galoppierende Inflation und Baumängel die Vollendung immer wieder verzögert hatten. Im Vorfeld der Olympischen Spiele war sogar im Gespräch, das Großereignis nach Mexiko zu verlagern. Zur Eröffnung waren weder der Turm noch das Stadium fertiggestellt. Die Spiele wurden trotzdem ein Erfolg. Das Stadium wird heute vor allem als Veranstaltungsort, z. B. für Konzerte genutzt.

Die Italiener hören es nicht gerne, aber der **Olympiaturm (Tour Olympique)** ist der **höchste schiefe Turm der Welt.** Ursprünglich gedacht als Stütze für die Drahtseile, die das Stadiondach halten, ist der Tower schließlich als **Aussichtsturm** zur Attraktion geworden. Vor allem die an der Außenwand hoch- und herunterfahrende **Seilbahn** macht neu-

Montréal entdecken
Entdeckungen außerhalb des Zentrums

gierig. Auch die Aussicht von der in ca. 150 Metern Höhe befindlichen Plattform ist den Eintrittspreis wert. Von oben sieht man die Brücke Pont Jacques-Cartier [I/J2], den Sankt-Lorenz-Strom, das Olympische Dorf und vieles mehr. Die **Fotoausstellung „Montréal in Motion"** bietet einen Einblick in die Stadtgeschichte der letzten 100 Jahre.

› 4141 Av. Pierre-de-Coubertin, www.parcolympique.qc.ca, Tel. 2524141
› **Anfahrt:** Métro-Stationen Pie-IX u. Viau, dann jeweils freier Shuttlebus zum und vom Olympiapark
› **Stade Olympique,** geöffnet: nur im Sommer für Expressbesichtigungstouren, Tickets an der Rotunde (4545 Av. Pierre-de-Coubertin), Eintritt: 5 C$
› **Tour Olympique,** geöffnet: Mo. 13–18, Di.–So. 9–18 Uhr, Eintritt: 22,50 C$ (Fotoausstellung inkl.)

Eine weitere Hinterlassenschaft der Olympischen Spiele von 1976 ist der **Biodôme.** Der Rundbau neben dem Stadium diente damals als Velodrom (Radrennbahn) und ist heute ein **riesiger Indoor-Zoo.** Alle drei Ökosysteme Kanadas samt Flora und Fauna finden sich hier unter einem Dach vereint. Nicht nur **für Kinder** ist das Tierparadies mit Affen, Aligatoren, Ottern und Pinguinen in der authentisch nachempfundenen Polarregion ein Eldorado. Aus Kältegründen ist dieser Teil hinter Glas. Der Sankt-Lorenz-Strom beeindruckt durch seine Artenvielfalt unter Wasser. Das Ensemble hat leider schon bessere Zeiten gesehen.

●**106** [ce] **Biodôme (Indoor-Zoo),** 4777 Av. Pierre-de-Coubertin, Métro: Viau, www.biodome.qc.ca, Tel. 8683000, geöffnet: März–Sept. tgl. 9–17, Okt.–Feb. Di.–Fr. 9–17 Uhr, Eintritt: Erw. 18,75 C$, Kinder 9,50 C$

In unmittelbarer Nähe des Olympiastadions befindet sich auch das **Planétarium Rio Tinto Alcan.** Das erst im April 2013 eröffnete, mit neuester Technik ausgerüstete Planetarium konnte bereits nach drei Monaten den 100.000sten Besucher begrüßen. Hier wird Astronomie zu einem visuellen Feuerwerk.

●**107** [ce] **Planétarium Rio Tinto Alcan,** 4801 Av. Pierre-de-Coubertin, Métro: Viau, www.espacepourlavie.ca, Tel. 8683000, geöffnet: März–Sept. tgl. 9–17, Do.–Sa. bis 20 Uhr, Okt.–Feb. Di.–So. 9–17, Do.–Sa. bis 20 Uhr, Eintritt: Erw. 18,75 C$, Kinder 9,50 C$

◁ *Eine Seilbahn mit Doppeldeckergondeln befördert die Besucher auf den schiefen Olympiaturm*

57 Jardin Botanique und Insectarium ★★ [ce]

Eine kurze Métrofahrt entführt den Montréal-Besucher in ein üppig-exotisches Gartenreich erster Güte. Der Botanische Garten ist eine der Kronjuwelen Montréals und – nach London und Berlin – der drittgrößte der Welt. Allein 22.000 Pflanzen- und Baumarten sowie 30 Themengärten sind ein Fest für die Sinne … – und für Frischluftfreunde. Insektenliebhaber werden den über 75 Hektar großen Park, der zu den schönsten weltweit zählt, nicht verlassen, ohne das Insectarium gesehen zu haben.

Der Botanische Garten wurde 1931 nach dem Entwurf des deutschstämmigen Landschaftsarchitekten Henry Teuscher (1891–1984) angelegt. Die Idee stammte von Bürgermeister Camille Houde, der auf der Höhe der Wirtschaftskrise Arbeitsplätze schaffen wollte.

Der erst 1990 geschaffene, 2,5 Hektar große **Chinesische Garten** ist ein Gemeinschaftsprojekt mit der Partnerstadt Schanghai und erstrahlt in vollendeter Harmonie der vier asiatischen Gestaltungselemente Pflanzen, Wasser, Steine und Architektur. Der größte chinesische Garten außerhalb Chinas wurde mit 120 Containern voller Pflanzenzöglinge und Requisiten aus Schanghai bestückt. Poetisch schön sind die Pavillons, Wasserfälle, Brücken, Innenhöfe und Seerosen.

Auf dem idyllischen Traumsee findet **im Herbst** das einzigartige **Laternenfest Magic of Lanterns** (s. S. 42) statt, das man sich am besten zum Sonnenuntergang erleben sollte. Dann schwimmen Hunderte von bunten Seidenlaternen über das malerische Blau des Gewässers.

Im **Japanischen Garten** sind neben viel sattem Grün 150 Jahre alte Bonsais, ein Zen-Garten mit geharkten Kiesbeeten und Koi-Teiche zu bestaunen. Außerdem wird in dem authentischen Teehaus eine **Teezeremonie** angeboten.

Allein 80 verschiedene tropische Fruchtarten sind in einem der **zehn Treibhäuser** zu sehen. Auch den Orchideen und den Regenwaldpflanzen sind eigene Häuser gewidmet. Die Rosenblüte beginnt im Juni. Seit 2001 gibt es auch einen Garten der Ureinwohner Kanadas, in dem die traditionellen Baumarten Ahorn, Kiefer und Birke zu sehen sind.

Auf dem Gelände des Botanischen Gartens befindet sich auch das **Insectarium**. Es ist eines der kuriosesten Museen seiner Art und hat sich zu einem wahren Publikumsmagnet entwickelt. Hier erhält man Einblicke in die mannigfaltige Welt der Insekten, die einem sonst verwehrt bleiben.

Zwei Bibliotheken und ein Shop im Hauptgebäude bieten faszinierenden Lesestoff. Speziell **für Kinder** geeignet sind das Insectarium, die Arche Noah und der Schmetterlingspavillon.

❭ **Jardin Botanique,**
4101 Rue Sherbrooke Est
❭ **Insectarium,** 4581 Rue Sherbrooke Est
❭ **Anfahrt:** Métro-Stationen Pie-IX u. Viau, dann jeweils freier Shuttlebus zum und vom Olympiapark
❭ www.espacepourlavie.ca, Tel. 8721400, geöffnet: Mitte Mai–Mitte Sept. tgl. 9–18, Mitte Sept.–Okt. tgl. 9–21 Uhr, Nov.–Mitte Mai Di.–So. 9–17, Eintritt: Erw. 16 C$, Kinder 8 C$, Familienkarte ab 43 C$ (Eintrittspreise gelten immer für beide Locations)
❭ Als „Espace pour la vie" firmieren neben dem **Jardin Botanique und Insectarium** der **Biodôme** und das **Planétarium Rio Tinto Alcan** (beide s. S. 98).

Montréal entdecken
Entdeckungen außerhalb des Zentrums

58 Oratoire St-Joseph ★★★ [ah]

Das Sankt-Joseph-Oratorium zählt zu den wichtigsten Wallfahrtsstätten in Nordamerika. Die ebenso gigantische wie magische Gebetsstätte ist eine der Hauptsehenswürdigkeiten Montréals und lohnt unbedingt einen Besuch.

Das **Oratoire St-Joseph** ragt mehr als 60 Meter in die Höhe. Der 1967 vollendete Bau im Stil der italienischen Renaissance wird von der **zweitgrößten Kuppel der Welt** nach dem Petersdom gekrönt. Sie besitzt einen Durchmesser von 39 Metern.

Der **neoklassizistische Entwurf** stammt von den Architekten Dalbé Viau und Alphonse Venne. Später übernahmen Lucien Parent und Gérald Notebaert die Arbeiten. Für den Bau sammelte der Mönch Bruder André, der mit bürgerlichem Namen Alfred Bassette hieß, jahrzehntelang Spenden. Er wollte sich dem **Heiligen Joseph** erkenntlich zeigen, weil er dem Schutzpatron Kanadas seine außergewöhnlichen, heilenden Kräfte zu verdanken glaubte.

Nicht selten sieht man Pilger, die die 90 Stufen im Mittelteil der Anlage auf Knien bewältigen. Das ist jedoch seit einer umfangreichen Renovierung Anfang des 21. Jh. und dem Einsatz eines Shuttlebusses nicht mehr nötig. Im Innern bringen jetzt lange Rolltreppen Pilger und Besucher bis in den Altarraum, die Krypta, das Museum und die Votivkapelle.

Das eindrucksvolle Oratoire St-Joseph wird jährlich von über zwei Millionen Menschen besucht

Die farbenprächtige Votivkapelle lässt sich sogar virtuell besichtigen

Montréal entdecken
Entdeckungen außerhalb des Zentrums

Das imposante **Kirchenschiff** besticht durch eine unerwartete Schlichtheit und strenge Modernität. Der ausgefallene Altar, das enorme Kruzifix und die riesigen **Holzstatuen der zwölf Apostel**, die der französische Künstler Henri Charlier (1883–1975) schnitzte, sind fast der einzige Schmuck. Ein kunstvolles Altarmosaik und wenige Buntglasfenster im oberen Kuppelbereich, die Marius Plamondon anfertigte, lassen die anmutige Größe noch atemberaubender erscheinen.

Die 1960 eingebaute **Orgel** stammt von der Firma Beckerath aus Hamburg und erklingt immer sonntags um 15.30 Uhr im Rahmen eines Konzerts. Die **Krypta** mit den bunten Glasmotiven ist farbenfroh und anheimelnd. Sakrale Kunst, eine eindrucksvolle Wachsfigurensammlung und Bruder Andrés Herz sind in einem kleinen **Museum** zu sehen.

Der **Höhepunkt** ist jedoch die **Votivkapelle**, in der ein grün-rotes Lichtermeer vor der Statue des Heiligen Joseph, friedliche Stille sowie Wärme und Duft Hunderter von Kerzen den Besucher betören. **Stöcke und Krücken,** die von Wunderheilungen zeugen, schmücken die Wände dieses einzigartigen Ortes, von dem tatsächlich eine wohltuende Wirkung ausgeht. Im Grabraum nebenan ist der Sarg von **Bruder André** zu sehen. Er wurde 1845 geboren und starb 1937 im Alter von 91 Jahren. Im Jahr 2010 wurde er von der katholischen Kirche heilig gesprochen, nachdem das Oratorium 2004 zur Basilika geweiht worden war.

Abends hat das Gotteshaus einen ganz eigenen Charme – ein Besuch ist dann besonders empfehlenswert.

> 3800 Chemin Queen-Mary, Métro: Côte-des-Neiges, von hier ca. 15 Min. Fußweg,

www.saint-joseph.org, Tel. 7338211, geöffnet: **Führungen** Mitte Juni–Anf. Sept. mehrmals tgl. für 5 C$, Zeiten s. Aushang, Anmeldung tel. oder vor Ort, **Museum** tgl. 10–16.30 Uhr, Eintritt: 4 C$. Es gibt einen Shuttlebus, der 7.45–21 Uhr alle 15 Min. rechts vom Haupteingang abfährt, und Rolltreppen in der Gebetsstätte.

59 Canal de Lachine ★★ [G7]

Zu Fuß oder mit dem Fahrrad – ein Spaziergang oder eine Fahrt entlang des historischen Lachine-Kanals führt auf ebener Strecke und einer Länge von elf Kilometern vorbei an alten Industrieanlagen, Weizensilos, Schleusen, Brücken und Picknicktischen, die zum Rasten einladen.

Entdeckungen außerhalb des Zentrums

1667 überließen die Sulpiziander dem **Entdecker René Robert Cavelier de La Salle** (1643–1687) das Gebiet westlich der Île de Montréal, damit dieser seiner fixen Idee, hier einen Seeweg nach China zu finden, nachgehen konnte. Er landete schlussendlich zwar in Louisiana, der Name „La Chine" (französisch für „China") blieb den Bewohnern jedoch im Gedächtnis. Der Stadtteil Lachine wurde schließlich für den schwunghaften Pelzhandel, der fast zweihundert Jahre lang die Haupteinnahmequelle des Landes war, strategisch bedeutsam.

Das **renovierte Handelshaus**, das heute das **Musée de Lachine** (s. S. 35) beherbergt, ist eines der ältesten Steinhäuser in und um Montréal. Es stammt aus dem Jahr 1670 und besaß schon zu dieser Zeit Lagerräume. Zu besichtigen ist das Häuschen mitsamt einem schönen Skulpturengarten auch; es liegt auf der anderen Seite des Kanals, die man über eine Brücke erreicht.

Das 1803 errichtete **Museum des Pelzhandels** (Lieu Historique National du Commerce et de la Fourrure, s. S. 34) diente einst als wichtigstes Zwischenlager für den Transport der Tierfelle aus dem Hinterland Kanadas, vor allem der Hudson Bay, nach Europa.

Da sich die Stromschnellen im Sankt-Lorenz-Strom südlich der Île de Montréal für die immer größer werdenden Handelsschiffe als unpassierbar erwiesen, wurde 1825 schließlich der **Canal de Lachine** gebaut. Die **fast schnurgerade Trasse** führt seither vom Alten Hafen (Vieux-Port) ❿ bis zum Lac Saint-Louis und verbindet so den Atlantik mit dem Oberen See im Landesinneren. Das brachte mehr Industrie nach Lachine; bis in die 1950er-Jahre wurde der Kanal erfolgreich genutzt. Nach der Eröffnung des Sankt-Lorenz-Seewegs im Jahr 1959 verlor er jedoch immer mehr an Bedeutung und wurde schließlich **1970 für die Seefahrt geschlossen**.

Heute gehört das einzigartige Areal der Regierungsbehörde „Parcs Canada", die den Lachine-Kanal 2002 für **kleine Boote und Schiffe** (s. Boots-

☐ *Radeln vor Industriekulisse: unterwegs am Canal de Lachine*

Montréal entdecken

Entdeckungen außerhalb des Zentrums

fahrten S. 123) freigegeben hat. Am Wochenende ist hier der Teufel los. Fußgänger und Radfahrer teilen sich einen relativ schmalen Weg. Auch trainieren hier scheinbar einige Hochleistungsradfahrer für die Tour de France! Am besten plant man einen Ausflug am Lachine-Kanal daher an einem Wochentag. Sollte die Zeit dafür nicht reichen, kann man sich auf dem Weg vom oder zum Flughafen (s. S. 106) mit dem Flughafenbus 747 (s. S. 106) einen kleinen Eindruck verschaffen.

❯ **Anfahrt und Wegbeschreibung:** Entweder man fährt mit der Métro bis Place-d'Armes, dann zu Fuß weiter den Boul. St-Laurent entlang bis zum Alten Hafen (Vieux-Port ❿). In der Rue de la Commune befindet sich der Fahrradverleih Ça roule (s. S. 117); von dort geht es aus der Stadt heraus. Oder man nimmt die Métro bis Charlevoix – von hier aus ist der Radweg nur 100 m entfernt, allerdings verpasst man so den Abschnitt mit der alten Hafenkulisse. Fußgänger und Jogger steigen an der Métro-Station Square-Victoria aus und nehmen den Ausgang St-Jacques rechts, dann die Rue McGill runter.

❯ **www.pc.gc.ca/canallachine,** ein 30-Min.-Podcast mit Musik (Menüpunkt „Activities", danach „Podcasting") sowie eine Karte (Menüpunkt „Visitor Information", dann „Maps") können auf der Internetseite heruntergeladen werden.

⓺⓪ Mies-van-der-Rohe-Tankstelle ★★ [di]

Wegen ihres sandigen Untergrundes galt die **Île des Soeurs** (**Nonneninsel**) stets als unbebaubar. Die katholische Kirche verkaufte sie deshalb 1956 für 3500 C$ an die einstige Gemeinde und den heutigen Montréaler Stadtteil Verdun. Und ausgerech-

net hier steht man plötzlich vor einem **Nachbau der Neuen Nationalgalerie.**

Architekturliebhaber können die Handschrift von **Mies van der Rohe** schon aus der Ferne erkennen. Der nach 1938 in den USA lebende deutsch-amerikanische Stararchitekt (1886–1969) baute in Verdun in den 1960er-Jahren die **erste Tankstelle in Nordamerika.** Sie war vierzig Jahre in Betrieb.

Bis Ende 2011 wurde das Ensemble mit der eleganten, freitragenden Dachkonstruktion nach Plänen des kanadischen Architekturbüros Les Architectes FABG saniert. Originalgetreu wieder hergestellt werden konnte jedoch nur die Gebäudehülle. Die vorgehängten Fassadenelemente wurden demontiert, auch die alte Pumpanlage gibt es nicht mehr. Das Dach verbindet **zwei Pavillons,** in deren Mitte noch der kleine Glaskubus, das frühere Wärterhäuschen, zu sehen ist, an dem links und rechts die Autos vorbeifuhren. Ein Pavillon wurde als Werkstatt, der andere als Tankstelle mit Shop genutzt.

Heute finden hier **Lesungen, Tangokurse und Bridge-Abende** statt. Wie ursprünglich geplant, wurde die Stahlkonstruktion wieder schwarz lackiert. Sie steht somit im Kontrast zu den weiß emaillierten Paneelen und den Leuchtstoffröhren der unteren Dachabdeckung.

Auf der Île des Soeurs sind noch drei von Mies van der Rohe entworfene Wohnhochhäuser erhalten. In Downtown Montréal am Westmount Square (Métro: Atwater, direkt am Ausgang) steht Mies van der Rohes Hochhausensemble, das ebenfalls einen Besuch lohnt.

❯ 201 Rue Berlioz, Stadtteil Verdun, Île des Soeurs, Métro: Lasalle, dann weiter mit Bus 12 bis Haltestelle Berlioz

Montréal entdecken
Entdeckungen außerhalb des Zentrums

🆖 Cosmodôme ★★

Das Raketenmodell neben dem beeindruckenden **Raumfahrtmuseum** ist als Einstimmung auf eine große, weite Reise gedacht. Mit neuester Technik fliegt der Besucher in **nachgebauten Raumschiffmodulen** wahlweise auf den Mond oder zum Mars. Dort angekommen, wird er Mitglied eines interaktiven Astronautenteams, das auf dem neuen Planeten Maschinenteile, Sauerstofftanks und Wohnkapseln installiert sowie Bodenproben entnimmt.

Zurück auf der Erde geht es in das zugehörige **Museum**, das u.a. mit einem echten Raketentriebwerk und einem Nachbau der Raumfähre Endeavour in Originalgröße aufwartet. Recht klein fällt hingegen die Hauptattraktion des Museums aus: ein **echter Mondstein**, der als Geschenk der NASA ins Cosmodôme kam und dessen materieller Wert auf ca. 4 Mio. US$ geschätzt wird.

› 2150 Autoroute des Laurentides, Laval, Métro: Montmorency, dann ca. 15 Min. weiter mit Bus 61 u. 70 bis zur Station Cosmodôme, Tel. 4509783600, www.cosmodome.org, geöffnet: Anf. Sept.–Mitte Juni Di.–So. 10–17 Uhr, Mitte Juni–Anf. Sept. Mo.–Fr. 9–17 Uhr, Eintritt: 15 C$

Schon 5-Jährige können im Cosmodôme ein echtes Astronautentraining erleben

Praktische Reisetipps

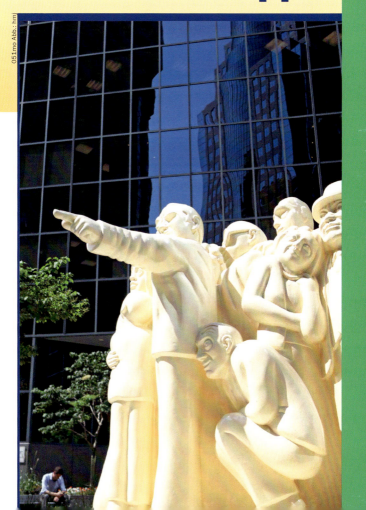

Praktische Reisetipps
An- und Rückreise, Autofahren

An- und Rückreise

Reiseplanung und Flüge

In knapp sieben Flugstunden erreicht man Montréal von Mitteleuropa aus. Nonstop-Flüge werden derzeit von Frankfurt und München mit **Lufthansa** bzw. in Kooperation mit der mehrfach prämierten Fluggesellschaft **Air Canada** angeboten. **Swiss** fliegt direkt von Zürich nach Montréal. **Austrian Airlines** legt von Wien nach Montréal und zurück einen **Zwischenstopp in Toronto** ein. Je nach Saison kostet das Flugticket ab 700 €.

> www.lufthansa.de
> www.aircanada.com
> www.swiss.de
> www.austrian.com

Vom Flughafen in die Stadt

Montréals Flughafen, der **Aéroport International Pierre-Elliott-Trudeau de Montréal (YUL)**, liegt etwa 21 Kilometer westlich des Stadtzentrums und bietet allen Besuchern kostenloses WLAN.

●**108** Flughafen Montréal-Trudeau, 975 Boul. Roméo-Vachon Nord, Dorval, Bus 747, www.admtl.com, Tel. 3947377

Der früher nach dem Vorort Dorval benannte, moderne und sehr kinderfreundliche Flughafen bietet einen komfortablen **Shuttlebus in die Stadt** mit kostenfreiem WLAN. Für ein Tagesticket in Höhe von 9 C$ (24 Std.

◁ *Die Skulptur „The Illuminated Crowd"* **19** *ist eines der beliebtesten Fotomotive Montréals*

gültig, nur am Automaten erhältlich) gelangt man mit dem **Flughafenbus 747** alle 10–15 Minuten rund um die Uhr bis zur Endstation am **Busterminal Gare d'Autocars**, das unmittelbar an die Métro-Station Berri-UQAM [F3] angeschlossen ist.

●**109** [F3] Busterminal Gare d'Autocars (Zentraler Busbahnhof), 1717 Rue Berri, Métro: Berri-UQAM, www.station centrale.com, Tel. 8422281

Der Bus hält vorher an insgesamt **zehn Stationen** entlang dem Boulevard René-Lévesque. Der erste Halt ist die Métro-Station Lionel-Groulx [b/ch]. Zurück zum Flughafen fährt er dieselbe Strecke. Die Fahrtdauer bis zur Endhaltestelle hängt in großem Maße vom jeweiligen Fahrer ab. Die meisten schaffen die Fahrt in weniger als 60 Minuten (meist sind es ca. 40 Min.), verwandeln dabei allerdings die Stadtautobahn in eine Art Formel-1-Strecke. Man sollte sich daher gut festhalten oder gleich eine **Fahrt mit dem Taxi** (s. S. 129) in Erwägung ziehen. Vom Flughafen in die Stadt und von jedem Punkt in der Stadt zum Flughafen gilt ein durchaus akzeptabler **Fixpreis** von 38 C$ (rund 27 €).

Darüber hinaus bieten viele **Hotels** einen **kostenlosen Shuttle-Transfer** an; Infos hierzu finden sich auf der Flughafen-Website www.admtl.com unter „Access and Parking", dann „Hotels with Shuttle".

Autofahren

Verkehr und Besonderheiten

In Sachen Autofahren genießt Montréal keinen guten Ruf. Einbahnstraßen, Kopfsteinpflastergassen

Praktische Reisetipps
Autofahren

und schwer verständliche Parkschilder machen den Fahrern das Leben schwer. Parkuhren sind blitzschnell abgelaufen. Auch gilt erhöhte Vorsicht, da **Radfahrer und Busse** eine **eigene Spur** zur Verfügung haben. Viele Sehenswürdigkeiten in Montréal sind einfacher und schneller mit den öffentlichen Verkehrsmitteln (s. S. 128) oder dem Taxi (s. S. 129) erreichbar.

Innerorts gilt eine **Geschwindigkeitsbegrenzung** von 50 km/h, auf Landstraßen zwischen 80 und 110 km/h. Ein Liter **Benzin** *(unleaded regular)* kostet derzeit ca. 1,30–1,40 C$. In Kanada gelten einige besondere **Verkehrsregeln**:
> Es muss den ganzen Tag mit **Abblendlicht** gefahren werden.
> Bei **roter Ampel** darf man nicht rechts abbiegen.
> Für die gelben **Schulbusse** müssen bei Blinklicht und ausgeschwenktem Stopp-Signalschild Autos in beiden Richtungen anhalten.
> Die **Alkoholgrenze** liegt in der Provinz Québec bei 0,8 Promille. Liegt man darüber, droht Führerscheinentzug.

Parken

> Parkhaus unter dem Centre CDP Capital (s. S. 59). 1300 Parkplätze, Sicherheitskameras und Zugang zur Ville Souterraine, Preis: 17 C$ für 24 Std.
> Parkhaus unter der Grande Bibliothèque **26**. Preis: Mo.–Fr. 17 C$ für 24 Std., Sa./So. 9 C$

Mietwagen

Alle großen **Mietwagenfirmen** sind in Montréal vertreten. Eine Kreditkarte muss in Kopie hinterlegt werden, ein internationaler Führerschein ist ratsam. Das **Mindestalter** für Automieter liegt bei 21 Jahren. Ist der Fahrer unter 25 Jahre alt, wird zusätzlich ein Geldbetrag als Pfand fällig (ca. 500 C$). Ein Mietwagen kostet rund 50 € pro Tag und ab 300 € pro Woche. Am besten und günstigsten bucht man von zu Hause über die üblichen Mietwagenbroker, z. B. www.billiger-mietwagen.de.

Autopanne

Bei einer **Panne** können **Mitglieder des ADAC** gegen Vorlage des Mitgliedsausweises kostenlos die Hilfe der Canadian Automobile Association (www.caa.ca) in Anspruch nehmen. Bei einem **Unfall** wählt man die allgemeine Notrufnummer 911 oder die 0 *(operator)* und verlangt die Polizei.
> ADAC-Pannenhilfe aus Kanada: Tel. 01149 89 222222

Licht an! In Montréal ist Abblendlicht auch tagsüber Pflicht.

Barrierefreies Reisen

Kanada ist eine der besten Destinationen für Personen mit eingeschränkter Bewegungsfreiheit weltweit. In Montréal sind **fast alle Museen und Sehenswürdigkeiten mit Fahrstühlen** bzw. rollstuhlgerecht ausgestattet. Das öffentliche Transportsystem ist dagegen nur teilweise barrierefrei. Der **Verkehrsverbund STM** besitzt allerdings **rollstuhlgerechte Minivans**, die auf der Internetseite www.stm.info (Menüpunkt „Paratransit", dann „Admission") mit E-Mail-Formular zwei Monate im Voraus gebucht werden können. Eine gute Alternative sind die städtischen **Busse**, von denen fast 500 mit **niedrigem Einstieg** ausgerüstet sind. Weitere Infos:

> www.accesstotravel.gc.ca –
> Transport-Informationen für ganz Kanada
> www.keroul.qc.ca – detaillierte Informationen zum Thema Barrierefreiheit. Auf der Seite kann man sich unter „Publications", dann „Outil" („Hilfsmittel") den französischsprachigen Kurzführer „Accès sans obstacles" als PDF herunterladen.

Taxis für Rollstuhlfahrer lassen sich z. B. hier buchen:

> Taxi Boisjoli, Tel. 2552815

Diplomatische Vertretungen

● **110** [E6] **Consulat général d'Allemagne,** 1250 Boul. René-Lévesque Ouest, Suite 4315, Montréal, Métro: Bonaventure, www.montreal.diplo.de, Tel. 001 514 9312277 geöffnet: Mo.–Fr. 9–12 Uhr, telefonisch erreichbar: Mo.–Do. 8–16.45, Fr. 8–13.45 Uhr. In Notfällen kann man die Botschaft in Ottawa unter Tel. 001 613 8536731 kontaktieren.

● **111** [D6] **Consulat général d'Autriche,** 1010 Rue Sherbrooke Ouest, Suite 1604, Montréal, Métro: Peel, http://www.bmeia.gv.at (Menüpunkt „Bürgerservice", dann „Österreichische Vertretungen"), Tel. 001 514 8493708, geöffnet: Mo.–Fr. 9–12 Uhr

● **112** [C6] **Consulat général de Suisse,** 1572 Av. Dr. Penfield, Métro: Guy-Concordia, www.eda.admin.ch/montreal, Tel. 001 514 9327181, geöffnet: Mo.–Do. 10–13, Fr. 10–12 Uhr, telefonisch erreichbar (Visaangelegenheiten): Mo./Mi./Do. 14–15 Uhr

Ein- und Ausreisebestimmungen

Für einen **Aufenthalt von sechs Monaten** können sich Deutsche, EU-Bürger sowie Staatsangehörige der Schweiz **ohne Visum** in Kanada aufhalten. Bei der Einreise muss der **Reisepass** (auch ein vorläufiger Reisepass) noch sechs Monate über das Ende des geplanten Aufenthalts in Kanada gültig sein. Außerdem sollte man sein **Rückreiseticket** vorzeigen können.

Seit 2012 berechtigt ein Eintrag im Reisepass der Eltern **Kinder** nicht mehr zum Grenzübertritt. Somit müssen alle Kinder ab Geburt bei Reisen ins Ausland über ein **eigenes Reisedokument** verfügen. Ein alleinreisendes Elternteil mit Kind muss eine **schriftliche Reiseerlaubnis** des anderen Elternteils vorlegen.

Am Flughafen (s. S. 106) angekommen, stellt man sich zunächst in die Schlange vor der **Passkontrolle**. Das Warten kann einige Zeit in Anspruch nehmen, da jeder Einreisende ein oder zwei Sätze gefragt wird. Die Stichworte „holiday" oder „visiting friends" ersparen mühsames Erklären. Da sich die Einreisebestimmungen kurzfristig ändern können, sollte man sich stets im Vorfeld der Reise bei den diplomatischen Vertretungen im Heimatland oder beim zuständigen **Auswärtigen Amt** informieren:

> Deutschland: www.auswaertiges-amt.de
> Österreich: www.bmeia.gv.at
> Schweiz: www.eda.admin.ch
> Canada Border Services Agency (CBSA): www.cbsa-asfc.gc.ca

Zoll

Zollfrei eingeführt werden dürfen maximal 200 Zigaretten, 50 Zigarren, 1,5 Liter Wein und 8 Liter Bier. Auf den Besitz von Radarfallendetektoren steht eine hohe Strafe. Die **Zollerklärung** *(CBSA Declaration Card/ Carte de déclaration de l'ASFC)*, die man bereits im Flugzeug ausfüllt, sollte nicht geknickt werden. Lebensmittel dürfen nicht eingeführt werden. Dazu zählen auch Nüsse, Kerne, Früchte oder Milchprodukte im Reisegepäck.

Elektrizität

Die **Netzspannung** beträgt 110/120 Volt im Vergleich zu 220 Volt in Europa. **Adapter** sind daher erforderlich.

Wechselkurs

1 C$	0,68 € bzw. 0,84 SFr
1 €	1,46 C$
1 SFr	1,19 C$
1 C$	0,95 US$

(Stand: Winter 2013)
Tagesaktuelle Wechselkurse finden sich bei www.oanda.com.

Die nordamerikanischen Stecker haben meist zwei kleine, eckige Stifte. Man kann sie z. B. am Flughafen (s. S. 106) erwerben.

Geldfragen

Währung und Zahlungsmittel

Die Landeswährung ist der **kanadische Dollar** (C$ oder CAD). Man bekommt sie mit der **Maestro-(EC)-Karte** an **Bankautomaten**, die als **ATM** ausgewiesen sind. Die Abhebegebühr ist bankabhängig und liegt meist bei ca. 5 C$.

Am Flughafen (s. S. 106) gibt es mehrere Bankautomaten, an denen man mit der EC-Karte kanadische Dollar abheben kann, z. B. in der Gepäckabfertigungshalle oder im Ankunftsterminal.

Einige deutsche Banken statten Girokarten mit der europäischen Bezahlfunktion „V-Pay" aus, mit der man an Bankautomaten außerhalb der EU kein Geld ziehen kann.

> Weitere Infos unter www.vpay.de.

Die **Kreditkarten** Visa und Master-Card werden überall akzeptiert, American Express hingegen nicht bei allen Händlern. Eine **PIN** für die Kreditkarte sollte man unbedingt dabei haben, vor allem für die Bezahlung an Ticketautomaten.

Als bargeldlose Alternative eignen sich **American Express Travelers Cheques. Geldwechsel** ist in Banken und mit „Currency Exchanges" gekennzeichneten **Wechselstuben**, z. B. am Flughafen, möglich.

Preise und Kosten

Der **kanadische Dollar** ist nach wie vor relativ stark, sodass eine Reise nach Montréal kein preiswertes Ver-

Montréal preiswert

› Tagestickets für Métro und Bus kosten 9 C\$. Günstiger ist ein **Wochenendticket**, das **von Freitag bis Montag** gilt und nur 12 C\$ kostet. Normale **3-Tages-Tickets** kosten 18 C\$ und sind ebenfalls empfehlenswert.

› Eine gute Erfindung ist die **Carte Musées**, ein Museumspass, der **freien Eintritt zu 38 Museen** an drei aufeinanderfolgenden Tagen ermöglicht. Der Pass kostet 75 C\$ (ca. 53 €) bzw. 80 C\$ (ca. 56 €) inklusive Métro- und Bustageskarte. Er rechnet sich bereits ab sechs Museumsbesuchen und ist direkt in den Museen (s. Liste S. 33) oder im Centre Infotouriste (s. S. 110) zu bekommen. Mehr Infos unter www. montrealmuseums.org.

› Ein Besuch im **Musée des Beaux-Arts** ⑫ gehört nicht nur zum Montréal-Pflichtprogramm, er ist auch **kostenlos**. Nur Sonderausstellungen kosten Eintritt.

› „Cinq à sept" („fünf bis sieben") - das ist das Montréaler Pendant zur **Happy Hour**. Zwischen 17 und 19 Uhr kann man mit einem sehr erschwinglichen Sundowner auf einer der Terrassen in Vieux-Montréal darauf warten, dass die Sonne im Meer versinkt.

› Unter „table d'hôte" versteht man ein **Festpreismenü**, das meist deutlich günstiger ist als dieselbe Komposition aus der Karte zusammengestellt. Auch gibt es in der ganzen Stadt günstige Sandwiches und Imbiss-Snacks (s. Liste S. 25).

› Viele Konzerte und Festivals wie das **Piknic Électronik** (s. S. 41) - bis auf den VIP-Bereich -, das Trommelfest **Tam-Tams** (s. S. 41) und sogar viele Open-Air-Darbietungen des **Festival International de Jazz** (s. S. 42) sind für die Besucher **gratis**.

› Bei **La Vitrine** gibt's Eintrittskarten für alle nur denkbaren Events und jeden Abend Last-Minute-Tickets für die Hälfte des Preises: *La Vitrine* im *Le 2.22* (s. S. 37), www.lavitrine.com, Tel. 2854545, geöffnet: Mo. 11-18, Di.-Sa. 11-20, So. 11-18 Uhr, s. App (S. 111)

---

gnügen ist. Die **Hotels** in Montréal sind ziemlich teuer, aber im Vergleich zu New York, London oder Tokio noch erschwinglich. Auch die **Eintrittspreise für Museen** sind hoch; **Restaurantbesuche** schlagen ebenfalls deutlich zu Buche. Zudem kann **Shopping** teuer werden: Kanadische Waren (Mode, Design, Lebensmittel) sind fast so teuer wie europäische.

Wichtig: Auf jeden ausgewiesenen Preis werden noch die **Steuern GST und PST** in Höhe von zusammen rund 13 % gerechnet (s. S. 52).

Informationsquellen

Infostellen in der Stadt

●113 [E6] **Centre Infotouriste**, 1255 Rue Peel/Ecke 1001 Square Dorchester, Métro: Peel, Tel. 001 514 8772665687, www.bonjourquebec.com, geöffnet: Apr.-Mitte Juni tgl. 9-18, Ende Juni-Aug. tgl. 9-19, Sept.-Okt. tgl. 9-18, Nov.-März 9-17 Uhr. Hier fahren auch die Hop-on-hop-off-Busse der Gray Line (s. S. 122) ab.

Praktische Reisetipps
Informationsquellen

● **114** [G4] **Tourist Welcome Office Vieux-Montréal**, 174 Rue Notre-Dame Est/Pl. Jacques-Cartier, Métro: Champs-de-Mars, www.tourisme-montreal.org, Tel. 001 514 8732015, geöffnet: Apr.–Mai u. Okt. tgl. 10–18, Juni–Sept. tgl. 9–19 Uhr, Nov.–März geschlossen

● **115** [F4] **Goethe-Institut**, 1626 Boul. St-Laurent, Métro: Sherbrooke, www.goethe.de/montreal, Tel. 001 514 4990159, geöffnet: Mo.–Fr. 9–18 Uhr, **Bibliothek:** Mo. u. Fr. 9–19, Di.–Do. 9–21, Sa. 11–17 Uhr. Die Mitarbeiter des meistfrequentierten Goethe-Instituts in ganz Kanada sind ausgesprochen hilfsbereit. In der modernen und erstklassig bestückten Bibliothek gibt es kostenlos deutsche Tages- und Wochenzeitungen, Filme auf DVD, Reiseführer, Romane, Lexika, CDs etc. Für Recherchen stehen Computer zur Verfügung, gemütliche Sessel gibt es auch. Hier ist immer was los. Allein 80.000 Deutsche leben derzeit in Montréal und Deutsch als Fremdsprache ist begehrter denn je.

Die Stadt im Internet

❯ www.tourisme-montreal.org – eine der besten Seiten über Montréal mit Hotels, Restaurant- und Klubführer, Veranstaltungskalender, Newsletter, Videoporträt etc. (auf Englisch und Französisch)

❯ www.montreal.com – viele wertvolle Informationen, in Listen sortiert (auf Englisch)

❯ http://ville.montreal.qc.ca – Montréals offizielles Stadtportal mit zahlreichen Infos zu Kultur, Freizeit und Stadtgeschichte (auf Englisch und Französisch)

❯ www.montrealcam.com – Fotos, Videos und Podcasts als perfekte Einstimmung für die Reise (auf Englisch und Französisch)

❯ www.canada365.wordpress.com – der „etwas andere" Montréal-Blog des Journalisten Herbert Bopp (auf Deutsch)

❯ www.midnightpoutine.ca – ein preisverdächtiger Blog mit viel Ironie (auf Englisch)

❯ www.bonjourquebec.com – die offizielle Tourismus-Website der Provinz Québec (auf Deutsch)

❯ www.actramontreal.ca – Auf der Website der Schauspielergewerkschaft ACTRA kann man unter der Rubrik „What's Shooting" sehen, welche Filme und Serien derzeit in Montréal gedreht werden (auf Englisch).

Montréal-Apps

❯ **STM:** Netzpläne, Métro- und Busfahrzeiten sowie Routenbeschreibungen vom Montréaler Verkehrsbetrieb STM (kostenlos für Android und iOS, auf Englisch und Französisch)

❯ **Expo 67/Portrait sonore:** Eine herrliche Zeitreise in das Jahr 1967, als die Welt zu Gast in Montréal war. Mit Expo-Spaziergang, Geolokalisierung, Musik und Interviews (kostenlos für iOS, auf Englisch und Französisch).

❯ **Musée Urbain MTL Urbain Museum:** Spannende App des McCord Museums [20] mit historischen Stadtfotos und 3D-Modus – so lassen sich Ansichten von gestern und heute vergleichen (kostenlos für iOS, auf Englisch und Französisch).

❯ **La Vitrine:** Montréals Kulturkalender; man kann direkt Tickets kaufen (kostenlos für Android und iOS, auf Englisch und Französisch)

Publikationen und Medien

The Gazette ist eine der vier Tageszeitungen Montréals, gewissermaßen der englischsprachige Platzhirsch (www.montrealgazette.com). Die traditionsreiche französischsprachige Tageszeitung **La Presse** erscheint Mo.–Fr. (www.lapresse.ca).

Meine Literaturtipps

> Cohen, Leonard: **Das Lieblingsspiel**, Blumenbar Verlag, 2009. Wer weiß schon, dass der große Sänger auch als Lyriker und Autor verehrt wird? Dies hier ist sein autobiografisch gefärbter Debütroman aus dem Jahr 1963, in dem freie Liebe, große Gefühle und endlose Sehnsucht die Hauptrolle spielen.

> Delgado, Jérôme: **Guide du Montréal créatif**, Ulysse 2013. Auf Englisch und Französisch gibt es den für Kunstfreaks unentbehrlichen Führer, der zehn Kunstparcours durch die Stadt in Wort und Bild vorstellt. Der Band ist vor Ort in jeder gut sortierten Buchhandlung sowie in den Läden von Ulysse (s. S. 15) zu bekommen. Auch als E-Book erhältlich.

> Dickner, Nicolas: **Nikolski**, Frankfurter Verlagsanstalt, 2009. Mit überbordender Fantasie schickt der 1972 geborene Québecer Autor drei unwissentlich verwandte Jugendliche aus verschiedenen Gegenden Kanadas nach Montréal. Sie begegnen sich jedoch nicht, da sie den eigenwillig justierten „Nikolski-Kompass" im Gepäck haben. Und der weist stets auf das gleichnamige Dorf in Alaska ... Wetter, Geografie, Reisen und Bücher spielen, wie häufig in der kanadischen Literatur, eine große Rolle. Der Autor wurde mit Preisen überhäuft und schreibt u. a. für das Stadtmagazin Maisonneuve.

> Farrow, John: **Eishauch**, Knaur, 2009 (im Original: „City of Ice"). Detective Emil Cinq-Mars („Emil Fünfter März") ist hart im Neh-

men, aber sein neuster Fall berührt ihn dann doch. Als er seinen besten Informanten erhängt in einem Weihnachtsmannkostüm auffindet, führt die Spur in die kleinen Gassen der Montréaler Altstadt und in den mafiösen Untergrund. Zusammen mit seinem Pharma-Thriller Treibeis („Ice Lake") lässt der unter Pseudonym schreibende Autor Trevor Ferguson die Herzen der Krimifans auch außerhalb Kanadas höher schlagen.

> Richler, Mordecai: **Die Lehrjahre des Duddy Kravitz**, Liebeskind, 2007. Ein echter Montréal-Klassiker und ein wunderbarer Coming-of-Age-Roman. Duddy Kravitz, mit allen Wassern gewaschen, wächst im jüdischen Viertel Montréals auf. Um möglichst schnell zu Geld zu kommen, macht er wilde Geschäfte. Das 1959 erschienene und 2007 vom Liebeskind Verlag wiederentdeckte Kultbuch verhalf dem frankokanadischen Autor zum Durchbruch. 1974 wurde es an Originalschauplätzen verfilmt, u. a. im Wilensky's **45**.

> Simon, Sherry: **Translating Montreal – Episodes in the Life of a Divided City**, McGill-Queen's University Press, 2006. Wer wissen will, welches Lebensgefühl die „duale Stadt" aufgrund ihrer linguistischen Sprachgrenze entlang des Boulevard St-Laurent **34** ausstrahlt, sollte dieses fantastische Buch einer multikulturellen Grenzgängerin lesen. Dass es in Montréal ebenfalls einen „Mauerfall" gegeben hat, wird vor allem Deutsche überraschen.

Praktische Reisetipps

Internet und Internetcafés, Maße und Gewichte

Für einen guten Überblick über das Kulturleben der Stadt reichen **Stadtmagazine** wie die kostenlos ausliegenden, einmal im Monat erscheinenden Broschüren **Montréal Scope, Mirror und Nightlife**. Am Flughafen (s. S. 106) gibt es auf dem Weg von den Gepäckbändern zum Zoll Regalkästen mit sehr informativen Broschüren. Auch **Le Guide Prestige Montréal** liegt dort aus, ist aber auch in fast jeder Hotellobby zu finden. Das Veranstaltungsheft mit kleinem Stadtführer erscheint halbjährlich in Französisch und Englisch.

Internet und Internetcafés

In einem der vielen **WLAN-Cafés** kann man sich kostenfrei ins Internet einwählen. Die Website **www.ilesansfil.org** zeigt ca. 300 weitere kostenlose **WLAN-Hotspots** in der Stadt. Wer nur kurz seine E-Mails *(le courriel)* abrufen möchte, zahlt ca. 3 C\$ für 15 Min., z. B. in einem der folgenden **Internetcafés:**

@116 [D7] **Battlenet 24,**
1407 Rue du Fort, Métro: Guy-Concordia, geöffnet: tgl. 24 Std.

@117 [E6] **Chapters Bookstore,**
1171 Rue Ste-Catherine Ouest, Métro: Peel, geöffnet: tgl. 9–23 Uhr

@118 [D6] **Net.24,** 2157 Rue Mackay, Métro: McGill, geöffnet: tgl. 24 Std.

Maße und Gewichte

Bereits in den 1970er-Jahren wurde in Kanada das **metrische Maß- und Gewichtssystem** eingeführt. Dennoch halten sich einige alte Maßeinheiten hartnäckig; hier die wichtigsten:

> 1 ounze (oz.) = 28,35 g
> 1 pound (lb.) = 454 g
> 1 pint (pt.) = ca. 1 l
> 1 inch (in.) = 2,54 cm
> 1 mile (m od. ml.) = 1,609 km
> 68 °Fahrenheit = 20 °C;
> Rechung: (° F–32) x 5 : 9

Bei **Bekleidung** gelten die auch bei uns bekannten internationalen Konfektionsgrößen S, M, L, XL etc. sowie die US-amerikanischen Kleidergrößen (s. Kasten).

Konfektionsgrößen kanadisch – deutsch

Damen-Kleidergrößen
> 6 = 36
> 8 = 38
> 10 = 40
> 12 = 42
> 14 = 44 usw.

Herren-Kleidergrößen
(Anzüge/Jacken)
> 34 = 44
> 36 = 46
> 38 = 48
> 40 = 50 usw.

Damen-Schuhgrößen
> 6 = 36
> 8 = 38
> 9 = 40
> 12 = 42 usw.

Herren-Schuhgrößen
> 8 = 41
> 8,5/9 = 42
> 9,5/10 = 43
> 10,5 = 44 usw.

Medizinische Versorgung

Die ärztliche Versorgung gilt in ganz Kanada als erstklassig. Es ist jedoch in jedem Fall ratsam, eine private **Auslandsreisekrankenversicherung** abzuschließen, um sich die entstandenen, vergleichsweise hohen Behandlungskosten erstatten lassen zu können. Auch für Sonderleistungen wie eventuellen Krankenrücktransport ist diese Versicherung eine lohnende Investition. Der ADAC (s. S. 107) bietet z. B. ein Familienpaket an. Die Behandlungskosten müssen vor Ort **in bar oder per Kreditkarte** beglichen werden.

Für kleinere Verletzungen und Infektionen muss man nicht unbedingt ins Krankenhaus, da die Wartezeiten in den Notaufnahmen extrem lang sind. Als erste Anlaufstelle dienen die sogenannten **Walk-in Clinics**, die in Kanada auch als *centres locaux de service communautaires* (abgekürzt: CLSC) bezeichnet werden, z. B.:

- 119 [D7] **Gesundheitszentrum CLSC Métro,** 1801 Boul. de Maisonneuve Ouest, Métro: Guy-Concordia, www.csssdelamontagne.qc.ca, Tel. 9340354, geöffnet: Mo.–Fr. 8–20 Uhr

Apotheken *(pharmacie)* gibt es an fast jeder Straßenecke, die meisten haben bis Mitternacht geöffnet, manche auch 24 Stunden.

- 120 [G5] **Pharmacie Jean Coutu,** 614 Rue St-Jacques, Métro: Square-Victoria, www.jeancoutu.com, Tel. 9549555, geöffnet: Mo.–Mi. 7.30–20, Do./Fr. 7.30–21, Sa./So. 10–17 Uhr. Jean Coutu ist eine Mischung aus Apotheke und Drogerie.
- 121 [D6] **Pharmaprix (1),** 1500 Rue Ste-Catherine Ouest, Métro: Guy-Concordia, Tel. 9334744, www.pharmaprix.ca, geöffnet: tgl. 8–24 Uhr
- 122 [G3] **Pharmaprix (2),** 901 Rue Ste-Catherine Est, Métro: Berri-UQAM, Tel. 8424915, geöffnet: tgl. 8–24 Uhr

Diese drei **Kliniken** *(hôpital)* sind Lehrkrankenhäuser der McGill University 21 und bieten einen sehr guten Service:

- 123 [bh] **Montreal Children's Hospital,** 2300 Rue Tupper, Métro: Atwater, www.muhc.ca/mch, Tel. 4124400. Hervorragende Ärzte und ein kinderfreundliches Klima machen dieses Klinikzentrum zur besten Anlaufstelle für Verletzungen und Krankheiten aller Art.
- 124 [C6] **Montreal General Hospital,** 1650 Av. Cedar, Métro: Guy-Concordia, www.muhc.ca/mgh, Tel. 9341934. Dieses riesige Krankenhaus wurde 1821 gegründet und genießt bis heute einen erstklassigen Ruf. Es war seinerzeit eine Pionierklinik, in der unter anderem die erste medizinische Hochschule Kanadas ins Leben gerufen wurde. Zum Krankenhaus gehört auch die **McCall Dental Clinic.**
- › **McCall Dental Clinic im Montreal General Hospital** (s. oben), 3. OG, Tel. 93447727. Zahnklinik des General Hospital mit hervorragendem Ruf.
- 125 [D4] **Royal Victoria Hospital,** 687 Av. des Pins Ouest, Métro: McGill, www.muhc.ca/royalvic, Tel. 9341934. Das ehrwürdige viktorianische Hauptgebäude hat eine lange Geschichte. Die Klinik gilt als eine der besten in ganz Kanada.

Montréal ist sehr kinderfreundlich. Auch in der Biosphère 51 gibt es einen Bereich für die kleinen Gäste.

Mit Kindern unterwegs

› **Biodôme** (s. S. 98). Ein Paradies für Kinder im Parc Olympique (56). Hier gibt es Affen, Aligatoren und Otter zu bestaunen und Pinguine aus nächster Nähe zu erleben: in der authentisch nachempfundenen Polarregion hinter Glas.

•126 [H5] **Centre des Sciences Montréal,** 2 Rue de la Commune Ouest (am Quai King Edward), Métro: Place-d'Armes, www.montrealsciencecentre.com, geöffnet: Mo.-Fr. 9-16, Sa./So. 10-17 Uhr, Eintritt: Erw. 14 C$, 13-17 J. 13 C$, Kinder bis 12 J. 8,50 C$, Familientickets ab 39 C$. Das Wissenschaftsszentrum im Alten Hafen (Vieux-Port ⑩) ist eines der meistbesuchten in ganz Kanada. Der Besuch gleicht einer didaktisch gut gemachten Entdeckungsreise mit technisch hochmodernen Mitteln. Die Kleinsten können im Clic!-Bereich Steuerräder bedienen, Staudämme errichten, ein Haus bauen und an Seilen klettern. Die Größeren haben längst nicht mehr nur das spektakuläre IMAX-Kino im Visier. Im Bereich „Science 26" können sie allein oder in der Gruppe an verschiedenen Multimedia-Spielen teilnehmen. Jede der 26 Wissenschaftsinseln ist nach einem Buchstaben benannt und beleuchtet interaktiv wissenschaftliche Phänomene. Manchmal ist es sehr voll, da es Abos für Schulklassen gibt. Im Café-Bistro Van Houtte neben dem Eingang findet man leckere und gesunde Köstlichkeiten.

› **Insectarium im Jardin Botanique** (57). Eines der größten Museen seiner Art weltweit ist besonders beliebt bei Kindern aller Altersgruppen. Hier lässt sich das teils verborgene Leben von mehr als 250.000 Insektenarten ergründen.

•127 [E6] **Laser Quest,** 1226 Rue Ste-Catherine Ouest, Métro: Peel, www.laserquest.com, Tel. 3933000, geöffnet: Di.-Do. 17-21, Fr. 16-23, Sa. 10-23, So. 10-20 Uhr, Eintritt: 8 C$. Sowohl für Erwachsene als auch für Kinder ist die interaktive Laserjagd ein spannendes Erlebnis. Über drei Etagen liefern sich zwei Teams einen Kampf mit Laserschwertern. In diesem Paradies für Science-Fiction-Fans werden 40 verschiedene Spiele für maximal 30 Personen gleichzeitig angeboten.

053mo Abb.: hmj

› **Planétarium Rio Tinto Alcan** (s. S. 98). Astronomie zum Anfassen, Wissenschaft der sinnlichen Art. Im „Théâtre du Chaos" können Kinder ab 7 Jahren ein 30-minütiges poetisches Spektakel mit Musik von Philip Glass erleben.

› **Salamander-Spielplatz am Lac aux Castors** ㊶. In der Nähe des „Bibersees" warten Badebrunnen, Kletterwand, Seilbahn und Sandkästen auf die Kleinsten.

(53) [J2] **Vergnügungspark La Ronde.** Die größte zweispurige Holzachterbahn ist vielleicht nicht für jeden geeignet. Aber es gibt viele Karussells, ein Riesenrad und eine Minirail-Bahn für die ganz Kleinen. Der Eintrittspreis ist stolz, aber hier lässt sich gut ein ganzer Tag verbringen.

› **Village des Neiges während der Fête des Neiges** (s. S. 40). Das temporäre Iglu-Schneedorf ist für Kinder ein Paradies, Rodelspaß inbegriffen.

Notfälle

Einheitliche Notrufnummer
Feuerwehr, Polizei, Ambulanz: **911**

Polizei

128 [E6] **Service de police,** Poste 20, 1432 Rue Ste-Catherine Ouest, Metro: Guy-Concordia, www.spvm.qc.ca, Tel. 2800120, geöffnet: tgl. 24 Std.

Fundbüro

› **Centre de service à la clientèle,** Métro: Berri-UQAM, Fundbüro der öffentlichen Verkehrsmittel im UG am Métro-Kassenhäuschen, geöffnet: Mo.–Fr. 7–21 Uhr, Sa./So. 9–16 Uhr

Kartenverlust

Im Falle eines **Kartenverlustes** (Kreditkarte, Maestro-/EC-Karte, SIM-Karte) gelten für deutsche Karten folgende zentrale **Sperrnummern:**
› Tel. +49 (0) 116116 oder
› Tel. +49 (0) 3040504050
› Infos: www.sperr-notruf.de, www.kartensicherheit.de

Für die Besitzer von **österreichischen und Schweizer Karten** wird dieser Service vorerst nicht angeboten. Deshalb sollten sie sich vor der Reise über die jeweiligen Sperrnummern informieren.

Vor Reiseantritt sollte man sicherheitshalber alle Karten, Versicherungspolicen und den Pass fotokopieren und die Kopien gesondert im Gepäck transportieren.

Beim **Verlust des Portemonnaies** kann man sich über die Website von **Western Union** (www.westernunion.

de) von seinem eigenen Konto Geld an eine Filiale schicken lassen (4–15 % Provision). Aber Achtung: Hat man auch noch den Pass verloren, kann man das Geld nicht in Empfang nehmen. Dann hilft nur der Gang zur Botschaft (s. S. 108). Das Geld kann z. B. hier abgeholt werden:
● **129** [G2] **Banque Laurentienne,** 1155 Rue Ste-Catherine Est, Métro: Berri-UQAM, geöffnet: Mo.–Fr. 9.30–16, Sa. 11–15 Uhr

Öffnungszeiten

Die meisten **Banken** haben Mo.–Mi. 10–15 und Do.–Fr. 10–19 Uhr geöffnet. Die **Postämter** öffnen meist schon um 8 Uhr, schließen aber bereits um 17 Uhr. Am Wochenende bleiben sie zu.

Viele **Museen** machen erst um 11 Uhr auf und schließen schon um 18 Uhr. Manche haben dafür mittwochs oder donnerstags bis 21 Uhr geöffnet. Montags sind fast alle Museen geschlossen.

Restaurants öffnen um 11.30 Uhr ihre Türen, **Cafés** gegen 8 oder 9 Uhr. Um Mitternacht ist noch lange nicht Schluss. So manches Restaurant serviert auch um 1 Uhr nachts noch ein Drei-Gänge-Menü, einige sogar durchgängig 24 Stunden (s. Für den späten Hunger S. 27). Wichtig: Häufig gelten im Winter andere Öffnungszeiten als im Sommer.

Post

Briefmarken (franz. *timbres,* engl. *stamps*) für Postkarten und Briefe nach Europa sowie in die Schweiz kosten 1,85 C$ (bis 30 g) bzw. 2,68 C$ (ab 30 g). Postsendungen

Praktische Reisetipps **117**

Radfahren, Schwule und Lesben

brauchen in der Regel per Luftpost ca. vier bis sechs Tage.

Die kanadische Post (www.canadapost.ca) unterhält über die Stadt verteilt viele **Postfilialen** *(bureau de poste)* – besonders zentral gelegen sind diese beiden:

✉ **130** [F5] **Hauptpost,** 1250 Rue University, Métro: Square-Victoria, geöffnet: Mo.–Fr. 8–17 Uhr

✉ **131** [F5] **Filiale Canada Post,** 159 Rue St-Antoine, Métro: Place-d'Armes, geöffnet: Mo.–Fr. 9–17 Uhr. Hier können postlagernde Sendungen abgeholt werden; es gibt Briefmarken, Postkarten und alle anderen Serviceleistungen.

Radfahren

Montréal ist die **fahrradfreundlichste Stadt in Nordamerika.** Mehr als 100 Kilometer sind in der Stadt als offizielle Fahrradrouten ausgewiesen. Selbst im Stadtzentrum gibt es **Fahrradwege.** Man sollte aber Vorsicht walten lassen, da das Verkehrsaufkommen enorm ist und der Fahrstil vieler Autofahrer zum Teil wüst.

Nach jahrelangem Kampf der Fahrradlobby dürfen jetzt sogar wochentags von 10 bis 15 und nach 19 Uhr sowie an Wochenenden ganztägig **im ersten Wagen der Métro** die Drahtesel mitgenommen werden. Das ist auch für Touristen ungemein praktisch. Stehen dort allerdings schon vier Fahrräder, muss man auf den nächsten Zug warten.

Verteilt über das gesamte Stadtgebiet findet man seit 2009 an über 400 Parkstationen rund 5000 **BIXI-Fahrräder.** Lange Trips werden schnell teuer, aber die ersten 45 Minuten sind kostenfrei – deshalb sind die Räder besonders praktisch für Kurzstrecken. Bezahlt wird mit Kreditkarte. Die BIXI-Fahrräder sind Apr. bis Nov. nutzbar.

❯ **Kosten:** 45 Min. kostenlos, dann in 30-Minuten-Tranchen gestaffelte Gebühren, 24 Std. ca. 6 C$. Von der Kreditkarte werden einmalig als Pfand 250 C$ abgebucht und erst nach zehn Tagen erstattet.

❯ **Weitere Infos:** www.bixi.com

Als **Fahrradverleih** empfiehlt sich der folgende Anbieter, der auch geführte Fahrradtouren durch Montréal offeriert und eine Vielzahl unterschiedlicher Fahrräder – inklusiver Kinderbikes, Tandems und Fahrräder mit Kindersitzen – zur Verfügung stellt:

🚲 **132** [G5] **Ça roule,** 27 Rue de la Commune Est, Métro: Place-d'Armes, www. caroulemontreal.com, Tel. 8660633, geöffnet: Apr.–Nov. tgl. 9–18 Uhr, Miete Mo.–Fr. ab 6,50 C$/Std., ab 28 C$/ Tag plus Kaution, Sa./So./feiertags ab 9 C$/Std., ab 33 C$/Tag. Geführte Touren wie etwa „Feel like a Montrealer" kosten 55 C$, Fahrradmiete inklusive. Zur Ausrüstung gehören ein Helm, ein Schloss und ein Fahrradstadtplan (auch Download über die Website möglich). Als Top-Destination wird einem Canal de Lachine ❺❾ ans Herz gelegt: eine flache, elf Kilometer lange Traumstrecke unter Bäumen mit historischer Industriekulisse. Bei Ça roule bekommt man auch Inlineskates (ab 9 C$/Std.).

Schwule und Lesben

Kanada überhaupt, aber Montréal im Besonderen gilt als **Ort der Toleranz.** Schon 1982 hat Kanada eine **Charta der Rechte und Freiheiten** *(Canadian Charter of Rights and Freedoms)* verabschiedet, die jede Art von rassenbezogener, religiöser,

Praktische Reisetipps
Schwule und Lesben

sprachlicher und auch sexueller Diskriminierung verurteilt. Im Jahr 2005 wurden gleichgeschlechtliche Ehen legalisiert.

Dass es in Montréal ein eigenes **Gay Village** ❸ gibt, hat sich mittlerweile auf der ganzen Welt herumgesprochen. Die Stadt gilt als eine der schwulenfreundlichsten Städte der Welt, die Regenbogenfahne ist Teil des Stadtbildes. Einzigartig sind auch die über der Rue Ste-Catherine [H1–D7] hängenden pinkfarbenen „**boules roses**".

Die **Lesben- und Schwulenparaden** sind nach dem Formel-1-Rennen und dem Jazzfestival die drittwichtigsten Touristenattraktionen der Stadt. Neben **DIVERS/CITÉ** und **Fierté Montréal** im Sommer findet das größte LGTB-Benefizevent weltweit, das **Black & Blue Festival**, im Oktober statt. Im November/Dezember verspricht das LGTB-Filmfest **Image + Nation** spannende Tage für Cineasten (alle s. S. 42).

❶ **133** [F1] **Community Centre for Gays and Lesbians of Montreal,** 2075 Rue Plessis, Métro: Beaudry, www.ccglm.org, geöffnet: tgl. 13–17 Uhr, Mo./Di./Do. auch 10–12. Lesbisch-schwules Zentrum mit Bücherei.

❯ Das französischsprachige Magazin **Fugues** (www.fugues.com) ist ein monatlich erscheinendes Szeneblatt, in dem die neuesten einschlägigen Cafés, Bars und Unterkünfte in Montréal zu finden sind.

❯ Der Blog der **Montréaler Tourismusorganisation** (auf Englisch und Französisch) ist ebenfalls ein lohnender Einstieg in die Szene: www.tourisme-montreal.org (Menüpunkt „Blog", dann „Gay life").

△ *Die „boules roses" verzaubern Le Village (Gay Village)* ❸ *von Mai bis September*

Praktische Reisetipps 119

Sicherheit, Sport und Erholung

Unterkünfte

Viele LGTB-freundliche Unterkünfte finden sich im Stadtteil **Le Village** (**Gay Village**) ❸①. Zu den empfehlenswerten Adressen zählen das **Alexandre Logan**, das **Bed & Breakfast du Village** und das **Turquoise B & B** (alle s. S. 126).

Nightlife

❯ **Sky** (s. S. 31).

⟳**134** [G3] **Stereo**, 858 Rue Ste-Catherine Est, Métro: Berri-UQAM, www.stereonightlife.net, Tel. 6582646, geöffnet: Fr.–So. 13–10 Uhr morgens. Im Jahr 2009 wurde der Klub mit Bar aufwendig renoviert. Jetzt tanzt hier wieder die Luzie, vorrangig Dragqueens, Hipsters und Studenten. Livekonzerte in stylish-schwarzem Ambiente.

⟳**135** [G2] **Unity**, 1171 Rue Ste Catherine Est, Métro: Beaudry, www.clubunitymontreal.com, geöffnet: Fr.–Sa. 22–3, Happy Hour 16–20 Uhr. Von außen hat das nicht zu übersehende backsteinrote Gebäude schon bessere Zeiten gesehen. Doch drinnen tobt in dem schon seit Jahren tonangebenden Megaklub das Leben ungebrochen. Auch die Terrasse, die allerdings nur im Sommer geöffnet ist, ist ein Erlebnis. Livekonzerte und DJ-Performances vom Feinsten. Dazu gibt es Wodka der Marke Pur aus Québec.

Sicherheit

„Frieden, Ordnung und eine gute Verwaltung" sind nicht umsonst in der kanadischen Verfassung festgeschrieben. Während die US-Amerikaner „das Streben nach Glück und Freiheit" in den Vordergrund stellen, sorgen in Kanada **allein 40.000 Bundesgesetze** für Ordnung, aber auch für viel Bürokratie. Die kanadische Polizei *Gendarmerie royale du Canada,* auch bekannt als *Mounties* („Berittene"), genießt ein hohes Ansehen; Kriminalität und Rauschgiftkonsum werden streng geahndet.

Montréal ist eine **sehr sichere Stadt.** Dennoch ist es – wie in jeder Großstadt – ratsam, einige Vorsichtsmaßnahmen zu treffen. Eine Kopie des Reisepasses sollte im Hotel deponiert werden. Im Morgengrauen nimmt man sich besser ein Taxi. Am Flughafen, auf Märkten, während großer Festivals und in der Métro sollte man auf der Hut sein vor **Taschendieben.** Etwas schummrig ist es vor allem abends im **Rotlichtviertel** auf der Rue Ste-Catherine Est [F4–F3] zwischen Boulevard St-Laurent ❸④ und Rue St-Denis ❸②.

Sport und Erholung

Sportbegeisterte kommen z. B. beim Jetboot- oder Kayakfahren, Eislaufen und Schwimmen auf ihre Kosten. **Jogger** können die sonnige Strecke entlang des Canal de Lachine ❺❾ ausprobieren. Erholung findet man etwa im empfehlenswerten **Bota Bota Spa** (s. S. 39). Die Internetseite www.ville.montreal.qc.ca liefert unter dem Menüpunkt „Activities and recreation" weitere Infos.

Eislaufen

❯ **Eisbahn auf dem Lac aux Castors** ❹①, geöffnet: Mo.–Do. 10–17, Fr.–So. 10–19 Uhr, Eintritt: frei. Die größere der beiden schönen Eisflächen des Bibersees ist 2500 m² groß. Im Chalet am See kann man sich Schlittschuhe leihen (6 C$/Tag) und zwischendurch eine heiße Schokolade trinken.

Sport und Erholung

› **Eisbahn Atrium im 1000 de la Gauchetière** ⓰, Tel. 3950555, geöffnet: ganzjährig Mo. 11.30–18, Di.–Fr. 11.30–21, Sa./So. 12.30–21 Uhr, Eintritt: 7,50 C$, Schlittschuhe: 7 C$/Tag. Auf dieser märchenhaften Indoor-Eisbahn friert man sich nicht die Nase ab und bewegt sich unter einer hübschen Glaskuppel zur Musik. Im Einkaufsstempel nebenan gibt es Snacks für die ganze Familie. Danach taucht man ab in die angrenzende Ville Souterraine (s. S. 71).

S**136** [H4] **Le Bassin Bonsecours,** Vieux-Port, hinter dem Marché Bonsecours, Métro: Champ-de-Mars, Tel. 4967678, geöffnet: Dez.–März Mo.–Mi. 10–21, Do.–So. 10–22 Uhr, Eintritt: 6 C$/Tag, Schlittschuhe: 6 C$/Tag, Kreditkarte als Pfand. Im Winter hat man hier eine riesige, perfekt gepflegte Eisfläche zur Verfügung, von der aus man das wunderschöne Hafenpanorama genießen kann. Dreimal tgl. wird die Eisfläche neu präpariert, dann ist 30 Min. Pause. Tgl. ab 19 Uhr gibt's Musik: Mo. Klassik, Di. Weltmusik, Mi. Alternative-Rock, Do. Romantisches, Fr. Musik der 1980er–1990er, Sa. Live-DJ, So. Chansons.

Kayak und Jetboot

S**137** [ci] **H2O Adventures,** an der Fußgängerbrücke hinter dem Marché Atwater, Métro: Lionel-Groulx, www.h2oadventures.com, Tel. 8421306, geöffnet: Mai Mo.–Fr. 12–8, Sa./So. 9–20 Uhr, Juni-Aug. tgl. 9–21 Uhr, Sept. Mo.–Fr. 12–7, Sa./So. 10–19 Uhr, Einer- und Tandem-Kayaks ab 20 C$/Std., Tretboote ab 12 C$/Std., Elektroboote mit Sonnenschutz (für 1–5 Pers.) ab 50 C$/Std. Dieser Vermieter lässt seine Boote auf den ruhigen Gewässern des Canal de Lachine ⓽ umherschippern. Umweltschonender geht's nicht.

●**138** [H4] **Jet Boating Sautes Moutons,** Quai de l'Horloge, Métro: Champ-de-Mars, www.jetboatingmontreal.com, Tel. 2849607, geöffnet: Mai–Okt. 10–18 Uhr alle 2 Std., Eintritt: 67 C$ für 90 Min. Mit dem Jetboot durch die Stromschnellen des Sankt-Lorenz-Stroms – eine Riesengaudi für Wasserratten und Seefeste. Nicht vergessen: Handtuch und Wechselwäsche mitbringen!

Schwimmen

S**139** [J3] **Complexe aquatique,** Île Ste-Hélène, Métro: Jean-Drapeau, Tel. 8722323, www.parcjeandrapeau.com, geöffnet: Mai u. Sept. Sa./So. 11–16, Juni-Aug. tgl. 10–21, Eintritt: 6 C$. Auf der malerischen Insel befindet sich in unmittelbarer Nähe zur Biosphère ⓟ ein Freibad de luxe mit gleich drei Schwimmbecken, das als eines der besten in ganz Kanada gilt. Es gibt Wasserrutschen, Sprungtürme und ein Extrabecken für die Kleinen, allerdings nur wenig Sonnenschutz.

Praktische Reisetipps 121
Sprache

EXTRATIPP

Eishockey im Centre Bell

Das weltbekannte Montréaler Eishockey-Team **Canadiens de Montréal,** genannt „Habs", hat allein 24-mal den nationalen Stanley Cup gewonnen. Eishockey ist eine der heiligen Kühe in Kanada. Schon lange vor der Anreise sollte man sich um Eintrittskarten für das Centre Bell kümmern. Wer kein Glück hat, kann wenigstens den **Temple de la Renommée** (die Hall of Fame) besuchen. Die Zeitreise durch 100 Jahre Hockeygeschichte, präsentiert auf 10.000 m², verzaubert jeden Eishockey-Fan. Der Nachbau einer Kabine aus den 1950er-Jahren ist ebenso zu bestaunen wie eine riesige Trikot-, Helm- und Schlägersammlung. Dem **Nationalhelden Maurice Richard** ist ein ganzer Raum gewidmet. Das Idol mit dem Spitznamen „Rocket" spielte von 1942 bis 1960 bei den Canadians und erzielte in seiner Karriere mehr als 500 Tore. Er wird bis heute über alle Maßen verehrt. Richard starb im Jahr 2000 und ist auf dem Friedhof Cimetière Notre-Dame-des-Neiges ㊷ begraben.

- ●**140** [E6] **Centre Bell,** 1909 Av. des Canadiens-de-Montréal, Métro: Lucien-L'Allier u. Bonaventure, www.centrebell.ca, Tel. 9892841, Vorverkauf: Mo.–Sa. 12–18 Uhr
- ❯ **Temple de la Renommée im Centre Bell** (s. oben), www.temple. canadiens.com, Tel. 9257777, geöffnet: Di.–Sa. 10–18, So. 12–17 Uhr, Eintritt: 11 C$

◁ *Ideales Terrain für Radfahrer und Jogger gleichermaßen: der Canal de Lachine* ㊹

Sprache

Die **Sprachenvielfalt** in Montréal ist ein Phänomen. 75 % der Bevölkerung versteht sowohl Französisch als auch Englisch. Der Anteil der Einwohner mit **Französisch** als Muttersprache liegt bei 62,7 %. Die zweitgrößte Gruppe sind die **„Allophones"**, deren Muttersprache keine der beiden Sprachen ist. **Englisch** ist für 12,9 % der Montréaler Muttersprache.

Dass Kanada zweisprachig ist, hat das Land der **Provinz Québec** zu verdanken. Hier wird mit Nachdruck gegen den zunehmenden Gebrauch des Englischen und die damit einhergehende Verdrängung des Französischen gekämpft. Québec erarbeitete im Zuge der Separatistenbewegung ein eigenes **Gesetz zur Sprachregelung.** Seit Verabschiedung der „Charta der französischen Sprache" im Jahr 1977 ist Französisch die Schul- und Amtssprache Québecs. Firmennamen und Verkehrsschilder müssen auf Französisch ausgewiesen sein. Es gibt sogar eine **„Sprachpolizei",** die z. B. darauf achtet, dass der „hot dog" durch die französische Variante „chien chaud" ersetzt wird. Fast alle englischen oder amerikanischen Filme und Fernsehsendungen werden synchronisiert; Websites gibt es in beiden Sprachvarianten. Kein Wunder, dass Québec bei der **Entwicklung von Sprachlern- und Übersetzungssoftware** weltweit führend ist.

Wird man als Reisender mit dem geläufigen „Bonjour, hello!" begrüßt, darf man selbst entscheiden, in welcher Sprache man fortfahren möchte. Einfacher geht's nicht. Wäre da nicht der ländliche, oft mit rollendem „R" gesprochenen **Québecer Dialekt** „Joual": Im 18. Jh. verloren die frankokanadischen Siedler allmählich

Stadttouren

den Kontakt zu ihrer Heimatscholle Frankreich, sodass sich ihre Sprache unabhängig weiterentwickelte. Auch das an fast jeden Satz angehängte, **melodische „là"** (gesprochen: „lo") ist eine Québecer Besonderheit. Terminologie und Aussprache sind ebenfalls anders. So mancher Frankophile, der nach Québec kommt, um seine Französischkenntnisse aufzupolieren, wundert sich, dass er vor Ort kaum etwas versteht. Im Mutterland Frankreich müssen sich Québecer aus diesem Grund allerlei Spott gefallen lassen.

Für **Touristen** ist es dennoch **einfach, sich in Montréal zu verständigen.** Man kann jedes Wort englisch oder französisch aussprechen, je nach Gusto. Auch wechseln die Montréaler sofort in die jeweils andere Sprache, wenn sie merken, dass man Schwierigkeiten hat. Ohnehin werden viele Gespräche abwechselnd in Englisch und Französisch geführt. In einem derart ausgeprägt bilingualen Umfeld versteht jeder sofort, was gemeint ist. Oder gibt es bei Sätzen wie „C'est le fun!" noch Zweifel?

❯ **Weitere Infos:** unsere Sprachhilfe im Anhang (s. S. 132)

Stadttouren

Busfahrten

❯ **Gray Line,** Abfahrt am Square Dorchester ⑬, Métro: Bonaventure, www. grayline.com, Tel. 9341222, ganzjährig, Dauer: 120 Min., Tickets: ab 49 C$. Dieser renommierte Anbieter hat 10 verschiedene Stadtrundfahrten im Programm, u. a. eine zweistündige Tour mit dem roten doppelstöckigen Hop-on-hop-off-Bus. Tickets sind im Centre Infotouriste (s. S. 110) erhältlich.

EXTRATIPP

Unterwegs mit dem Wasserbus

Amphi-Bus bietet eine Stadtrundfahrt der besonderen Art: Das **kunterbunte Amphibienfahrzeug** startet als Bus an Land und fährt gegen Ende der 75-minütigen Tour als Boot durch den Alten Hafen (Vieux-Port ❿). Ein Riesenvergnügen, zumal sich der Oldtimer-Wasserbus sogar bis zu den Stromschnellen vor der Île Ste-Hélène ㊽ vorwagt und die Besucher erfahren, was den Stadtführer mit Céline Dion verbindet.

● **141** [G5] **Abfahrtsort Amphi-Bus,** 2 Rue de la Commune/Ecke Boul. St-Laurent, Métro: Place-d'Armes, www.montreal-amphibus-tour. com, Tel. 8495181, Juli/Aug. tgl. 11–20 Uhr zur vollen Stunde, Mai/Juni u. Sept./Okt. tgl. 12, 14, 16 u. 18 Uhr, Tickets: 35 C$, Kinder 10 C$. Während des Feuerwerksfestivals L'International des Feux Loto-Québec (s. S. 41) wird eine **Feuerwerkstour** angeboten (21–23 Uhr, Tickets: 47,50 C$).

Walking Tours, Radtouren

❯ **Héritage Montréal,** www.heritagemon treal.qc.ca, Tel. 2862662, Touren (kostenlos) nur Sa./So., Treffpunkt telefonisch erfragen und Platz reservieren. Architekturspaziergänge und Fahrradtouren von sachkundigen Führern auf Englisch oder Französisch. Spannende Erkundungen mit dem Schwerpunkt Geschichte und Architektur.

Kutschfahrten

Eine Fahrt in einer historischen Kutsche in **Vieux-Montréal** kann ein lohnendes Vergnügen sein. Für eine

Praktische Reisetipps **123**

Telefonieren, Uhrzeit, Unterkunft

30-minütige Tour muss man mit rund 48 C$ pro Kutsche rechnen. Los geht's zum Beispiel am Place d'Armes ❶. Auch weiß der Kutscher zuweilen mehr über die Stadt als mancher Stadtführer.

Bootsfahrten

● **142** [H4] **Le Bateau-Mouche,** Quai Jacques-Cartier, im Vieux-Port, Métro: Place-d'Armes, www.bateaumouche.ca, Tel. 8499952, Mai–Okt. Abfahrt tgl. um 12.30, 14.30 u. 16 Uhr, Juli–Sept. auch 11 Uhr, Dauer: 60 Min., um 12.30 Uhr 90 Min., Tickets: 24 C$ für 60 Min., 28 C$ für 90 Min. Unter einem Glasdach sitzend, juckelt man gemütlich über das Wasser.

● **143** [H4] **Le Petit Navire,** Quai Jacques-Cartier, im Vieux-Port, Métro: Place-d'Armes, www.lepetitnavire.ca, Tel. 6021000, Abfahrt Mai–Okt. tgl. ab 11 Uhr stündlich, Tickets: 18 C$ für 45 Min. Dieser Anbieter zeichnet sich durch seine Flotte geräuscharmer und ökologisch unbedenklicher Elektroschiffe aus, die den Besucher auf eine Mini-Kreuzfahrt durch den Vieux-Port ❿ mitnehmen. An Feuerwerksabenden mit Aufpreis.

Telefonieren

❭ **Auslandsgespräche:** Die beste und preisgünstigste Variante sind **Guthaben- karten** *(calling cards),* die über das Eintippen einer gebührenfreien 800er-Nummer und eines Codes funktionieren. Sie sind in Supermärkten, in Kaufhäu-sern und an Tankstellen zu gestückelten Minutentarifen erhältlich. Mit diesen Kar-ten kann man auch von Hotelzimmern aus telefonieren.

❭ **Ortsgespräche:** Sie lassen sich eben-falls mit einer Guthabenkarte abwickeln, auch von Münzfernsprechern aus.

Vorwahlen

❭ Nach **Deutschland:** 011-49
❭ Nach **Österreich:** 011-43
❭ In die **Schweiz:** 011-41
❭ Nach **Montréal:** 001-514

514 ist die Städtevorwahl von Mont-réal, die auch bei Ortsgesprächen mitgewählt werden muss. In diesem Buch sind alle Telefonnummern **ohne Städtevorwahl** angegeben.

❭ **Hotelgespräche:** Ohne Guthabenkarte (s. Auslandsgespräche) sind die Minu-tenpreise meist völlig überzogen.
❭ **Handynutzung:** Die Roaming-Kosten sind hoch, wenn das mitgebrachte Handy überhaupt funktioniert. Am besten schal-tet man „Mobile Daten" und „Roaming" aus und wählt sich über einen der vielen WLAN-Hotspots (s. S. 113) ins Internet ein, um mobil über Skype zu telefonie-ren. Prepaid-SIM-Karten gibt es in vielen Supermärkten oder Zeitschriftenläden.

Uhrzeit

In Montréal gilt die **Eastern Standard Time (EST).** Der Zeitunterschied zur MEZ beträgt minus sechs Stunden. Die Sommerzeit fällt in etwa mit der Zeitumstellung in Deutschland zu-sammen. Die Differenz ändert sich daher nur an wenigen Tagen im März oder Oktober.

Unterkunft

Mit **mehr als 25.000 Zimmern** ge-hört Montréal in puncto Tourismus zu den herausragenden Destinationen in Nordamerika. Zur Auswahl stehen

Unterkunft

> **EXTRAINFO**
>
> **Preiskategorien**
> $ bis 80 C$
> $$ bis 150 C$
> $$$ bis 300 C$
> (Preis für ein Doppelzimmer pro Nacht inklusive Frühstück)

viele Mittelklassehotels, aber auch Bed and Breakfasts und Hostels, die ein gutes Preis-Leistungs-Verhältnis bieten.

In den Sommermonaten sollte man **rechtzeitig reservieren.** Auch sind Hotels relativ teuer, was zum Teil am Umrechnungskurs, aber auch an den Steuern liegt, die noch addiert werden und manchmal bis zu 15 % der Endsumme ausmachen. Man kann auch ein Apartment (s. S. 127) anmieten, z. B. in einem Hochhaus, inklusive **Klimaanlage** (*air condition,* abgekürzt AC), Fitnessstudio und Schwimmbadnutzung. In der heißen Zeit ist AC besonders praktisch. In den Sommermonaten bietet sich auch ein Studentenwohnheim als preiswerte Bleibe an. Gebucht werden kann – oft sogar recht günstig – auf den bekannten Buchungsportalen wie z. B. www.hrs.de.

Unterkunftsempfehlungen

Hotels

144 [G5] **Auberge Bonaparte** $$,
447 Rue St-Francois-Xavier, Métro: Place-d'Armes, www.bonaparte.ca, Tel. 8441448. Schlicht und elegant sind die 30 Zimmer dieses Jahrhundertwendebaus mitten in Vieux-Montréal, von denen einige nach hinten raus den Blick auf die Basilique Notre-Dame ❷ freigeben. Große Fenster, hohe Backsteinwände und renovierte Bäder sind nur einige der Vorzüge dieser anheimelnden Bleibe mit dem Charme des Alten Europa. Zum Frühstück gibt es Latte macchiato und Croissants im gleichnamigen Restaurant im EG.

145 [E1] **Auberge de La Fontaine** $$,
1301 Rue Rachel Est, Métro: Sherbrooke u. Mont-Royal, www.aubergedelafontaine.com, Tel. 5970166. Freunde kleiner Stadtoasen werden sich in diesem gemütlichen, direkt am Parc La Fontaine gelegenen Refugium mit Ziegelwänden, Sofas und Teppichböden in den Zimmern wohl fühlen. Das reichhaltige Frühstück wird in der großen Lobby mit Blick ins Grüne serviert. Zum Hauptgebäude gehören zwei geschmackvoll renovierte *Townhouses* mit jeweils 21 Zimmern. Zum Flanieren vom hübschen Plateau-Viertel bis ins Zentrum ist dieses mit mehreren Preisen ausgezeichnete, anheimelnde Hotel der ideale Ausgangspunkt. Ein Stück authentisches Montréal.

146 [E2] **Hôtel de l'Institut** $$,
3535 Rue St-Denis, Métro: Sherbrooke, http://ithq.qc.ca/hotel, Tel. 2825120. Neu, modern und sehr einladend ist dieses 4-Sterne-Hotel mit 42 schön designten Zimmern, das in einem Kubus über der Hotelfachschule der Provinz Québec logiert. Mit Blick auf einen der schönsten Orte der Stadt an der Grenze zwischen

056mo Abb.: hmj

Praktische Reisetipps **125**

Unterkunft

Quartier Latin und Plateau Mont-Royal ist man hier bestens aufgehoben. Im Servicebereich sind Auszubildende beschäftigt, das Restaurant im EG verwöhnt die Gäste mit regionalen Spezialitäten, viel Platz und Sonne. In dieser Kategorie eines der besten Hotels der Stadt!

147 [F3] **Hôtel Le Relais Lyonnais** $$, 1595 Rue St-Denis, Métro: Berri-UQAM, www.lerelaislyonnais.com, Tel. 4482999. Sehr geschmackvoll in Dunkelbraun und Weiß sind die geräumigen 10 Zimmer in einem schönen Jahrhundertwendebau eingerichtet. Hohe Decken, kleine Schreibtische mit DVD-Spieler und WLAN, Ledersessel und Sumatra-Rain-Duschen gehören zum Zimmerstandard. Zur Straße hin kann es etwas lauter sein. Ein Frühstück im Café La Brioche bietet sich an, ist aber nicht inklusive (ca. 8 C$).

148 [G5] **Hotel Nelligan** $$$, 106 Rue St-Paul Ouest, Métro: Place-d'Armes, www.hotelnelligan.com, Tel. 7882041. Das charmante Boutiquehotel im Herzen der Altstadt hat sich mittlerweile auf zwei 1850 erbaute Steinhäuser und 63 Zimmer ausgedehnt. Ziegelsteinwände, hohe Decken und Holzdielen verbreiten eine warme Loftatmosphäre. Einige Zimmer verfügen über einen Kamin, fast alle besitzen Ledersofas. Die Wände zieren Zeilen aus den Gedichten des berühmten Québecer Dichters Émile Nelligan. Die zauberhafte, nur im Sommer zugängliche Terrasse Nelligan (s. S. 28) ist bei Einheimischen und Touristen gleichermaßen beliebt.

◁ Das Hôtel de l'Institut bietet attraktives Design, eine zentrale Lage und gut gelauntes Personal

149 [E6] **Loews Hotel Vogue** $$-$$$, 1425 Rue de la Montagne, Métro: Peel, www.loewshotels.com, Tel. 2855555. Gediegener Luxus in Form von Riesenbetten, Flatscreen und Whirlpool in Kombination mit einer sehr guten Lage und ungemein liebenswertem Personal machen dieses etwas plüschige Hotel mit immerhin 142 Zimmern zu einer erstklassigen Adresse in Downtown. WLAN ist in der Lobby kostenlos. Wer ein weniger opulentes Frühstück bevorzugt, geht zu Starbucks eine Straßenecke weiter.

150 [D5] **Sofitel Montreal** $$$, 1155 Rue Sherbrooke Ouest, Métro: Peel, www.sofitel.com, Tel. 2859000. Im wohlhabenden Stadtteil Golden Square Mile in Downtown, in unmittelbarer Nähe zum Musée des Beaux-Arts **22**, liegt dieser von außen eher schlichte Hochhausbau, der mit europäischer Eleganz und stilvoll eingerichteten Zimmern, gutem Service und französischer Küche aufwartet. Zum Interieur gehören Kunstwerke, Teakholzmöbel, Marmorbäder und Panoramafenster. Die spektakuläre Lobby war schon in diversen Architekturmagazinen zu sehen.

151 [F5] **W Montréal** $$$, 901 Square-Victoria, Métro: Square-Victoria, www.whotels.com, Tel. 3953100. Luxus und Design bieten alle Hotels dieser von Stars und Sternchen heiß geliebten Kette, die 1998 in New York das erste Haus eröffnete. In Montréal logieren die Gäste in der umgebauten Bank of Canada im belebten Stadtzentrum. Serienmäßig im Programm: Regenwalddusche und Medienbibliothek, das legendäre W-Bett, Lichtinstallationen sowie viel Schwarz und Weiß. Edel sind auch die Materialien: Esche, Stein, Chrom und Parkett. Ein Ableger dieser Kette macht aus jeder Stadt laut Eigenwerbung einen globalen Hotspot. In der Bar trifft man illustre Gäste aus aller Welt.

Praktische Reisetipps

Unterkunft

🏠152 [F4] **Zero 1** $$, 1 Boul. René-Lévesque Est, Métro: Place-d'Armes, www.zero1-mtl.com, Tel. 8719696. Hier kommen Designfans auf ihre Kosten. Und das smarte, hochwertig eingerichtete Hotel besitzt eine spektakuläre Dachterrasse. Jedes der 163 zum Teil recht kleinen Zimmer ist mit einer Küche ausgestattet. So zentral die Lage, so schön ist auch der Blick auf Downtown und das Quartier des Spectacles. Am ruhigsten sind die Zimmer in den oberen Stockwerken. Die Gegend ist etwas schummrig. Gute Last-Minute-Angebote über die Website buchbar; die fünfte Nacht ist kostenlos.

Bed & Breakfast

☎153 [G2] **Alexandre Logan** $, 1631 Rue Alexandre-de-Sève, Métro: Beaudry, www.alexandrelogan.com, Tel. 5980555. Das komplett renovierte viktorianische Haus aus dem Jahr 1870 wartet mit Parkettboden, Riesenmatratzen, Panoramafenstern und Art-déco-Ornamentik auf. Gastgeber Alain kümmert sich um jeden Besucher und schafft ein gastfreundliches Ambiente. Nicht umsonst hat das Haus schon mehrere Preise gewonnen. Mit Frühstücksraum und Terrasse.

☎154 [F2] **Atmosphère** $-$$, 1933 Rue Panet, Métro: Sherbrooke, www.atmospherebb.com, Tel. 5107976. Klein, aber saniert sowie mit viel Holz und Kunstwerken verschönert sind die Zimmer in dem 1875 erbauten *Townhouse* in einer ruhigen Seitenstraße zwischen dem Parc La Fontaine und Gay Village. Mindestbuchung in der Hauptsaison: 2 Nächte. Wohlfühlatmosphäre in stilechtem, viktorianischem Ambiente und sättigendes 3-Gänge-Frühstück. Nichtraucherhaus.

☎155 [G2] **Bed & Breakfast du Village** $-$$, 1279 Rue Motcalm, Métro: Beaudry, www.bbv.qc.ca, Tel. 5224771. Mitten in Le Village **31** ist dieses gehobene B & B eine der besten Adressen. Die hell und mit viel Holz eingerichteten, wenngleich relativ kleinen Zimmer sind sehr anheimelnd und stilvoll. Philippe und Nicolas servieren ein opulentes Frühstück und helfen gern bei der Suche nach Adressen. Zusammen mit ihrem Cockerspaniel Filou machen sie den Aufenthalt zu einer sehr familiären Angelegenheit. Aus einigen Zimmern blickt man von oben auf die „boules roses".

☎156 [C3] **Casa Bianca** $$-$$$, 4351 Av. de l'Esplanade, Métro: Mont-Royal (weit zu laufen), Bus 80 bis Av. du Parc, www.casabianca.ca, Tel. 3123837. Im schönen, weitläufigen Stadtteil Plateau Mont-Royal, in unmittelbarer Nähe zum sonntäglichen Trommelfestival Tam-Tams (s. S. 41), liegt das „Weiße Haus", in dem es Zimmer und Suiten gibt. Man hat das Gefühl, bei guten Freunden zu wohnen und genießt das Bio-Frühstück. Gemütlich und persönlich.

☎157 [E3] **Pierre et Dominique** $-$$, 271 Square St-Louis, Métro: Sherbrooke, Tel. 2860307. In einem schmucken viktorianischen Reihenhäuschen mietet man hier ein kleines, aber bunt, hell und einladend eingerichtetes Zimmer mit Blick auf den herrlichen Square St-Louis. Für das hausgemachte Bio-Frühstück stehen Pierre und Dominique extra früh auf. Außerdem gibt es in dem mit Holzfußböden ausgestatteten Steinhaus mit nur drei Zimmern eine kleine Küche, WLAN und TV. Gute Unterhaltung, persönlicher Service und frankokanadische Gastfreundschaft sind im Preis inbegriffen.

☎158 [G2] **Turquoise B & B** $-$$, 1576 Rue Alexandre-de-Sève, Métro: Beaudry, www.turquoisebb.com, Tel. 5239943. Im Herzen von Le Village **31** liegt diese farbenfrohe Oase mit nur fünf Zimmern und Gemeinschaftsbad in einem viktorianischen Haus. Das Ensemble wurde erst kürzlich liebevoll und mit viel Geschmack renoviert. Der Clou ist die Gartenterrasse, auf der man sich im Sommer das leckere Frühstück servieren lassen kann.

☎159 [D4] **University Bed & Breakfast** $-$$, 623 Rue Prince Arthur, Métro: McGill, www.universitybedandbreakfast.ca, Tel. 8426396. Im Internet kann jedes der individuell gestalteten, kleinen, aber feinen Zimmer angeklickt und direkt gebucht werden. Schmiedeeiserne Bettgestelle, Dielenfußböden und bunt gemusterte Bettwäsche sind in jedem Raum zu finden. Auch die Lage in einer ruhigen, aber zentralen Seitenstraße in Uni-Nähe macht diese charmante, sehr saubere Bleibe attraktiv. Die Suiten verfügen über Tische und kleine Küchenzeilen. Bio-Frühstück mit Fairmount Bagels (s. S. 25) und Ahornsirup.

Hostels

☎160 [H4] **La Maison du Patriote** $, 169 Rue St-Paul Est, Métro: Place-d'Armes, www.lamaisondupatriote.ca, Tel. 8660855. Mehrere Preise hat dieses mitten in Vieux-Montréal beheimatete Hostel schon gewonnen. Gerühmt werden in erster Linie die Lage, das Preis-Leistungs-Verhältnis und die Sauberkeit. Auch die sehr private und freundliche Atmosphäre locken viele Gäste zum Teil mehrmals hierher. Kostenpunkt: 22 C$ im Fünfbettzimmer, 39 C$ p. P. im DZ, kein Frühstück. Kostenloses WLAN.

☎161 [E3] **Le Gîte du Plateau Mont-Royal** $, 185 Rue Sherbrooke Est, Métro: Sherbrooke oder zu Fuß vom Zentralen Busbahnhof (s. S. 106), Tel. 2841276. Zentral im Boheme-Stadtteil Plateau Mont-Royal gelegen, hat dieses einladende Hostel außerdem eine Dachterrasse und ein leckeres Pancake-Frühstück zu bieten. Das WLAN ist etwas langsam, dafür haben die 25 Zimmer

in dem Jahrhundertwendehaus hohe Decken und Holzfußböden. Ein authentisches Montréal-Erlebnis und eine Gute-Laune-Bleibe. DZ ab 38 C$ p. P. ohne Frühstück, 28 C$ im Mehrbettzimmer.

☎162 [F1] **Le Gîte du Parc Lafontaine** $, 2250 Rue Sherbrooke Est, Métro: Sherbrooke (ca. 20 Min. Fußweg), Tel. 5223910. In einem schönen *Townhouse* mit hohen Decken und Parkett ist dieses charmante Hostel direkt an einem schönen Park untergebracht. Man übernachtet im hippen Plateau-Viertel und ist dort überall recht schnell. 42 C$ p. P. im DZ, 28 C$ p. P. im Vierbettzimmer. WLAN kostenfrei, Frühstück inklusive.

Apartments

●164 [E4] **Corporate Stays** $-$$$, 400 Rue Sherbrooke Ouest, Métro: Place-des-Arts (Ausgang Rue de Bleury), www.corporatestays.com, Tel. 6644098, Vermittlungsbüro im EG des Apartmenthauses, geöffnet: tgl. 9 – 18 Uhr. Einfach über das Internet zu buchen sind bei dieser renommierten Agentur alle Arten von möblierten Apartments. Ab 100 C$ pro

---

EXTRATIPP

Übernachten im Studentenwohnheim

In den Sommermonaten von Mitte Mai bis Mitte August kann man in den Résidences Universitaire de l'UQAM im Stadtteil Downtown im Herzen des Quartier des Spectacles günstig übernachten. Es gibt auch Studios; jedes Zimmer ist mit einer kleinen Küchenzeile ausgestattet. Allerdings sollte man lange im Voraus buchen.

☎163 [E4] **Studentenwohnheim Auberge de l'Ouest**, 2100 Rue St-Urbain, Métro: Place-des-Arts, www.residences-uqam.qc.ca, Tel. 9877747, ca. 60 – 90 C$ pro Nacht, WLAN gratis

Nacht findet man sich in einer perfekt eingerichteten, mit Waschmaschine und WLAN ausgestatteten modernen Wohnung im gewünschten Stadtteil wieder. In der Rue Sherbrooke Ouest befindet sich z. B. ein zur Wahl stehendes Hochhaus mitten in Downtown, Pool- und Fitnesstudio-Nutzung inklusive. Zuverlässiger Service und eine echte Alternative zu den nicht gerade günstigen Hotels.

Verhaltenstipps

Am besten so:

> Kanadier sind **freundliche und sehr höfliche Menschen.** Man kommt leicht mit ihnen ins Gespräch. Setzt man sich in einem Café zu jemand Fremden an den Tisch, schaut man ihn an und grüßt freundlich. Dabei ist wichtig, den **persönlichen Abstand** von einem Meter nicht zu unterschreiten.

> Nicht zuletzt durch die Verbreitung des Internets ist Englisch beinahe jedem Québecer in Fleisch und Blut übergegangen. Über selbst hilflose **Versuche, (Schul-)Französisch zu sprechen** und das eine oder andere „Bonjour" und „Merci" freuen sich die Montréaler dennoch besonders und registrieren es mit Dankbarkeit. Damit zeigt der Besucher, dass er die hiesigen Gepflogenheiten verstanden hat.

> **Kleidung** spielt in Nordamerikas zweitwichtigster Textilhochburg nach New York eine große Rolle. Outdoorklamotten sind in Ordnung, aber gepflegt sollte man auftreten. Überraschend ist vielleicht, wie schick und hip sich vor allem Studenten und die digitale Boheme kleiden.

> **Rücksichtnahme** ist oberstes Gebot. Tritt man jemandem versehentlich auf den Fuß oder rempelt ihn an, passiert es nicht selten, dass sich der Betroffene entschuldigt. Dann sollte man sofort sein Bedauern ausdrücken.

So nicht:

> Wer **die Sonne unterschätzt,** setzt sich ernsthaften Gefahren aus. Vor allem bei Paddeltouren und Fahrradausflügen ist Kopfbedeckung Pflicht. Eine Sonnencreme mit hohem Lichtschutzfaktor sollte mehrmals täglich aufgetragen werden.

> Von **hochhackigen Schuhen** ist dringend abzuraten, v. a. beim Spaziergang über das Kopfsteinpflaster in Vieux-Montréal.

Verkehrsmittel

Métro

Die Montréaler U-Bahn wurde 1966 eingeweiht und wird von der **Société de transport de Montréal (STM)** betrieben. Der Zuschlag für die Expo 1967 beschleunigte den Bau der U-Bahn entscheidend. Kurz darauf wurde die gelbe Linie zum Expo-Gelände auf die Île Ste-Hélène 49 gebaut. Anlässlich der Olympischen Spiele 1976 wurde die grüne Métrolinie bis zum Olympiapark erweitert.

Vollständig unterirdisch fahren auf dem **70 Kilometer langen Streckennetz** pro Tag **mehr als 1 Million Fahrgäste** in gummibereiften Zügen, dank derer eine Unterquerung des Sankt-Lorenz-Stroms möglich ist. 2014 wird mit der Auslieferung von knapp 500 neuen Wagen aus der Fabrik des kanadisch-französischen Konsortiums Bombardier-Alstom gerechnet. Einzigartig an der Montréaler Métro ist die große Anzahl an **Kunstwerken,** welche die insgesamt **68 Stationen** schmücken (s. Exkurs S. 38).

Die Züge der **vier Métrolinien** (grün, orange, gelb und blau) verkehren täglich zwischen 5.30 und 1 Uhr nachts. **Tagestickets** *(1 jour/1 day)* kosten 9 C\$ und sind ab Entwertung 24 Stunden gültig. **3-Tages-Tickets** *(3 jours/*

3 days) sind für 18 C$ erhältlich. **Wochenendtickets** *(week-end illimité/unlimited weekend)* für 12 C$ gelten von Freitag 18 Uhr bis Montag 5 Uhr. Alle drei empfohlenen Fahrkartenarten sind im gesamten Netz gültig, inklusive der Buslinien, d. h. auch im Flughafenbus 747 (s. S. 106).

Am Flughafen (s. S. 106) angekommen, kauft man am besten ein Tagesticket, das man später noch in der Stadt weiternutzen kann. Die Fahrkarten sind an jeder Métro-Station am Automaten oder am Schalter erhältlich. Man hält sie an die **Magnetvorrichtung** und geht durch die **Schranke**.

› Weitere Infos: www.stm.info (auf Englisch und Französisch), auch als App erhältlich (s. S. 111)
› Ein **Métroplan** befindet sich in der hinteren Klappe dieses Buches.

Bus

Das städtische Bussystem wird ebenfalls von der STM betrieben. Es ist außerordentlich gut ausgebaut, zuverlässig und praktisch. Es gibt allein **fünf verschiedene Bustypen**: reguläre Busse *(réseau local)*, Schnellbusse *(réseau express)*, Nachtbusse *(réseau de nuit,* tgl. 0–5 Uhr), Expressbusse und Shuttlebusse.

Einzelfahrscheine *(1 passage/1 trip)*, gültig für 120 Min. sowohl im Bus als auch in der Métro, gibt es allerdings nur für passend gezahlte 3 C$. Der Busfahrer kann und darf nicht wechseln. **Tagestickets** oder **Mehrtagestickets** (s. oben) sind allemal sinnvoller. Man hält sie an die Magnetschranke und sucht sich einen Sitzplatz. Einen Buslinienplan *(plan des réseaux)* gibt es an jedem Métrokiosk.

› Weitere Infos: www.stm.info

Taxi

Ein Taxi ist für nicht allzu weite Strecken sinnvoll. Allerdings steht man oft im Stau, vor allem während der Rushhour. Der **Starttarif** liegt bei etwa 3,30 C$, jeder weitere Kilometer kostet ca. 1,60 C$.

Von jedem Ort in der Stadt **zum Flughafen** (s. S. 106) gilt ein **Fixpreis**

◰ Kunst in der Métro: das bunte Wandmosaik in der Station Jean-Talon besteht aus 256 Kacheln

Praktische Reisetipps
Wetter und Reisezeit

von 38 C$ (ca. 27 €). Das scheint zunächst teuer, rechnet sich aber, wenn man zu mehreren fährt. Folgende Taxiunternehmen sind empfehlenswert:

› **Taxi Champlain:**
Tel. 2732435 u. 2711111,
www.taxichamplain.qc.ca. Dieser Anbieter verfügt über eine Flotte von 500 Wagen mit Klimaanlage.

› **Atlas Taxi:** Tel. 4854888

Wetter und Reisezeit

Die beste Reisezeit für Montréal ist **Mai bis September**. Schon im Mai ist es häufig fast 20 °C warm. Sommerlich, unbeschwert und einladend ist die Stadt im Juni. In den Sommermonaten Juli und August muss man mit bis zu 28 °C und viel Luftfeuchtigkeit rechnen. In dieser Zeit sind in den USA und in Europa Sommerferien, sodass viele Hotels teuer und lange vor Reisebeginn ausgebucht sind. Eine Unterkunft mit Klimaanlage ist dann empfehlenswert. Im Oktober beginnt mit der Laubfärbung der **Indian Summer**, der jedoch schon Ende des Monats vorbei sein kann. Trotzdem kann man in dieser Zeit mit mildem Klima und blauem Himmel rechnen.

Zwischen Ende November und Mitte April liegt Schnee. Oft auch Schneematsch. Dafür ist der Himmel oft klar und freundlich. Temperaturen von –18 °C sind keine Seltenheit. Weil die Luft trocken ist, fühlt es sich aber wie um die 0 °C an. Die Effizienz der Schneeräumgeräte ist so groß, dass die Kanadier staunen, wenn 5 cm Neuschnee Europa lahm legen. Im Januar und Februar steigen die Temperaturen kaum über den Gefrierpunkt. Für Winterliebhaber gibt es Festivals (s. S. 40), Eislaufflächen (s. S. 119) und natürlich die Ville Souterraine (s. S. 71).

Ende April erwacht die Stadt zu neuem Leben. Mit vereinzelten, meist kurzen **Regentagen** muss das ganze Jahr über gerechnet werden. Die Autorin bevorzugt den Juni oder aber die kälteren Monate, empfiehlt aber in dem Fall festes, warmes Schuhwerk!

▷ *Beliebter Treffpunkt der Montréaler: die Alexander-Calder-Skulptur* 50

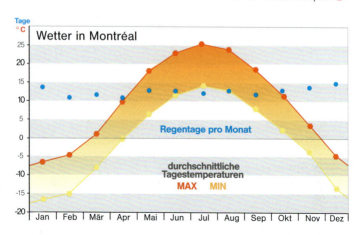

Anhang

132 Anhang

Kleine Sprachhilfe Französisch

Kleine Sprachhilfe Französisch

Die folgenden Wörter und Redewendungen wurden dem Reisesprachführer „Französisch – Wort für Wort" (Kauderwelsch-Band 40) aus dem REISE KNOW-HOW Verlag entnommen.

Lautschrift

Hier sind diejenigen Lautschriftzeichen aufgeführt, deren Aussprache abweichend vom Deutschen ist bzw. sein kann:

sh	stimmhaftes „sch" wie das zweite „g" in „Garage"
s	stimmhaftes „s" wie in „Rose"
ß	stimmloses „s" wie in „Bus"
e	langes „e" wie in „Tee"
ö	unbetont wie auslautendes „e" in „Hose"
ā	nasaliertes „a" wie in „Abonnement"
ē	nasalierter „ä"/"ö"-Laut wie in „Mannequin"
ō	nasaliertes „o" wie in „Beton"

Häufig gebrauchte Wörter und Redewendungen

oui	(ui)	ja
non	(nõ)	nein
merci	(märßi)	danke
s'il vous plaît	(ßilwu plä)	bitte
Salut!	(ßalü)	Hallo!
Salut!	(ßalü)	Tschüss!
Bonjour!	(bōshur)	Guten Tag!
Bonsoir!	(bōßoar)	Guten Abend!
Au revoir!	(oh röwoar)	Auf Wiedersehen!
Pardon! / Excusez-moi!	(pardõ / äxküsemoa)	Entschuldigung!

Die wichtigsten Zeitangaben

hier	(jär)	gestern
aujourd'hui	(oshurdüi)	heute
demain	(dömä)	morgen
après-demain	(aprä dömä)	übermorgen
le matin	(lö matä)	morgens
à midi	(a midi)	mittags
l'après-midi	(laprä midi)	nachmittags
le soir	(lö ßoar)	abends
la nuit	(la nüi)	nachts
tous les jours	(tu le shur)	täglich
avant	(awã)	früher
plus tard	(plü tar)	später
maintenant	(mētönã)	jetzt
tôt	(toh)	bald

Zahlen

0	(sero)	zéro
1	(ē, ün)	un, une
2	(dö)	deux
3	(troa)	trois
4	(katr)	quatre
5	(ßēk)	cinq
6	(ßiß)	six
7	(ßät)	sept
8	(üit)	huit
9	(nöf)	neuf
10	(diß)	dix
11	(õs)	onze
12	(dus)	douze
13	(träs)	treize
14	(kators)	quatorze
15	(kēs)	quinze
16	(säs)	seize
17	(dißät)	dix-sept
18	(dißüit)	dix-huit
19	(dißnöf)	dix-neuf
20	(wē)	vingt
30	(trät)	trente
40	(karät)	quarante
50	(ßēkät)	cinquante
60	(ßwaßät)	soixante
70	(ßwaßätdiß)	soixante-dix
80	(katrwē)	quatre-vingt
90	(katrwēdiß)	quatre-vingt-dix
100	(ßõ)	cent

+++ NEU: Die wichtigsten Wörter mit dem Bonus-Audiotrack des Kauderwelsch-

Anhang **133**

Kleine Sprachhilfe Französisch

Die wichtigsten Fragewörter

qui?	(ki)	wer?	comment?	(komē)	wie?
quoi?	(qua)	was?	combien?	(kõbiē)	wie viel?
où?	(u)	wo?	quand?	(kã)	wann?
d'où?	(du)	woher?	depuis quand?	(döpüi kã)	seit wann?
où?	(u)	wohin?	combien	(kõbiē	wie lange?
pourquoi?	(purqua)	warum?	de temps?	dö tã)	

Die wichtigsten Richtungsangaben

à droite	(a droat)	rechts / nach rechts	proche	(prosch)	nah
à gauche	(a gohsch)	links / nach links	près d'ici	(prä dißi)	in der Nähe
			de retour	(dö rötur)	zurück
tout droit	(tu droa)	geradeaus	le carrefour	(karfur)	die Kreuzung
en face	(ã faß)	gegenüber	le feu	(fö)	die Ampel
ici	(ißi)	hier	au coin	(o koē)	an der Ecke
juste ici	(shüst ißi)	gleich hier	au centre	(o ßãtr)	im Zentrum
là	(la)	dort	dehors	(döor	außerhalb
loin	(loē)	weit	de la ville	dö la wil)	der Stadt

Die wichtigsten Floskeln und Redewendungen

Soyez le bienvenu! / Soyez la bienvenue!	(ßoaje lö / la biêwönü)	Herzlich willkommen! (m/w)
Comment allez-vous?	(komãtalewu)	Wie geht es Ihnen?
Ça va?	(ßa wa)	Wie gehts?
Ça va.	(ßa wa)	Danke gut.
Bonne chance!	(bõn schäß)	Viel Erfolg!
Je ne sais pas.	(shö nö ßä pa)	Ich weiß nicht.
Bon appétit!	(bõ apeti)	Guten Appetit!
A votre santé!	(a wotr ßãte)	Zum Wohl!
L'addition, s'il vous plaît!	(ladißjõ, ßilwuplä)	Die Rechnung bitte!
Félicitations!	(felißitaßjõ)	Glückwunsch!
Dommage!	(dohmash)	Schade!
Je suis désolé!	(shö ßüi desole)	Es tut mir sehr Leid!
Est-ce qu'il y a ...?	(äß kilja ...)	Gibt es ...?
Est-ce que vous-avez ...?	(äß kö wusawe ...)	Haben Sie ...?
J'ai besoin de ...	(shä bösõ dö ...)	Ich brauche ...
S'il vous plaît, donnez-moi ...	(ßilwuplä, done-moa ...)	Geben Sie mir bitte ...
Où est-ce qu'on peut acheter ...?	(u äß kõ pö aschte ...)	Wo kann man ... kaufen?
Combien coûte ...?	(kõbiē kut ...)	Wie viel kostet ...?
Je cherche ...	(shö schärsch ...)	Ich suche ...
Où est ...?	(u ä ...)	Wo ist ...?
Où se trouve ...?	(u ßö truw ...)	Wo befindet sich ...?

AusspracheTrainers auf PC oder Smartphone lernen (siehe Umschlag hinten) +++

Anhang

Kleine Sprachhilfe Französisch

Pourriez-vous m'emmener à ...?	(purie wu māmöne a ...)	Können Sie mich zu/nach ... bringen?
Aidez-moi, s'il vous plaît!	(äde-moa, ßilwuplä)	Helfen Sie mir bitte!
A quelle heure?	(a käl-ör)	Um wie viel Uhr?
Vous permettez?	(wu pärmäte)	Gestatten Sie?

Nichts verstanden? – Weiterlernen!

Je parle seulement un peu.	(shö parl ßölmä ē pö)	Ich spreche nur ein bisschen.
Comment?	(komã?)	Wie bitte?
Je n'ai pas / rien compris.	(shö nä pa / riē kõpri)	Ich habe nicht / nichts verstanden.
Est-ce que quelqu'un parle anglais?	(äß-kö kälkē parl ãglä?)	Spricht hier jemand Englisch?
Comment traduit-on ... en français?	(komã tradüitõ ... ã frãßä?)	Was heißt ... auf Französisch?
Comment prononce-t-on ce mot?	komã pronõßtõ (ßö moh?)	Wie spricht man dieses Wort aus?
Répétez, s'il vous plaît!	(repete, ßilwuplä)	Wiederholen Sie bitte!
Parlez plus lentement, s'il vous plaît!	(parle plü lãtmã, ßilwuplä)	Sprechen Sie bitte langsamer!
Pourriez-vous me l'écrire, s'il vous plaît?	(purie-wu mö lekrir, ßilwuplä?)	Können Sie mir das bitte aufschreiben?

Wochentage

lundi	(lēdi)	Montag
mardi	(mardi)	Dienstag
mercredi	(märkrödi)	Mittwoch
jeudi	(shödi)	Donnerstag
vendredi	(wēdrödi)	Freitag
samedi	(ßamdi)	Samstag
dimanche	(dimäsch)	Sonntag

Jahreszeiten

le printemps	(prētã)	Frühling
en printemps	(ã prētã)	im Frühling
l'été	(ete)	Sommer
en été	(ãn-ete)	im Sommer
l'automne	(ohton)	Herbst
l'hiver	(iwär)	Winter
la saison	(ßäsõ)	Jahreszeit

Monate

janvier	(shãwie)	Januar
février	(fewrie)	Februar
mars	(marß)	März
avril	(awril)	April
mai	(mä)	Mai
juin	(shüē)	Juni
juillet	(shüijä)	Juli
aôut	(ut)	August
septembre	(septēbr)	September
octobre	(oktobr)	Oktober
novembre	(nowēbr)	November
décembre	(deßēbr)	Dezember

Mit REISE KNOW-HOW ans Ziel

Landkarten
aus dem *world mapping project*™
bieten beste Orientierung – weltweit.

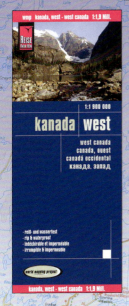

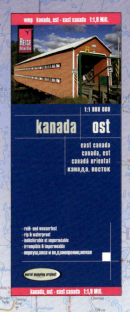

Landkarte Kanada West
1: 1,9 Mio.
ISBN 978-3-8317-7215-5
8,90 Euro [D]

Landkarte Kanada Ost
1: 1,9 Mio.
ISBN 978-3-8317-7216-2
8,90 Euro [D]

- Aktuell über **180** Titel lieferbar
- Optimale Maßstäbe   ▪ 100%ig wasserfest
- Praktisch unzerreißbar   ▪ Beschreibbar wie Papier   ▪ GPS-tauglich

Weitere Titel für die Region von REISE KNOW-HOW

CityTrip Toronto
M.Brinke, P. Kränzle
978-3-8317-2393-5

11,95 Euro [D]

CityTrip Vancouver
T. Barkemeier
978-3-8317-2383-6

9,95 Euro [D]

Mit begleitendem Service für Smartphones, Tablets & Co.:
→ GPS-Daten aller beschriebenen Örtlichkeiten
→ Stadtplan als GPS-PDF

Viele reisepraktische Infos | Sorgfältige Beschreibung der interessantesten Sehenswürdigkeiten | Historische Hintergründe der Stadt Geschichte der Region | Detaillierte Stadtpläne | Empfehlenswerte Unterkünfte Restaurants aller Preisklassen | Erlebnisreiche Stadtrundgänge Kleine Sprachhilfe | Mit City-Faltplan zum Herausnehmen | 144 Seiten

www.reise-know-how.de

Register

1000 de la Gauchetière 70

A
Abkürzungen 5
ADAC 107
Adapter 109
Ahornsirup 19, 20
Aldred Building 58
Alexander-Calder-
    Skulptur 93
Alter Hafen 65
Altstadt 58
American Express
    Travelers Cheques 109
Amtssprache 52
Andenken 13
Anreise 106
Apartments 127
Apotheken 114
Apps 111
Arcade Fire 55
Architektur 46
Arts Building 72
Arzt 114
ATM 109
Autofahren 106
Avenue Duluth 85

B
Bagel-Shops 25
Bankautomaten 109
Bankmuseum 59
Bank of Montreal 58
Barrierefreies Reisen 108
Bars 30
Basilique Notre-Dame 60
Bed & Breakfast 126
Belvédère
    Camillien-Houde 86
Belvédère Kondiaronk 87
Bibliothèque St-Sulpice 80
Biodôme 98
Biosphère 94
Bootsfahrten 123
Borduas, Paul-Émile 76, 79

Botanischer Garten 99
Boulevard St-Laurent 84
Briefmarken 116
Bücher 15
Bus 129
Busbahnhof 106
Busrundfahrten 122
BYOB 20

C
Cafés 26
Canal de Lachine 101
Carré St-Louis 81
Cartier, George-Étienne 85
Cartier, Jacques 44, 49, 86
Casino de Montréal 96
Cathédrale Marie-
    Reine-du-Monde 69
CCA 76
Centre Bell 121
Centre Canadien
    d'Architecture 76
Centre Clark 91
Centre d'Histoire
    de Montréal 33
Centre Infotouriste 110
Centre-Ville 67
Chapelle Notre-Dame-de-
    Bon-Secours 63
Chapelle Notre-Dame-de-
    Lourdes 77
Château Ramezay 62
Christ Church Cathedral 70
Cimetière Mont-Royal 89
Cimetière Notre-Dame-
    des-Neiges 89
Cirque du Soleil 32
Cosmodôme 104
Crêperien 26
Croix du Mont-Royal 87

D
Demografie 46
Design 15, 51
Dollar 109
Dorchester Square 67
Downtown 67

E
EC-Karte 109
Écomusée du
    Fier Monde 82
Édifice Aldred 58
Édifice Ernest-Cormier 61
Édifice New York Life 58
Église St-Enfant-Jésus
    du Mile End 89
Église St-Jacques 78
Église St-Jean-
    Baptiste 83
Église St-Michel-et-
    St-Antoine 90
Einkaufen 13
Einkaufszentren 18
Ein- und Ausreise-
    bestimmungen 108
Eishockey 121
Eislaufen 119
Englisch 52, 121
Entspannung 39
Erholung 119
Essen und Trinken 19
Expo 67 93

F
Fahrkarten 129
Fahrradverleih 117
Feiertage 42
Feste und Festivals 40
Fête des Neiges 40
Feuerwerksfestival 95
First Nations 52
Flughafen 106
Französisch 52, 121, 132
Fuller, Richard
    Buckminster 94
Fundbüro 116

G
Galerien 36
Galérie Simon Blais 91
Gastronomie 19
Gay Village 82
Geldfragen 109
Geschichte 47

Register

Getränke 20
Gewichte 113
Grande Bibliothèque 78

H
Habitat 67 66
Handys 123
Hochhaus 1000 de la
   Gauchetière 70
Höchstgeschwindigkeit 107
Hostels 127
Hôtel de Ville 62
Hotels 124

I
Île Notre-Dame 96
Île Ste-Hélène 93
Imbisse 25
Indianer 52
Informationsquellen 110
Infostellen 110
Insectarium 99
Internetcafés 113
Inuit 52, 73

J
Jardin Botanique 99
Justizpalast 61

K
Kanadischer Dollar 109
Kartensperrnummer 116
Kinder 115
Kleidergrößen 113
Kleidung 15
Kliniken 114
Klubs 30
Kondiaronk Lookout 87
Konfektionsgrößen 113
Konsulate 108
Konzerte 32
Kosten 109
Krankenhäuser 114
Kreditkarte 109
Küche 19
Kunst 33
Kutschfahrten 122

L
Lac aux Castors 88
Lachine-Kanal 101
La Ronde 95
Lebensmittel 18
Le Plateau 83
Le Refus global 79, 80
Lesben 117
Le Village 82
Lichtinstallationen 36
Lieu Historique National
   de Sir-George-Étienne-
   Cartier 34
Lieu Historique National
   du Commerce et de la
   Fourrure 34
Literaturtipps 112
Little Italy 92
Livemusik 29
Lokale 22
Lounges 30

M
Macdonald Engineering
   Building 72
Maestrokarte 109
Maison de la Douane 66
Maison de l'Architecture
   du Québec 34
Maisonneuve, Paul de
   Chomedey de 58
Maison Smith 86
Manifest
   „Le Refus global" 79
Marché Bonsecours 64
Märkte 17
Maße 113
McCord Museum 72
McGill University 72
Métro 128
Métrokunst 38
Mies-van-der-Rohe-
   Tankstelle 103
Mietwagen 107
Mikrobrauereien 30
Mile End 89
Mitbringsel 13

Mode 15
Montréaler (Bewohner) 50
Mont-Royal 86
Monument à George-
   Étienne-Cartier 85
Musée d'Art
   Contemporain 34
Musée de Lachine 35
Musée des Beaux-Arts 74
Musée du Château
   Dufresne 35
Musée Marguerite-
   Bourgeoys 63
Musée McCord 72
Museen 33
Musée Stewart 95
Museum der
   Schönen Künste 74
Museum des
   Pelzhandels 34
Museum of Fine Arts 74
Museum Pointe-
   à-Callière 66
Musik 55, 56

N
Nachtleben 29
New York Life
   Insurance Building 58
Nightlife 29
Notfälle 116
Notre-Dame de Montréal 60
Notrufnummer 116

O
Öffnungszeiten 116
Olympiastadion 97
Olympiaturm 97
Oper 32
Oratoire St-Joseph 100

P
Palais de Justice 61
Panne 107
Parc du Mont-Royal 86
Parc Jean-Drapeau 92
Parc Lahaie 99

Anhang
Register

Parc Olympique 97
Parkplätze 107
Piknic Électronik 41, 94
Place d'Armes 58
Place du Canada 67
Place Jacques-Cartier 64
Place Royale 66
Place Ville-Marie 70
Plage du
   Parc Jean-Drapeau 97
Planétarium
   Rio Tinto Alcan 98
Plateau Mont-Royal 83
Pointe-à-Callière 66
Polizei 116
Post 116
Poutine 19
Preise 109
Pubs 30

Q
Quartier Latin 77
Québec (Provinz) 44, 121

R
Radfahren 117, 122
Rathaus 62
Rauchen 21
Raumfahrtmuseum 104
Redpath Museum 35
Reisepass 108
Reiseplanung 106
Reisezeit 130
Restaurants 22
Riopelle,
   Jean-Paul 75, 76, 79
Roddick Gates 72
Rückreise 106
Rue St-Denis 83
Rue St-Viateur Ouest 91
Rundgang 11

S
Sankt-Joseph-
   Oratorium 100
Schiffsfahrten 123
Schwule 117

Séminaire St-Sulpice 61
Shopping 13
Sicherheit 119
Skulptur „The
   Illuminated Crowd" 72
Smartphone 144
Souvenirs 13
Spa 39
Spaziergang 11
Sperrnummer 116
Spirituosen 18, 20
Sport 119
Sprache 52, 121
Sprachgrenze 84
Sprachhilfe 132
Square Dorchester 67
Stade Olympique 97
Stadtgeschichte 47
Stadtmagazine 113
Stadtmuseum 33
Stadtspaziergang 11
Stadttouren 122
Stewart Museum 95
STM 128
Strand auf der
   Île Notre-Dame 97
Strandbar 63
Streetart 37
Streetart
   „Le Refus global" 80
Sun Life Building 68
Supermärkte 18

T
Tam-Tams 41, 85
Taxi 129
Telefonieren 123
Tempolimit 107
Theater 31
The Illuminated Crowd 72
Tickets (ÖPNV) 129
Tour de l'Horloge 63
Touristeninformation 110
Tour Olympique 97
Travelers Cheques 109
Trinkgeld 22
Trommelfestival 41, 85

U
U-Bahn 128
Uhrzeit 123
Unterirdische
   Stadt 71
Unterkunft 123
UQAM 78

V
Vegetarisches 27
Veranstaltungen 40
Vergnügungspark
   La Ronde 95
Verhaltenstipps 128
Verkehrsmittel 128
Verkehrsregeln 107
Versicherung 114
Vieux-Montréal 58
Vieux Palais
   de Justice 61
Vieux-Port 65
Ville-Marie 44
Ville Souterraine 71
Vorwahlen 123
V-Pay 109

W
Währung 109
Walking Tours 122
Wassersport 120
Websites 111
Wechselkurs 109
Wechselstuben 109
Wein 18, 20
Wellness 39
Weltausstellung
   1967 93
Wetter 130
Wilensky's 90
WLAN 26, 113

Z
Zahlungsmittel 109
Zeit 123
Zeitungen 111
Zoll 109
Zollhaus 66

Die Autorin

Heike Maria Johenning, Jahrgang 1968, studierte Slawistik und Romanistik in München, Paris und Moskau und machte ihren Abschluss am Sprachen- und Dolmetscher-Institut München. Seit 1996 arbeitet sie freiberuflich als Übersetzerin, Dolmetscherin und Autorin. Sie übersetzte unter anderem „Sozgorod" von Nikolaj Miljutin und „Jakow Tschernichow, Architekturfantasien im russischen Konstruktivismus" von Dmitri S. Chmelnizki. Diese Titel und ihr „Architekturführer Sankt Petersburg" sind bei DOM publishers Berlin erschienen. Für den REISE KNOW-HOW Verlag hat sie den „CityGuide Moskau" und den „CityTrip Kiew" geschrieben. Ihre Faszination für Montréal begann vor zehn Jahren, als ein Auftrag für VIA Rail Canada die Autorin erstmalig in die zweitgrößte französischsprachige Stadt der Welt lockte. Seither arbeitet sie von Deutschland aus und vor Ort als Übersetzerin und als Beraterin für die Kommunikationsexpertin Sylvie Gendreau. Mit dem „CityTrip Montréal" wurde der lang gehegte Traum wahr, diese immer noch als Geheimtipp geltende Stadt im deutschsprachigen Raum bekannter zu machen. Mehr unter www.johenning.de.

Schreiben Sie uns

Dieser CityTrip-Band ist gespickt mit Adressen, Preisen, Tipps und Infos. Nur vor Ort kann überprüft werden, was noch stimmt, was sich verändert hat, ob Preise gestiegen oder gefallen sind, ob ein Hotel, ein Restaurant immer noch empfehlenswert ist oder nicht mehr usw. Unsere Autoren sind zwar stetig unterwegs und erstellen alle zwei Jahre eine komplette Aktualisierung, aber auf die Mithilfe von Reisenden können sie nicht verzichten.

Darum: Schreiben Sie uns, was sich geändert hat, was besser sein könnte, was gestrichen bzw. ergänzt werden soll. Wenn sich die Infos direkt auf das Buch beziehen, würde die Seitenangabe uns die Arbeit sehr erleichtern. Gut verwertbare Informationen belohnt der Verlag mit einem Sprechführer Ihrer Wahl aus der über 220 Bände umfassenden Reihe „Kauderwelsch".

Bitte schreiben Sie an:
REISE KNOW-HOW Verlag Peter Rump GmbH, Postfach 140666, D-33626 Bielefeld, oder per E-Mail an: info@reise-know-how.de

Danke!

Bildnachweis

Die Fotos stammen von der Autorin, Heike Maria Johenning.
Weitere: Cover rechts unten von fotolia.com © fotobeam.de, S. 2 von fotolia.com © rabbit75_fot

Latest News

Unter **www.reise-know-how.de** werden regelmäßig aktuelle Ergänzungen und Änderungen der Autoren und Leser zum vorliegenden Buch bereitgestellt.
Sie sind auf der Produktseite dieses CityTrip-Titels abrufbar.

Liste der Karteneinträge

1 [G5] Place d'Armes S. 58
2 [G5] Basilique Notre-Dame S. 60
3 [G5] Séminaire St-Sulpice S. 61
4 [G4] Vieux Palais de Justice S. 61
5 [G4] Hôtel de Ville S. 62
6 [G4] Château Ramezay S. 62
7 [H4] Chapelle Notre-Dame-de-Bon-Secours S. 63
8 [H4] Marché Bonsecours S. 64
9 [G4] Place Jacques-Cartier S. 64
10 [H4] Vieux-Port S. 65
11 [G5] Place Royale mit Zollhaus S. 66
12 [G5] Museum Pointe-à-Callière S. 66
13 [E6] Square Dorchester S. 67
14 [E6] Sun Life Building S. 68
15 [E6] Cathédrale Marie-Reine-du-Monde S. 69
16 [F6] Hochhaus 1000 de la Gauchetière S. 70
17 [F5] Place Ville-Marie S. 70
18 [E5] Christ Church Cathedral S. 70
19 [E5] Skulptur „The Illuminated Crowd" S. 72
20 [E5] McCord Museum S. 72
21 [D5] McGill University S. 72
22 [D6] Musée des Beaux-Arts S. 74
23 [D7] Centre Canadien d'Architecture (CCA) S. 76
24 [G3] Chapelle Notre-Dame-de-Lourdes S. 77
25 [F3] Église St-Jacques (UQAM) S. 78
26 [F3] Grande Bibliothèque S. 78
27 [F3] Streetart „Le Refus global" S. 80
28 [F3] Bibliothèque St-Sulpice S. 80
29 [E3] Carré St-Louis S. 81
30 [F2] Écomusée du Fier Monde S. 82
31 [G2] Le Village (Gay Village) S. 82
32 [D1] Rue St-Denis S. 83
33 [D2] Église St-Jean-Baptiste S. 83
34 [D2] Boulevard St-Laurent S. 84
35 [D3] Avenue Duluth S. 85

36 [C3] Monument à George-Étienne-Cartier S. 85
37 [C5] Parc du Mont-Royal S. 86
38 [C4] Belvédère Camillien-Houde S. 86
39 [C5] Belvédère Kondiaronk S. 87
40 [C4] Croix du Mont-Royal S. 87
41 [B6] Lac aux Castors S. 88
42 [A5] Cimetière Notre-Dame-des-Neiges S. 88
43 [B4] Cimetière Mont-Royal S. 89
44 [C1] Église St-Enfant-Jésus du Mile End S. 89
45 [B2] Wilensky's S. 90
46 [A1] Église St-Michel-et-St-Antoine S. 90
47 [B1] Galérie Simon Blais S. 91
48 [B1] Rue St-Viateur Ouest mit Centre Clark S. 91
49 [J3] Île Ste-Hélène S. 93
50 [I4] Alexander-Calder-Skulptur S. 93
51 [J3] Biosphère S. 94
52 [I2] Stewart Museum S. 95
53 [J2] Vergnügungspark La Ronde S. 95
54 [dg] Casino de Montréal S. 96
55 [dh] Strand auf der Île Notre-Dame S. 97
56 [ce] Parc Olympique mit Olympiaturm S. 97
57 [ce] Jardin Botanique und Insectarium S. 99
58 [ah] Oratoire St-Joseph S. 100
59 [G7] Canal de Lachine S. 101
60 [di] Mies-van-der-Rohe-Tankstelle S. 103

🛍1 [G5] Boutique Légende S. 14
🛍2 [H4] Domaine Pinnacle S. 14
🛍3 [G4] Les Délices de l'Érable S. 14
🛍4 [E5] Indigo S. 14
🛍5 [G3] Archambault S. 15
🛍6 [F2] Librairie du Square S. 15
🛍7 [D2] Ulysse (1) S. 15
🛍8 [E5] Ulysse (2) S. 15

142 Anhang

Liste der Karteneinträge

9 [D2] Artéfact Montréal S. 15
10 [D3] Friperie St-Laurent S. 16
11 [D2] Kaliyana S. 16
12 [B2] Loukas S. 16
13 [E6] m0851 S. 16
14 [D3] Montréalité S. 16
15 [E6] Roots S. 16
16 [G5] U & I S. 17
17 [ci] Marché Atwater S. 17
18 [af] Marché des Saveurs
du Québec S. 17
19 [af] Marché Jean-Talon S. 17
20 [E5] Centre Eaton S. 18
21 [E5] Hudson's Bay S. 18
22 [E5] Promenades Cathédrale S. 18
23 [E4] Provigo (1) S. 18
24 [D7] Provigo (2) S. 18
25 [E5] SAQ (1) S. 18
26 [G5] SAQ (2) S. 18
27 [G5] Boris Bistro S. 22
28 [E1] Couscous Kamela S. 22
29 [E3] Euro Deli S. 22
30 [E1] La Banquise S. 22
31 [F3] Le Commensal S. 22
32 [B6] Le Pavillon S. 23
33 [G2] Le Saloon S. 23
34 [G6] Le Serpent S. 23
35 [H6] Les Éclusiers par Apollo S. 23
36 [E6] m:brgr S. 24
37 [D2] Patati Patata S. 24
38 [D3] Schwartz's S. 24
39 [G6] Soupesoup S. 24
40 [E6] Taverne Square
Dominion S. 25
41 [G5] Terrasse Place d'Armes S. 25
42 [F5] Toqué S. 25
43 [D6] Boustan S. 25
44 [B2] Fairmount Bagel S. 25
45 [G2] Piazzetta S. 25
46 [A2] St-Viateur Bagel Shop S. 26
47 [B2] Arts Café S. 26
48 [D5] Brûlerie St. Denis S. 26
49 [B1] Café Olimpico S. 26
50 [D2] Café Névé S. 26
51 [D3] Café Santropol S. 26
52 [E6] Café Vasco Da Gama S. 26
53 [af] Caffè Italia S. 27
54 [af] Dépanneur le Pick-Up S. 27

55 [H4] Jardin Nelson S. 27
56 [E5] Java U S. 27
57 [E3] La Bulle au Carré S. 27
58 [B1] Le Cagibi S. 27
59 [G5] Olive et Gourmando S. 28
60 [E4] Pikolo S. 28
61 [D1] St-Viateur Bagel & Café S. 28
62 [G4] Van Houtte S. 28
63 [H4] 2 Pierrots S. 29
64 [D1] Bily Kun S. 29
65 [F3] Café Chaos S. 29
66 [C2] Casa del Popolo S. 29
67 [F4] L'Astral S. 29
68 [D1] Quai des Brumes S. 29
69 [E6] Upstairs Jazz Bar & Grill S. 30
70 [E6] Brutopia S. 30
71 [E6] Les 3 Brasseurs S. 30
72 [E6] Sir Winston Churchill S. 30
73 [D3] Laika S. 30
74 [F3] Le Saint-Sulpice S. 31
75 [G5] Philémon Bar S. 31
76 [E6] Salsathèque S. 31
77 [G2] Sky S. 31
78 [G4] Velvet Club S. 31
79 [G5] Centaur Theatre S. 31
80 [F4] Théâtre du
Nouveau Monde (TNM) S. 31
81 [G5] Cirque du Soleil S. 32
82 [F4] Maison Symphonique
de Montréal S. 32
83 [F4] Opéra de Montréal S. 32
84 [F4] Place des Arts S. 32
85 [G5] Centre d'Histoire de
Montréal (Stadtmuseum) S. 33
86 [H4] Lieu Historique National de
Sir-George-Étienne-Cartier S. 34
88 [G5] Maison de l'Architecture
du Québec S. 34
89 [F4] Musée d'Art
Contemporain S. 34
91 [ce] Musée du
Château Dufresne S. 35
92 [D5] Redpath Museum S. 35
93 [F5] Belgo Building S. 36
94 [G5] DHC/ART S. 36
95 [G6] Fonderie Darling S. 36
96 [F4] Le 2.22 S. 37
97 [B1] Monastiraki S. 37

Anhang 143

Liste der Karteneinträge

- ●98 [F4] Société des Arts Technologiques (SAT) S. 36
- ●99 [H6] Bota Bota Spa S. 39
- ●100 [F5] Centre CDP Capital S. 59
- ●101 [G5] Palais des Congrès S. 59
- ★102 [H3] Tour de l'Horloge S. 63
- ●103 [I6] Habitat 67 S. 66
- ★104 [B5] Maison Smith S. 86
- ★105 [af] Église Madonna della Difesa S. 92
- ●106 [ce] Biodôme (Indoor-Zoo) S. 98
- ●107 [ce] Planétarium Rio Tinto Alcan S. 98
- ●109 [F3] Busterminal Gare d'Autocars (Zentraler Busbahnhof) S. 106
- ●110 [E6] Consulat général d'Allemagne S. 108
- ●111 [D6] Consulat général d'Autriche S. 108
- ●112 [C6] Consulat général de Suisse S. 108
- ●113 [E6] Centre Infotouriste S. 110
- ●114 [G4] Tourist Welcome Office Vieux-Montréal S. 111
- ●115 [F4] Goethe-Institut S. 111
- @116 [D7] Battlenet 24 S. 113
- @117 [E6] Chapters Bookstore S. 113
- @118 [D6] Net.24 S. 113
- ✚119 [D7] Gesundheitszentrum CLSC Métro S. 114
- ✚120 [G5] Pharmacie Jean Coutu S. 114
- ✚121 [D6] Pharmaprix (1) S. 114
- ✚122 [G3] Pharmaprix (2) S. 114
- ✚123 [bh] Montreal Children's Hospital S. 114
- ✚124 [C6] Montreal General Hospital S. 114
- ✚125 [D4] Royal Victoria Hospital S. 114
- ●126 [H5] Centre des Sciences Montréal S. 115
- ●127 [E6] Laser Quest S. 115
- ➤128 [E6] Service de police S. 116
- ●129 [G2] Banque Laurentienne S. 116
- ✉130 [F5] Hauptpost S. 117
- ✉131 [F5] Filiale Canada Post S. 117
- Ⓢ132 [G5] Ça roule S. 117
- ❶133 [F1] Community Centre for Gays and Lesbians of Montreal S. 118

- ⊘134 [G3] Stereo S. 119
- ⊘135 [G2] Unity S. 119
- Ⓢ136 [H4] Le Bassin Bonsecours S. 120
- Ⓢ137 [ci] H2O Adventures S. 120
- ●138 [H4] Jet Boating Sautes Moutons S. 120
- Ⓢ139 [J3] Complexe aquatique S. 120
- ●140 [E6] Centre Bell S. 121
- ●141 [G5] Abfahrtsort Amphi-Bus S. 122
- ●142 [H4] Le Bateau-Mouche S. 123
- ●143 [H4] Le Petit Navire S. 123
- 🏠144 [G5] Auberge Bonaparte S. 124
- 🏠145 [E1] Auberge de La Fontaine S. 124
- 🏠146 [E2] Hôtel de l'Institut S. 124
- 🏠147 [F3] Hôtel Le Relais Lyonnais S. 125
- 🏠148 [G5] Hotel Nelligan S. 125
- 🏠149 [E6] Loews Hotel Vogue S. 125
- 🏠150 [D5] Sofitel Montreal S. 125
- 🏠151 [F5] W Montréal S. 125
- 🏠152 [F4] Zero 1 S. 126
- ☎153 [G2] Alexandre Logan S. 126
- ☎154 [F2] Atmosphère S. 126
- ☎155 [G2] Bed & Breakfast du Village S. 126
- ☎156 [C3] Casa Bianca S. 126
- ☎157 [E3] Pierre et Dominique S. 126
- ☎158 [G2] Turquoise B & B S. 126
- ☎159 [D4] University Bed & Breakfast S. 127
- 🛏160 [H4] La Maison du Patriote S. 127
- 🛏161 [E3] Le Gîte du Plateau Mont-Royal S. 127
- 🛏162 [F1] Le Gîte du Parc Lafontaine S. 127
- 🛏163 [E4] Studentenwohnheim Auberge de l'Ouest S. 127
- ●164 [E4] Corporate Stays S. 127

Hier nicht aufgeführte Nummern liegen außerhalb der abgebildeten Karten. Ihre Lage kann aber wie bei allen Ortsmarken im Buch mithilfe unserer Kartenansichten unter Google Maps™ gefunden werden (s. S. 144).

Anhang

Zeichenerklärung, Montréal mit PC, Smartphone & Co.

Zeichenerklärung

- ⓫ Hauptsehenswürdigkeit
- [G5] Verweis auf Planquadrat in Übersichtskarte und Faltplan
- Bar, Lounge, Treffpunkt
- Café, Eiscafé, Crêperie
- Denkmal
- Galerie
- Geschäft, Kaufhaus, Markt
- Hotel, Unterkunft
- Imbiss, Bagel-Shop, Pizzeria
- Informationsstelle
- @ Internetcafé
- Jugendherberge, Hostel
- Kirche
- Krankenhaus, Arzt, Apotheke
- Métro-Station
- Moschee
- Museum
- Musikszene, Disco, Klub
- Parkplatz
- Pension, Bed & Breakfast
- Polizei
- Postamt
- Pub, Biergarten, Mikrobrauerei
- Restaurant
- ★ Sehenswürdigkeit
- • Sonstiges
- Sporteinrichtung
- Synagoge
- Theater, Zirkus
- Vegetarisches Restaurant

- ── Stadtspaziergang (s. S. 11)
- Shoppingareale
- Gastro- und Nightlife-Areale

Montréal mit PC, Smartphone & Co.

QR-Code auf dem Umschlag scannen oder http://ct-montreal14.reise-know-how.de eingeben und den kostenlosen **CityTrip-Onlineservice** aufrufen!

★ **Anzeige der Lage und Luftbildansichten aller** beschriebenen Sehenswürdigkeiten und touristisch wichtigen Orte

★ **Routenführung** vom aktuellen Standort zum gewünschten Ziel

★ **Exakter Verlauf** des empfohlenen Stadtspaziergangs

★ **Audiotrainer** der wichtigsten Wörter und Redewendungen

Weitere kostenlose Downloads auf www.reise-know-how.de

auf der Produktseite dieses Titels unter „Datenservice":

★ **Faltplan als PDF mit Geodaten:** Nach dem Speichern auch mobil nutzbar auf allen Geräten mit PDF-Reader. Für Smartphones/iPad empfiehlt sich die App „PDF Maps" von Avenza™ mit einer breiten Funktionspalette.

★ **GPS-Daten aller Ortsmarken:** einfacher Import in GPS-Geräte, Navis und Geosoftware auf PCs und mobilen Geräten.

Apps zu Montréal

Eine Auswahl an **empfehlenswerten Montréal-Apps** finden Sie auf S. 111.